중국 다예사 (茶藝師)
자격증 준비
필기·실기 수험서 중급 (中級)

사단법인 한국티협회 인증

중국 다예사 (茶藝師)

자격증 준비

필기·실기 수험서 중급 (中級)

2025년 10월 20일 초판 1쇄 발행

편   저 | 한국티소믈리에연구원
감   수 | 정승호
펴 낸 곳 | 한국티소믈리에연구원
출판신고 | 2012년 8월 8일 제 2012-000270호
주   소 | 서울특별시 성동구 아차산로 17 서울숲 L타워 804호
전   화 | 02)3446-7676
팩   스 | 02)3446-7686
이 메 일 | info@teasommelier.kr
웹사이트 | www.teasommelier.kr

펴 낸 이 | 정승호
편집기획 | 이주현(홍차언니)
출판팀장 | 구성엽
디 자 인 | 현대문예

ISBN 979-11-24042-03-8

값 28,000원

사단법인 한국티(TEA)협회 인증

중국 다예사
(茶藝師)

자격증 준비
필기·실기 수험서

중급

다예사

한국티소믈리에연구원 편저

한국 티소믈리에 연구원

들어가는 말

오늘날 세계 차(茶) 시장은 건강 트렌드를 중요시하는 Z 세대가 견인차가 되어 급성장하고 있습니다. 세련되고 현대적이면서 새로움을 지향하는 Z 세대들은 이제 차(茶)를 한층 더 전문적이면서 고급스럽게 소비하는 주도층으로 자리를 잡고 있습니다.

특히 중국차(中國茶)를 전문 기예(技藝)로 우려내 소비하는 문화도 성장하면서 중국 차 문화의 기본 지식, 다도(茶道), 차사(茶事), 차속(茶俗)의 제반 지식을 습득한 뒤 다양한 종류의 중국차(中國茶)를 적절한 다구를 사용해 일정한 형식의 기예(技藝)를 발휘하는 전문가인 '다예사(茶藝師)'의 인기도 중국, 대만의 젊은 세대를 중심으로 높아지고 있습니다.

이런 가운데 사단법인 한국티(TEA)협회와 한국티소믈리에연구원이 교육을 주관하여, 중국직업기능등급증서(中國職業技能等級證書) 제도에 의해 이루어지는 중국인력자원화사회보장부(中國人力資源和社會保障部)의 관리 및 감독 하에 발급되는 자격증 준비 과정을 개설하였습니다.

이와 함께 사단법인 한국티(TEA)협회가 인증하는 이론 필기·실기 실습의 수험 교재로서『중국 다예사(茶藝師) 중급, 자격증 준비 필기·실기 수험서』를 세상에 첫선을 보입니다.

이 책에서는 중국차 다예(茶藝)의 전문가인 다예사(茶藝師) 자격의 취득을 위하여 필수적으로 배워야 할 교육 내용을 담고 있습니다.

● 다예사의 직업 윤리 ● 다예의 기초 ● 다예사의 실무 지식_차석(茶席) 준비, 품차(品茶) 능력, 6대 차류별 시음 방식 ● 중국차(中國茶)의 음다(飮茶) 역사와 포다법 ● 다구(茶具)의 종류와 물의 선택 ● 녹차(綠茶)·백차(白茶)·우롱차(烏龍茶)·홍차(紅茶)·흑차(黑茶)/보이차(普洱茶)·화차(花茶)·황차(黃茶)의 다예표연(茶藝表演) 실기 실습 내용 등입니다.

이 교재는 중국 다예사 중급 자격을 준비하는 사람들이 자격증을 취득하는 데 큰 길라잡이가 될 것으로 예상됩니다.

정 승 호(鄭勝虎) 박사

사단법인 한국티협회 회장
한국티소믈리에연구원 원장
외식경영학 박사

CONTENTS

제 1 장

다예사 (茶藝師) 직업 윤리의 이해

* **다예사**(茶藝師) : 차 다(茶)/예술 예(藝)/
　　　　　　　　　　스승 사(師)

: 차를 일정한 형식에 따라 예술적으로
　우리는 전문가

* **기예**(技藝) : 기술, 재주, 재능 기(技)/
　　　　　　　　예술 예(藝)

: 기술에 대한 재주나 예술

🫖 다예사 (茶藝師)*의 직업적 요건

오늘날 차 문화가 확산되면서 각종 카페에서는 커피뿐 아니라 차를 판매하는 곳도 많다. 또한 차 전문점, 차관(茶館)도 성행하고 있는 가운데 우아한 모습으로 절도 있게 차를 준비해 손님에게 선보이는 중국 다예사(茶藝師)에 대한 수요도 꾸준히 증가하고 있다. 그렇다면 전문 자격을 갖춘 중국 다예사는 어떤 요건을 갖추어야 하는가?

다예사는 전문 서비스 직종으로서 가장 기본적으로 요구되는 사항은 '기술'과 '예술', 즉 기예(技藝)*를 조화롭게 갖추는 일이다. 그 기예라는 것은 차를 우리는 방법의 예술적인 기교와 사람을 대면하는 서비스적인 기술을 말한다. 따라서 다예사는 차를 우리는 기교에 능숙하면서도 차를 마시러 온 손님을 환대하는 능력을 익혀야 한다. 그런데 **다예사도 직업 능력의 교육 정도에 따라서 초급, 중급, 고급으로 자격이 나뉜다.** 여기서는 각 급에 해당하는 다예사가 갖추어야 할 일반적인 직업적 요구 사항에 대해 간략히 소개한다. 물론 각 성시 등 지역마다 부르는 명칭이나 내용에서 약간씩의 차이점은 있을 수 있다.

전문 다예사가 자사호로 차를 우리는 모습.

1. 초급 (初級) 다예사의 요건

초급 다예사는 찻잎에 대한 기본적인 지식과 찻잎을 우리기 위한 요소(온도, 우리는 시간, 찻잎의 양 등), 차를 우리는 물의 선택 방법에 대해 숙지하고 있어야 한다. 그리고 다구의 선택과 조합, 다예의 기본 예절(국궁레, 신장례, 우의례 등), 다예의 기초 기술도 익혀야 한다. 이때 기초 기술에는 차호(茶壺)*를 드는 법, 잔을 쥐는 법, 품명배를 뒤집는 방법, 다구를 뜨거운 물로 데우는 방법, 찻잎을 물에 우리는 방법, 차건(茶巾)*을 접는 방법 등도 포함된다. 또한 일반 찻집에서 서비스하는 차의 종류와 가장 흔히 사용되는 찻잎의 우리는 방법도 숙달하고 있어야 한다.

2. 중급 (中級) 다예사의 요건

중급 다예사는 초급 다예사의 숙지 요건을 바탕으로 좀 더 높은 수준의 교육이 요구된다. 차 문화의 기본 지식, 차도(茶道)*와 관련된 다양한 종류의 차사(茶事)*에 대한 제반 개념, 녹차(綠茶), 청차(靑茶)/우롱차(烏龍茶), 홍차(紅茶), 황차(黃茶), 흑차(黑茶)/보이차(普洱茶), 화차(花茶), 공예차(工藝茶) 등 각 차의 종류와 제다(製茶) 방법을 충분히 숙지해야 한다. 그리고 차를 우리는 다구의 성능과 품질 요건, 차를 우리는 물과 중국 유명 샘(泉)들의 특징, 다예표연과 중급 다예사가 필히 알아야 할 특정 찻잎을 우리는 방법도 익혀야 한다. 또한 다예에서 차와 함께 내놓는 차점(茶点)(다과)의 종류와 차에 따라 선보이는 차점의 조합 요령도 숙지하고 있어야 한다.

3. 고급 (中級) 다예사의 요건

고급 다예사는 초급, 중급 다예사의 기량을 바탕으로 풍부하고도 다양한 차 문화, 다도(茶道)*, 차속(茶俗)*(차 풍속)을 포함해 차관(찻집) 마케팅 등에 관한 폭넓은 지식과 깊은 이해가 요구된다. **예를 들면 중국 차 문화 발전사, 중국 차관(찻집) 문화, 주요 명차(名茶)와 산지에 대하여 파악하고 있어야 하고, 각 찻잎의 품질 기준과 다양한 다구(茶具)의 사용 문화도 숙지하고 있어야 한다.** 그리고 다예에 연출되는 음악과 꽃꽂이를 비롯해 소수민족의 다예와 각 지방별 풍속 다예도 익혀야 한다. 이외에도 일종의 차회 형식(절차)인 '무아차회(無我茶會)*'와 차관 밖에서 손님을 접대하는 방법, 차관의 운영과 홍보 방식도 알고 있어야 한다.

　이렇듯 다예사는 각 급마다 요구되는 지식과 기술적인 사항이 다르다. 또 한편, 예술적인 측면에서는 '다예는 육예(六藝)*로 통한다'는 말도 있듯이, 적어도 육예(六藝)를 비롯해 중국 차 문화사에 등장하는 다양한 예술에 대한 이해도 갖추고 있어야 한다.

* **차호**(茶壺) : 차, 차나무 차(茶)/병, 단지 호(壺)
: 차를 우리는 찻주전자

* **차건**(茶巾) : 차, 차나무 차(茶)/수건, 헝겊 건(巾)
: 차 탁자보, (찻그릇) 행주

* **차사**(茶事) : 차, 차나무 차(茶)/일, 업무, 직업 사(事)
: 차와 관련된 제반 일이나 업무

* **차도**(茶道)/**다도**(茶道) : 차, 차나무 차(茶), 다(茶)/도리, 방법, 법도 도(道)
: 차의 도리, 차를 다루는 방법이나 법도

* **차속**(茶俗) : 차, 차나무 차(茶)/풍속, 관습 속(俗)
: 차를 우려서 맛보고 대접하는 등의 풍속

* **무아차회**(無我茶會) : 없을 무(無)/나, 우리 아(我), 차 차(茶), 모일 회(會)
: 중국 차 모임의 한 형식. 각자 다구(茶具)를 준비해 차를 우려서 서로에게 올리면서 음미하는 방식의 차 모임.

* **육예**(六藝) : 여섯 육(六)/예술 예(藝)
: 다예(茶藝)에서 주로 즐기는 여섯 가지 예술인 육예는 금(琴)(거문고), 기(棋)(바둑), 서(書)(서예), 화(畫)(그림), 시(詩), 골동품 감상을 말한다. 반면 공자(孔子)가 강조한 큰 의미의 육예는 예(禮, 예의), 악(樂, 음악), 사(射, 활쏘기), 어(御, 말타기), 서(書, 글쓰기), 수(數, 수학)를 가리킨다.

다예사가 다구들을 세팅하는 모습   개완으로 차를 우린 모습

🫖 다예사 (茶藝師)의 직업 윤리

1. 직업 윤리

직업 윤리란 어떤 직업을 수행하는 사람들에게 요구되는 근무와 노동에서 준수해야 할 직업 활동과 긴밀하게 연계된 도덕적 원칙과 행동 규범의 총합이다. 직업 윤리의 품질적 의미에는 직업적 양심, 직업에 대한 관념, 그리고 직업적 자부심을 포함한다.

2. 다예사의 직업 윤리

다예사 역시 하나의 직업으로서 직업 윤리의 필요성을 인식하고 그 역할을 준수하면서 개인의 도덕을 수양하고, 건강한 기업 기풍의 형성과 사업의 발전을 촉진하기 위하여 경력의 개발도 진행해야 한다. 또한 직무에 충실하면서 주관적인 능동성을 가지고 최선의 노력으로 직업적인 책임을 다해야 하고, 열성적으로 인내심을 갖고 손님을 접대해야 한다. 또한 차의 종류마다 각기 우리는 방법을 숙달해야 한다.

다예사 직업 윤리에는 여러 요소가 있겠지만, 성실하고 신용을 지키는 일은 일종의 사회 공중 도덕이며, 개인의 도덕 수양과 직업 윤리의 도덕 원칙을 지키는 기본이 된다. 또한 다예사는 다예를 사랑하고, 다예 서비스의 품질 향상을 기본 준칙으로 삼아 꾸준히 노력해야 한다. 이는 학력 수준을 높이는 일과는 무관하며, 도덕적인 평가를 실시할 때는 스스로 돌아보는 자기 성찰을 통해 도덕적 수양을 질적으로 높이는 것이 중요하다.

또한 차 문화를 보급, 대중화하고, 다도를 시연하여 동양 문화의 미적인 감각과 심오한 인문학적인 가치를 다예에 충분히 반영하는 일도 필요하다.

결국 다예사라는 직업은 인문학적인 내용과 자기 수양을 기반으로 마케팅도 진행해야 하는 등 종합적인 능력을 요구하는 직업이라 할 수 있다.

3. 다예사의 수요

오늘날 중국은 경제 성장과 함께 사람들의 소비 수준도 높아지면서 젊은 층의 사람들이 여가 시간에 전문적으로 접대하는 곳에서 차를 마시는 일이 늘어났다. 그 결과 다예사라는 직업도 인기가 꾸준히 상승하고 있다. 특히 여성들에게는 다예사 자격이 일종의 필수 취득 아이템으로 떠오르고 있다. 또한 **전 세계적으로 웰니스의 바람이 불면서 차가 건강에 좋다는 인식이 확산되어 다예사의 자격 수요도 차 시장의 성장과 함께 증가하고 있다.** 그런데 다예는 5000년 역사의 차 문화와 함께 발달해 온 만큼 넓고 심오하다. 따라서 전문 자격을 갖춘 다예사가 되기 위해서는 반드시 다예의 기초 지식부터 배워야 한다.

4. 다예사의 의무와 권리

다예사는 손님을 접대하는 서비스 직종인 만큼 기본적으로 '소비자권익보호법'을 숙지하고 있어야 할 의무가 있다. 예를 들면, 손님이 있는 사업장에서는 흡연이 금지되고, 사업장에서 고객의 물건이 분실되었을 경우에는 차관(茶館)(찻집)이 책임을 져야 하는 것이다. 그리고 다예사는 손님을 대상으로 차의 소비 세칙을 소개할 수 있어야 한다. 또한 다예사는 법에 따라 소비자들이 사적인 단체를 설립할 수 있다는 사실도 알고 있어야 한다.

그리고 다예사는 노동자로서 자신의 권익 구제를 위해서 노사 관계에서 발생하는 분쟁을 해결하기 위해 조정, 중재, 소송의 절차를 진행할 수도 있다.

한편, 다예관, 차관 등을 운영하는 경영 단체는 상표 등록 후에 각 제품에 대한 위생 허가증을 개별적으로 취득해야 한다.

제 2 장

다예 (茶藝)의 기초 이해

주철 주전자로 차를 우리는 모습

* **다예**(茶藝) : 차 다(茶)/예술 예(藝)
  : 차를 일정한 형식에 따라 예술적으로
  우리는 기예

☕ 다예 (茶藝)*란?

1. 다예 (茶藝)의 정의

다예(茶藝)의 단순한 사전적 의미는 차와 관련된 예술 또는 기예이다. 그러나 오늘날 중국 다예에 담긴 의미는 매우 폭넓다. 그런 다예는 크게 '광의(廣義)적 의미'와 '협의(狹義)적 의미'로 구분된다.

1) 광의 (廣義)적 의미

차의 생산, 제조, 경영, 음용 방법에 이르는 모든 과정과 차를 탐구하여 물질·정신적인 즐거움에 도달할 수 있도록 하는 제반 행위이다.

2) 협의 (狹義)적 의미

차를 맛있게 우리는 방법을 탐구하는 행위이다.

결국 **다예사**(茶藝師)**는 한 잔의 차를 가장 맛있게 우려내기 위해 차의 모든 방면에 대해 탐구하고, 차를 즐길 수 있는 최적의 조건에 맞추어 차를 제공하기 위해 알맞은 다구**(茶具)**를 선택하고, 예술적인 공예**(工藝) **등을 선보이기도 한다.**

이런 다예에는 한 가지 모습만 있는 것이 아니다. 시간이 흐름에 따라 고대 다예와 현대 다예의 모습이 다르고, 형식적인 성격이 강한 '**표현다예**(表現茶藝)'와 보다 간소화된 '**생활다예**(生活茶藝)'로 구분할 수도 있다. 티베트 장족(壯族)의 수유차(酥油茶) 문화처럼, 각 지역과 민족별로 다른 고유의 '**민속 다예**(民俗茶藝)'의 문화도 있다. 예법적이고 예술적인 측면이 강조된 '**궁정다예**(宮庭茶藝)'와 종교적인 측면이 강조된 '**사찰다예**(寺刹茶藝)' 역시도 그 의도와 표현하는 바가 다르다. 따라서 다예사는 한 가지 방식만을 고수하지 않고, 주어진 상황과 조건을 고려하여 다예를 준비해야 한다. 일반적으로 다예의 계통(시스템)에서 다루어야 할 주요 내용은 그림을 감상하거나 꽃을 구경하거나 분향(焚香)하면서 차의 맛도 함께 음미하고 즐기는 일이다.

🫖 다예 (茶藝)의 다양한 유형

* **봉차**(奉茶) : 받들, 바칠 봉 (奉)/차,
  차나무 차(茶)
  : 차를 따라서 손님에게 권하거나 대접하는
    행위

차를 우려내 손님에게 봉차(奉茶)*하는 다예(茶藝)는 매우 '다양한 기준'에 따라 분류된다. 여기서는 그러한 기준에 따라 분류되는 다예의 유형들을 소개한다.

1. 차사 (茶事)의 활동(기능)에 따른 분류

차와 관련된 일들이나 서비스가 진행되는 활동 공간 또는 그 기능에 따른 분류이다.

1) 생활형 (生活型) 다예
일상생활에서 손님이 일반 가정을 방문하였을 때 주인이 손님에게 차를 올리고 함께 맛을 즐기는 다예이다. 이 유형의 다예는 매우 사적이고 개인적인 다예에 속한다.

다예사가 백차를 개완으로 우리는 모습

2) 경영형 (經營型) 다예
차관(茶館), 다예관(茶藝館), 전문 찻집, 숍 등 경영 업소에 전속된 전문 다예사(茶藝師)가 손님, 방문객 등의 소비자들에게 서비스하는 상업적인 형태의 다예이다. 자세한 내용은 고급 편에서 다룬다.

* **기예성**(技藝性) : 기술, 재주, 재능 기(技)/ 예술 예(藝)/특성 성(性)
　: 기술에 대한 재주나 예술적 특성

* **예술성**(藝術性) : 재주, 기예 예(藝)/재주, 기술 술(術)/특성 성(性)
　: 예술적(藝術的)인 특성(特性)

* **충포**(沖泡) : 찌를, 부딪칠 충(沖)/물거품 포(泡)
　: 물을 부어 우리기

3) 표연형 (表演型) 다예

다예에서 기예성(技藝性)*과 예술성(藝術性)*을 중요시하거나 강조하는 형태의 다예표연이다. 이러한 표연형 다예는 그 특성에 따라 두 가지로 구분된다.

다예사가 우롱차를 문향배(聞香杯), 품명배(品茗杯)와 함께 손님에게 내는 모습

(1) 기예형 (技藝型) 다예표연

　사천성(四川省)의 성도차관(成都茶館)과 같은 유명 찻집에서 선보이는 독특한 충포(沖泡)*의 기예가 대표적이다.

(2) 예술형 (藝術型) 다예표연

　오늘날 일반적인 다예표연이나 예술적인 형태의 다양한 다예표연을 포괄한다.

2. 차의 종류 (種類)에 따른 분류

다예는 기본적으로 차를 우리는 작업이다. 그런데 차는 가공방식에 따라 6대 차류와 재가공 차류로 구분된다. 다예도 그러한 차의 종류에 따라서 분류된다.

1) 6대 차류에 따른 분류

녹차(綠茶), 백차(白茶), 황차(黃茶), 청차(青茶)/우롱차(烏龍茶), 홍차(紅茶), 흑차(黑茶)/보이차(普洱茶)의 다예표연이 있다.

2) 재가공 차류에 따른 분류

화차(花茶) 다예표연이 있다.

3. 다구 (茶具)에 따른 분류

다예는 차를 우리는 다구에 따라서 그 절차가 달라지기 때문에 또다시
몇 가지로 분류된다.

1) 호포 (壺泡)* 다예

자사호(紫砂壺)*나 백자(白瓷) 차호로 차를 충포하는 다예이다.

다예사가 자사호로 차를 우리는 호포 다예의 시연 모습

2) 개완배 (蓋椀杯) 다예

덮개, 차완, 차탁(잔 받침 또는 배탁이라고 함)으로 구성된 개완(蓋椀)을 사
용해 차를 충포하는 다예이다.

다예사가 개완으로 차를 우리는 개완배 다예의 시연 모습

---

* **호포**(壺泡) : 병, 단지 호(壺)/물거품 포(泡)
  : 차호(茶壺)로 우리기

* **자사호**(紫砂壺) : 자색 자(紫)/모래, 점토
  사(砂)/병, 단지 호(壺)
  : 자색 점토로 만든 찻주전자

＊ 팽차(烹茶) : 삶을 팽(烹)/차, 차나무 차(茶)
: 물에 찻잎을 넣고 끓이는 고대 방식

＊ 전차(煎茶) : 달일, 끓여서 졸일 전(煎)/차, 차나무 차(茶)
: 찻잎 덩어리에서 찻잎을 떼 내 물에 넣고 달여서 졸이는 방식

＊ 점차(点茶) : 물방울, 얼룩 점(点)/차, 차나무 차(茶)
: 가루차를 끓는 물에 넣고 거품기로 휘저어 거품을 내 마시는 방식

＊ 포다(泡茶) : 물거품 포(泡)/차, 차나무 다(茶)
: 찻잎에 끓인 물을 붓기, 뜨거운 물로 찻잎을 우리는 방식

＊ 냉음(冷飮) : 차가울 냉(冷)/마실 음(飮)
: 차갑게 마시는 방식

3) 유리배 (瑠璃杯) 다예

유리잔을 사용해 차를 충포하는 다예이다.

다예사가 유리잔으로 차를 우리는 유리배 다예 시연 모습

4. 충포 (沖泡) 방식에 따른 분류

차를 우리는 충포 방식에 따른 분류이다. 즉 팽차(烹茶)＊, 전차(煎茶)＊, 점차(点茶)＊, 포다(泡茶)＊, 냉음(冷飮)＊에 따른 다예표연이 있다.

5. 차회 (茶會)를 갖는 신분 계층에 따른 분류

다예는 차 모임인 차회(茶會)을 갖는 사람들의 신분 계층에 따라서도 분류된다. 왕가나 황실의 궁정 다예에서부터 일반 서민들의 민간 다예까지 매우 다양하다.

1) 궁정 (宮庭) 다예

왕가나 황실 사람들이 궁정에서 갖는 다예이다.

2) 문사 (文士) 다예

문인들이나 사대부들이 즐기는 다예이다.

3) 종교 (宗敎) 다예

불교, 도교 등 종교인들이 즐기는 다예이다.

4) 민간 (民間) 다예

일반 서민들에게 대중화된 보편적인 다예이다.

6. 차를 마시는 사람의 특수성에 따른 분류

차를 마시는 사람의 특수한 성격에 따른 분류이다. 어린이들이 즐기는 '소아 다예', 신체에 장애가 있는 사람들을 위한 '장애인 다예' 등이 있다.

7. 차의 전통을 지닌 민족에 따른 분류

다민족 국가인 중국에서는 각 민족마다 고유한 차의 전통을 계승하고 있어 다예도 각기 다르다.

1) 한족 다예
중화민족을 자처하는 한족(漢族)의 전통적인 음차 방식으로서 청음(淸飮)*, 뇌차(擂茶)* 등이 있다.

2) 소수민족 다예
백족(白族)의 삼도차(三道茶)*, 몽골족의 함내차(咸奶茶)*, 장족(藏族)의 수유차(酥油茶)* 등이 있다.

8. 그 밖의 기준에 따른 분류

다예는 앞서 언급한 것 이외에도 민속, 고장, 시기 등에 따라서 다양하게 분류된다.

☕ 중국 다예의 기본 미학 (美學)

중국 다예는 중국의 고전적인 미학(美學)이 반영되어 오랜 역사와 전통을 유지하고 있다. 그리고 각 지방마다 특색 있는 문화와 융합되어 약간씩 차이를 두고 오늘날까지 발달해 왔다. 그런데 중국 다예는 그 근간에 옛 성현의 철학이 공통적으로 배경을 이루고 있다. 그러한 철학적인 배경으로는 다음의 4가지가 있다.

---

* 청음(淸飮) : 맑을 청(淸)/마실 음(飮)
: 차에 어떤 재료도 넣지 않고 차 본연의 맛을 즐기는 방식

* 뇌차(擂茶) : 부술, 으깰 뇌(擂)/차, 차나무 차(茶)
: 찻잎과 콩, 옥수수, 녹두 등 부재료를 사발에 넣고 공이로 으깬 뒤 미지근한 물을 넣어 차즙을 만들어 놓고, 음용할 때마다 찻잔에 차즙과 끓인 물을 부어 마시는 방식

* 삼도차(三道茶) : 셋 삼(三)/방법, 법도 도(道)/차, 차나무 (茶)
: 중국 운남성 백족(白族)이 차로 손님을 대접하는 특별한 예절. 차를 손님에게 '두도차(頭道茶)', '이도차(二道茶)', '향차(香茶)'의 세 법도로 올리는 방식

* 함내차(咸奶茶) : 맛이 짤 함(咸)/젖 내(奶)/차, 차나무 차(茶)
: 몽골족이 차를 마시는 풍속. 긴압차를 잘게 부숴 물에 넣고 끓인 뒤 우유나 양의 젖을 붓고 소금을 뿌려 마시는 방식

* 수유차(酥油茶) : 연유, 유지 수(酥)/기름 유(油)/차, 차나무 차(茶)
: 장족(藏族), 몽골족이 차를 마시는 풍속. 흑차(黑茶)인 전차(磚茶)를 부숴 물에 넣고 끓여서 맑은 찻물만 따라낸 뒤 우유나 양젖으로 만든 유지인 수유(酥油)와 소금을 넣어 휘저어 마시는 방식

---

1. 천인합일 (天人合一)*, 물아일체 (物我一體)*

중국 전국시대(戰國時代, B.C. 476~B.C. 221) 도가(道家)인 장자(莊子, B.C. 365?~B.C. 270?)의 철학에서 유래된 '천인합일(天人合一)' 사상은 중국 다예의 철학적인 기초이다. 이 철학에는 차인(茶人)들의 인생 사고관이 담겨 있다. 자연과 사람은 합일체라는 이 사상은 중국 다예의 출발점이자, 다예 미학의 원천으로 소개된다. 그리고 '물아일체(物我一體)'는 나와 사물과는 본질적으로 차이가 없다는 것으로서 사물과 자신과의 경계를 허물고, 주체와 객체가 감정적인 교류를 통하여 심미안적인 체험을 할 수 있다는 것이다. 이러한 철학 사상을 바탕으로 차인들은 사람과 차, 사람과 자연의 관계를 이해하고 그 경계를 허물 수 있는 것이다.

2. 인자요산 (仁者樂山)*, 지자요수 (知者樂水)*

중국 춘추시대(春秋時代, B.C. 770~B.C. 403) 유가(儒家)의 창시자이자, 동양의 위대한 사상가인 공자(孔子, B.C. 551~B.C. 479)의 『논어(論語)』에서 유래된 사상이다.

인자요산(仁者樂山)은 인자는 의리에 충실하고 생각이 신중하여 산과 같아 자연히 산을 좋아하고, 지자요수(知者樂水)는 지혜로운 사람은 사리에 통달하여 정체함이 없어 마치 물이 흐르는 것 같아 물을 좋아한다는 뜻이다. 이 중에서도 인자요산은 중국 고전 미학의 인문학적인 기초로서 아름다움이란 반드시 유가의 도덕적 요구에 부합해야 한다는 것이다. 차의 특성도 이러한 중국의 인문학적인 미학에 부합하여 차인에게 자연의 아름다움과 인간의 정신적인 도덕을 연결시키는 미학을 요구하는 것이다. 이로서 중국 다도 미학의 인문학적인 기초가 형성되고, 차인에게는 곧 자신의 도덕적 인격 함양이 요구되는 것이다.

3. 척제현감 (滌除玄鑒)*, 징회미상 (澄懷味象)*

이 사상은 중국 춘추전국시대 도가(道家)의 창시자인 노자(老子, ?~?)의 『도덕경(道德經)』에 나오는 사상이다. '척제현감(滌除玄鑒)'은 더러운 거울을 깨끗이 씻어내듯이 마음의 거울에서 잡념이나 편견이나 사심 등을 씻어내면 사물을 있는 그대로 온전히 볼 수 있다는 뜻이다. 그리고 '징회미상(澄懷味象)'은 '마음을 맑게 정화해야 형상을 음미할 수 있다'는 뜻이다. 이는 중국 다예 미학의 방법론적인 기초이다. 이러한 사상은 차인들이 자신의 마음 속에 있는 일체의 욕심이나 사념 등을 제거해 아름다운 마음을 갖출 것을 요구하는 것이다.

4. 도법자연 (道法自然)*, 보합대화 (保合大和)*

이 또한 노자의 『도덕경(道德經)』에서 나오는 사상이다. 도법자연(道法自然)에서 도(道)는 자연(自然)을 스스로 본받는다는 뜻인데, 일체의 모든 일들이 억지로 꾸며서 되는 것은 없으며, 자연스러운 것이 순리라는 것이다. 노자의 '무위자연(無爲自然)'의 사상과 깊은 관련이 있다. 이는 중국 다예의 미학이 소박한 본성의 자연미를 추구한다는 뜻이다. 물론 중국 다예표연도 소박하고 단순하면서 순수한 심성을 추구하고 교묘하게 꾸미지는 않는다. 그리고 보합대화(保合大和)는 『주역(周易)』에 등장하는 사자성어로서 한마음, 한뜻을 이루면 더 큰 의미의 화합을 이룰 수 있다는 뜻이다. 이는 다예가 너무 지나치지도, 너무 모자라지도 않게 하고, 또 모든 표현 형식이 자연스럽고 단순하면서 조화를 이루어 한데 융합되면 보다 더 큰 경지에 이를 수 있다는 것이다.

🫖 다예에 즐거움을 주는 '배경미 (背景美)'

중국 다예는 미학적으로 차를 즐기는 자리, 즉 차를 마시는 장소의 경관이나 상황의 배경적인 아름다움도 중요시한다. 이는 일본의 차 모임에서 각종 다기와 꽃을 장식하고 음악이 연주되는 '차석(茶席)의 미(美)'를 추구하는 것과도 같다. 여기서는 차를 음미하는 다예를 더욱더 빛내는 아름다운 배경적인 요소들을 소개한다.

1. 차를 음미하는 공간의 배경미

차를 음미하는 자리(장소)는 일반적으로 자연을 배경으로 하는 실외와 실내로 구분된다. 중국의 고대 차인(茶人)들은 주로 차를 마시는 장소에 대하여 자연 야생의 고요함과 적막함을 추구하였는데, 그러한 실외의 자연 배경미로는 크게 다섯 가지가 있다.

1) 불교 사찰의 고즈넉한 배경미
고요하고 적막하여 명상하기에도 훌륭한 배경미.

자사호로 차를 우리는 모습

2) 도교 동천(洞天)의 절경이 훌륭한 배경미

마치 신선이 사는 듯이 산과 내로 둘러싸여 절경을 이루는 장소의 배경미.

3) 도시 정원이나 뜰의 아늑한 배경미

4) 농가 전원 속에서 목가적인 분위기의 청명한 배경미

5) 대자연의 야생적인 배경미

중국의 옛 문사들이나 차인들은 차를 대자연에서 즐기는 것이 가장 좋다고 보았다. 그러한 환경에서는 차인과 대자연이 교감하여 정신적인 소통을 원활히 할 수 있어, 차인의 내면 세계가 외부 세계가 교감하여 마음을 정화하고 몸을 이완시켜 정신을 승화시킬 수 있는 데 도움이 된다고 보기 때문이다.

2. 여섯 가지 예술 (藝術), '육예 (六藝)'의 배경미

중국에서는 예로부터 문인들이 차를 다양한 예술들과 함께 즐겨 왔다. 특히 금(琴)(거문고), 기(棋)(바둑), 서(書)(서예), 화(畵)(그림), 시(詩), 골동품을 감상하는 여섯 가지의 예술인 '육예(六藝)'와 함께 조화를 이루는 자연스러운 차석의 연출을 중시한 것이다. 이 중에서도 거문고, 바둑, 서예는 중국 고대 왕국 시대부터 사대부(士大夫)가 수신(修身)을 위해 익혀야 했던 4가지의 공부 과정이었다.

더욱이 음악은 중국 고대에서 문화인(文化人)들이라면 꼭 갖춰야 할 필수 소양(과목)이었다. 중국 다예표연은 전통 예법의 격식을 갖춰 진행되는 만큼 배경 음악으로 가장 적합한 것은 일반 대중 음악이나 팝이 아니라 중국 전통의 고전 음악이다. 그러한 중국 고전 명곡으로는 '월하미경(月下美景)'을 반영한 「예상곡(霓裳曲)」, 산수지음(山水之音)을 반영한 「유곡청풍(幽谷淸風)」, 아름다운 새소리를 모방한 「공산조어(空山鳥語)」 등이 있다. 그리고 안계철관음(安溪鐵觀音) 다예에서는 당대부터 복건성 일대에서 전해지는 전통 음악인 남음명곡(南音名曲)을 일반적으로 선택한다.

중국에서는 예로부터 '차는 육예로 통한다'는 '차통육예(茶通六藝)'라는 말도 있듯이, 오늘날 중국 다예에서도 이 여섯 가지의 예술은 여전히 매우 중요한 요소로 자리를 잡고 있다. 훌륭한 다예를 위해서는 이 육예에 대해서 알아 두는 것이 좋다.

송나라 휘종(徽宗)이 거문고를 타는 모습

송나라 휘종의 그림, 문회도(文會圖)에 담긴 차회(茶會)의 모습

3. 차 모임의 인적 배경미

차를 마시는 사람들의 인원수와 관련된 인적 배경미이다. 손님의 수가 적으면 적은 대로 조용하고 훌륭한 다예를 즐길 수 있고, 손님의 수가 많으면 많은 대로 또 다른 분위기의 다예를 즐길 수 있다. 오늘날같이 광범위한 사람들과 원만한 인간관계를 중요시하는 시대에는 차를 매개로 상호간의 소통과 교감을 통하여 많은 사람들과 훌륭한 대인 관계를 이룰 수 있다. 오늘날 다예사들은 차를 마시는 사람의 수에 따라서 그에 적합한 다예 환경을 연출할 수 있다.

4. 혼자 차를 음미할 때의 배경미

개인이 혼자서 차를 조용히 음미하는 데 방해를 받지 않으면, 정신을 집중하기가 훨씬 더 쉽다. 그리고 감정은 차의 향기를 맡으면서 더욱더 쉽게 부드럽게 승화되고, 생각은 더욱더 집중도 있게 몰두할 수 있다. 따라서 차인이 혼자서 다예를 통해 차를 음미하면 마음이 차와 대화하고 자연과 대화하기에 훨씬 더 쉬워져 중국 차도(茶道)의 아름다움을 교감할 수 있다.

혼자 조용히 즐기는 무아차회(無我茶會)의 모습

복건성의 찻집에서 차를 마시거나 장기를 두면서 여가를 즐기는 사람들

사천성의 찻집에서 차를 즐기는 사람들

5. 마음 소통의 장으로서 배경미

차를 시음하면 사람과 차(자연)의 소통뿐 아니라 사람과 사람 사이의 마음도 소통할 수 있다. 친구나 지인을 초대하여 속마음을 털어놓거나 차를 마시는 가운데 무언(無言)으로 지인과 감정을 교감할 수 있는 소통의 장으로서 배경미이다.

6. 지혜를 얻는 장의 배경미

많은 사람들이 모인 가운데 차를 즐기면서 다양한 사람들의 화제와 이야기를 듣고, 또 정보를 취득하다 보면 '우물 안 개구리'에서 벗어나 큰 지혜를 얻을 수 있다. 대표적인 장소가 '찻집'이다. 이곳은 많은 사람들이 모여 그야말로 다양한 정보들을 주고받는 장소이며, 찻잔을 들며 상호 토론하는 과정 속에서 산지식과 지혜를 얻을 수 있는 것이다.

중국의 옛 전통 찻집인 차관(茶館)

중국 전통 찻집에 내걸린 등

7. 심경이 즐거운 시간적 배경미

차를 음미하는 동안에는 그 순간만큼은 마음과 기분이 즐거워진다. 차의 색(色), 향(香), 미(味)를 시음하면서 마음에는 어느덧 휴식이 찾아오고, 얽매인 마음을 풀면서 흐트러진 마음도 정돈할 수 있기 때문이다. 일상 속에서 지친 마음에 여유를 불어넣어 주면서 달래는 시간적인 배경미이다.

다예의 미(美)에는 이러한 배경미 외에도 다예의 절차적인 아름다움, 다예사가 차를 우릴 때의 운치 있는 동작에서 전해지는 아름다움, 그리고 다예사로부터 풍겨지는 정신적인 기품의 아름다움도 포함되어 있다.

제3장

다예사 (茶藝師) 예의 (禮儀)의 기초

🫖 다예사의 9가지 기본적인 자세, '구용 (九容)'

다예사의 예의를 구성하는 가장 기본적인 요소로는 세 가지가 있다. '언어', '행위 표정', '복식'이다. 이러한 요소들은 아래에서 소개하는 구용(九容)에서도 잘 녹아 있다.

1. 발동작은 무겁게, '족용중 (足容重)'

다예사는 서 있거나 걷고 있거나에 관계 없이 몸의 자세가 규칙이 있고 절도가 있어야 한다. 사람의 외적인 언어인 몸 동작과 행동은 내면의 발로이다. 따라서 일상에서 사람의 자세와 걸음걸이는 곧 그 사람의 기질과 수양을 나타내기도 한다.

　다예사는 서 있거나 걸을 때 발목 아래에 확고한 무게 중심을 두고 있어야 한다. 그리고 자세는 곧고 꿋꿋해야 하며 힘이 있어야 한다. 이러한 자세를 바탕으로 발걸음은 중후하고 대범하게 하며, 이때 내걸을 때 머리를 흔드는 일은 삼간다. 이는 다예사가 자신을 외형의 언어로 대변할 뿐 아니라 남을 공손히 대하는 표현이다.

2. 손동작은 공손하게, '수용공 (手容恭)'

차를 준비할 때는 가능하면 말을 삼가는데, 이때 다예사는 수화(手話)를 사용하여 찻자리에서 의사를 표현한다. 이러한 수화의 손동작에서 다예사의 수양도가 드러난다. **또한 손은 공손하게 모으는데, 네 손가락을 모은 채 엄지를 붙이고, 손바닥을 약간 구부려서 공경의 뜻을 표현한다.** 차를 우릴 때에도 네 손가락을 모두 붙여야 하는데, 이때 정신을 집중하여 안정시키면서 성심을 다한다. 이러한 공손한 손동작은 다예사의 직업적 소양을 드러내기 때문에 평소 훌륭한 습관을 길들이는 것이 좋다.

차를 따를 때 엄지와 네 손가락을 붙인 수용공(手容恭)

3. 눈은 공평한 시선으로, 목용단 (目容端)

눈은 예로부터 '사람의 마음이 드러나는 창'이라는 말도 있듯이, 눈빛으로 마음의 상태를 상대에게 더 잘 전달할 수 있다. 따라서 눈의 모습은 곧 사람에게 매우 민감하게 받아들여질 수도 있다. 다예사는 상대가 곁눈질이나 의심의 눈초리로 받아들이지 않도록 더욱더 조심스럽게 절제해야 한다. 그리고 마주 앉아 차를 마시는 모든 차인들을 공평하고 차별없는 눈으로 잘 보살펴야 한다. **또한 눈은 불쾌감을 주지 않도록 고객을 정면으로 응시하지 않아야 한다.**

고객에게 불쾌감을 주지 않게 정면으로 응시하지 않는 목용단(目容端)

4. 말은 삼가야, 구용지 (口容止)

찻집에서는 차를 우리는 일이 가장 중요하기 때문에 다예사는 말과 생각을 삼가고, 차와 무관한 말은 가급적 하지 않고, 부정적인 말도 일절 하지 말아야 한다. 다예사가 서서 손님과 이야기를 나눌 때는 항상 미소를 짓도록 해야 한다. 또한 손님들끼리 서로 조용히 이야기할 때는 귀를 기울여 엿듣지 않은 것이 바람직하고, 특히 속삭임으로 말할 때는 적극적으로 회피하는 것이 좋다.

손님의 요구 사항이 있을 때는 내용을 자세히 귀담아 듣고, 필요한 경우에는 한 번 더 물어볼 수 있다. 손님의 말을 듣고 수시로 반응하거나 더 많은 손님들을 쟁취하기 위하여 많은 손님들과 이야기하려고 시도하거나 상대의 말을 함부로 끊는 일 등은 해서는 안 된다. 특히 고객이 대화 중 상호 간의 의견이 다른 상황일 경우에는 자신의 견해를 완곡하게 표현하는 것이 바람직하다.

이와 같은 점을 유의하면서 다예사는 친절하게 문의할 수 있고, 널리 구하는 태도와 제안성의 문의, 그리고 맞춤형 대답을 통해 손님과의 교류를 심화시킬 수 있고, 다예관(茶藝館)의 서비스 품질도 효과적으로 향상시킬 수 있다.

5. 목소리는 조용하게, 성용정 (聲容靜)

편안한 목소리는 다예사가 사람들을 대하는 기본적인 자질이며, 그 말투는 온화하고 정열적이면서 우호성이 담겨 있어야 한다. 즉 다예사는 발성할 때마다 정성과 아름다움이 전달될 수 있도록 노력해야 한다. 특히 여성 고객은 청각에 예민하여 더 주의가 요구된다.

6. 머리는 곧게, 두용직 (頭容直)

다예사가 차를 우릴 때는 몸을 자연스럽게 이완시켜 왼손으로는 물을 붓고, 오른손으로는 끓인 물을 내어 차를 우려 낸다. 이때 머리는 비딱하지 않게 하고 똑바로 곧게 유지해야 한다.

7. 숨쉬는 모습은 엄숙하게, 기용숙 (氣容肅)

사람이 숨을 내쉬는 기운은 안에서 밖으로 발산되는 무형의 에너지이다. 따라서 다예사가 숨쉬는 모습은 더욱더 단정하고 엄숙하면서 운치가 있어야 한다.

8. 서 있는 모습은 덕 있게, 입용덕 (立容德)

차인은 덕으로 천하를 세운다는 말도 있듯이, 다예사가 서 있을 때는 덕이 느껴지는 모습이 요구된다. 그리고 선 자세로 손님과 이야기를 나눌 때는 바른 자세로 미소를 짓는 얼굴로 대화하는 것이 좋다.

9. 얼굴 모습은 단정하게, 색용장 (色容庄)

다예사의 외모와 풍채와 관련해서는 긴 머리카락을 틀어 올려 묶어서 흩날리지 않게 해야 하고, 잔 머리카락을 남기지 않고 이마가 보이도록 한다. 단발머리이면 머리카락이 차를 우리를 때 들어갈 우려가 없어 더욱더 좋다. 다예사는 다예표연에 앞서 손을 씻고, 차를 우리기 시작하면 그 씻은 손으로 긴 머리카락으로 인해 간지러움이 있어도 결코 긁적거려서는 안 된다. 따라서 다예사는 그런 일이 없도록 평소에 머리 손질을 자주 해야 한다.

얼굴 화장은 옅게 하고 자연스러운 것이 좋으며, 향수나 방향성 화장품은 일절 사용하지 말아야 한다. 옷차림은 산뜻하고 단정해야 하고, 민족적인 특색을 가져야 한다. 따라서 **중국 다예사의 경우 복장으로 중국 전통 복장인 치파오를 입는 경우가 많다.** 여기에 손목에 옥팔찌를 차면 더욱더 멋을 낼 수 있다.

다예사가 이러한 모습을 갖춘 뒤 고객이 다예실로 들어오면 웃는 얼굴로 반갑게 인사한다. 친근한 얼굴로 고객들을 맞이한다면 사람들의 기분도 훨씬 더 좋아질 것이다.

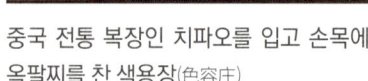

중국 전통 복장인 치파오를 입고 손목에 옥팔찌를 찬 색용장(色容庄)

🫖 다예사의 3가지 예의 (禮儀)

다예사가 갖추어야 할 예의에는 크게 세 가지가 있다. 우의례(寓意禮), 신장례(伸掌禮), 국궁례(鞠躬禮)이다. 여기서는 각 예의에 대하여 간략히 소개한다.

1. 우의례 (寓意禮)*

다예에는 의미가 함축되어 있는 우의(寓意)적인 예절, 즉 '우의례(寓意禮)'가 많다. 대표적인 예로 물주전자를 높이 치들어 붓고 낮게 따르기를 세 번 반복하는 '봉황삼점두(鳳凰三點頭)*'가 있다. 이는 손님에게 세 번 허리를 굽혀 절을 한다는 의미가 함축되어 있는 예절로 환영을 표하는 행동이다. 이외에도 아래와 같은 '우의례(寓意禮)'도 있다.

(1) 차호의 주둥이 부분은 손님을 정면으로 향하지 않게 한다. 주둥이를 손님을 향하도록 하면 손님에게 자리를 떠나 달라는 뜻을 표하는 것이기 때문이다.

(2) 다구를 사용할 때는 문양이 있는 면을 손님 방향으로 놓아 문양을 감상할 수 있게 한다.

(3) 차를 우리는 과정에서 손목을 돌릴 때 오른손은 반시계 방향으로, 왼손은 시계 방향으로 돌린다. 이는 손짓하여 부르듯이 손님을 환영한다는 의미를 담고 있다.

(4) 찻물은 찻잔의 7할 정도까지만 채워, 손님이 찻잔을 들고 마시기 쉽도록 한다.

2. 신장례 (伸掌禮)

다예 표연 중 찻자리에서 마주 앉은 손님께 차나 물건을 삼가 올릴 때는 '받으십시오', '감사합니다'와 같은 뜻을 담아 간단하게 신장례를 많이 올린다. 오른손 네 손가락을 가지런히 모으고, 손바닥을 안쪽으로 약간 오므린 상태에서 전하려는 물건을 향해 비스듬히 뻗어서 가리키면서 동시에 몸을 굽혀 고개를 끄덕이는데, 모든 동작은 부드럽게 한 번에 이루어져야 한다. 일종의 수화로서 상대에게 공경을 뜻하는 모습으로 공손하게 해야 한다.

다구의 문양이 손님을 향하도록 배치한 우의례(寓意禮)

* **우의례**(寓意禮) : 우의할 우(寓)/뜻 의(意)/예절 예(禮)
 : 뜻을 우의적으로 표현한 예절

* **봉황삼점두**(鳳凰三點頭) : 봉황 봉(鳳)/봉황 황(凰)/셋 삼(三)/점, 끄덕일 점(點), 머리 두(頭)
 : 봉황이 머리를 끄덕이듯이 세 번 절하는 모습을 우의적으로 표현한 예절

* **신장례**(伸掌禮) : 내밀, 내뻗을 신(伸)/손바닥 장(掌)/예절 예(禮)
 : 손바닥을 내밀어 사물을 가리키는 예절

오른손의 네 손가락을 붙인 채 찻잔을 가리키는 신장례(伸掌禮)

3. 국궁례 (鞠躬禮)

국궁(鞠躬)은 '허리를 굽혀 절한다'는 뜻이다. 따라서 국궁례는 손님을 접대할 때 서비스 정신으로 공손히 허리를 굽혀 절하는 예의를 말한다. 이 국궁례는 상체를 앞으로 구부리는 동작으로서 그 기원은 고대 시대에 하늘에 제사를 올리는 제천의식(祭天儀式)에서 유래된 것이다. 그런데 이 제천의식이 세월이 흐르면서 오늘날에는 일상의 예절로 변화되었다. 허리를 굽히고 고개를 숙이면서 상대방의 시선을 회피하는 방식이다. 이렇게 상대에게 공손하게 절하면서 적의가 없음을 표현하는 방식은 오늘날에는 인사, 존경, 감사, 사과 등의 예절이 되었다. 물론 다예에서도 공경을 표시하는 중요한 예절인 것은 마찬가지이다. 기본적인 자세는 다음과 같다.

(1) 목을 너무 길게 뻗지 말고 턱을 내밀어서는 안 된다.
(2) 귀와 어깨가 나란히 같은 높이여야 한다.
(3) 바른 자세로 서서 두 다리를 모으고 시선은 상대방의 가슴을 응시한다.
(4) 몸을 아래로 굽히면서 양손을 아래로 내려 무릎 쪽으로 향하게 한다.

🫖 다예사 (茶藝師)의 표연 자세

다예표연에서 다예사의 올바른 자세는 중요하다. 단정하고 고상한 자세는 차를 마시는 손님에 대한 예의일 뿐 아니라, 뜨거운 차와 다구를 다루기 때문에 안전의 측면에서도 매우 중요한 일이기 때문이다.

1. 의자에 앉는 자세

다예사가 의자에 앉을 때는 일어나기 쉽도록 의자의 중심에서 반만 걸쳐 똑바로 단정하게 앉는다. 두 다리와 무릎, 발목을 모으고, 또는 양다리를 교차시켜 우아한 모습을 연출한다. 가슴을 펴고 허리를 세워 상체는 곧게 편 채로 활기를 보여 주면서 어깨는 편안하게 힘을 뺀다. 고개를 들고 턱을 살짝 당기고, 입은 다물며, 코 끝은 배꼽 쪽을 향하게 한다.

다예사가 올바른 자세로 서서 다예를 표연하는 모습

2. 무릎을 꿇은 자세

다예사가 무릎을 꿇을 때 발등은 바닥에 붙이고, 엉덩이는 두 발 위에 닿도록 앉는다. 마찬가지로 상체는 곧게 편 채로 어깨는 편안하게 힘을 뺀다. 입은 다물고, 두 손은 앞으로 모으는데, 여성은 오른손이 위로, 남성은 왼손이 위로 오도록 한다.

3. 서 있는 자세

다예사가 서 있을 때는 두 발을 모으고, 몸을 곧게 펴며, 어깨는 편안하게 힘을 뺀다. 고개를 들어 눈은 정면을 응시하되, 턱은 약간 당긴다. 여성은 오른손이 위로 오도록 모아 배꼽 위에 올린다. 남성은 두 발을 팔자 모양으로 약간 벌려, 왼손이 위로 오도록 아랫배 위에 올려둔다.

4. 보행 자세

여성이 걷는 자세는 서 있는 자세 그대로 안정감을 유지한 채 똑바로 걸어야 하며, 남성은 다리의 움직임에 따라 두 팔을 자연스럽게 흔들어 준다. 오른쪽을 향할 때는 오른발을, 왼쪽을 향할 때는 왼발을 먼저 내디디며, 자리를 떠날 때는 손님을 마주한 채 두 걸음 정도 뒤로 물러난 뒤 몸을 돌리는 방식으로 손님에 대한 존경을 표한다.

티타임 휴게실

고객과의 작별 인사

다예사가 고객과 작별 인사를 할 때는 특별한 상황을 교묘히 이용하여 인사를 하면 사람들에게 따뜻한 느낌과 함께 깊고 아름다운 인상을 심어 줄 수 있다. 예를 들면, 고객이 '미용차(美容茶)*'를 주문하거나 구입했을 경우에는 "아름다운 생활을 기원합니다."라는 말로 인사말을 건네는 것이다.
그리고 다예사가 고객에게 길을 안내할 때는 목적지를 바라보며 손을 사용하여 방향을 명확히 가리키면서 안내한다.

---

* **미용차**(美容茶) : 아름다울 미(美)/얼굴 용(容)/차, 차나무 차(茶)
 : 미용 건강에 도움이 되는 차

제 4 장

다예사 (茶藝師)의 실무 1

: 기초 지식과 차석 (茶席)의 준비

🫖 다예사가 갖추어야 할 실무 기초 지식

다예의 기초는 차를 뜨거운 물로 훌륭하게 우리는 것이다. 그런데 차를 훌륭하게 우려내려면 일정한 기술이 필요하다. 이러한 다예 기술을 익히기 위해서는 가장 먼저 차의 종류를 구분할 줄 알아야 한다. 다음으로는 찻잎을 선택하는 방법, 차를 우리는 포다법(泡茶法), 차의 시음법, 찻잎의 보관법, 차 문화와 차의 미학에 대해서도 알아야 한다. 그런데 **차를 우리는 일은 시간, 장소, 사람에 따라서도 달라지기 때문에 이러한 변화의 요인 간에 관계를 잘 파악하는 것도 다예에서는 중요한 숙지 요건이다.**

다예에서도 첫 출발점인 '포다(泡茶)'의 방식을 익히기 위해서는 차를 과학적으로 마시기 위한 세 가지의 기본적인 요구 사항을 알아야 한다. **즉 찻잎을 올바르게 선택하고, 올바르게 우리는 방법을 익히고, 올바르게 마시는 것이다.** 그러기 위해서는 찻잎의 사용량과 우리는 물의 온도, 찻잎을 우리는(침출) 시간을 기본적으로 반드시 알아야 한다.

차를 우리는 포다(泡茶) 모습

1. 차류 (茶類)의 분별 능력

다예사는 먼저 눈앞에 놓인 차가 무슨 종류의 차인지 분별할 수 있는 능력이 있어야 한다. 차는 종류에 따라 함유 성분이 달라 그 특성에 맞게 각기 다른 조건으로 우려내야 하기 때문이다. 쉬운 예를 들면, 그 차가 녹차, 백차, 황차, 청차(우롱차), 홍차, 흑차(보이차) 등에서 무슨 종류의 차인지 구분할 수 있는 기본적인 능력에서부터 더 세부적으로는 같은 우롱차에서도 민북우롱차인 무이암차(武夷岩茶)인지, 민남우롱차인 안계철관음(安溪鐵觀音)인지, 광동우롱차인 봉황단총(鳳凰單叢)인지 등을 구분할 줄 알아야 하는 것이다.

2. 찻잎의 품질 판별 능력

다예사는 찻잎의 종류를 분별하고 선정한 뒤에 그 찻잎의 품질을 판별할 줄 알아야 한다. 티소믈리에나 평차원(評茶員)과 같이 찻잎 품질의 감별 능력이 어느 정도 요구된다. 찻잎의 함유 성분들이 뜨거운 물에서 침출되는 속도는 찻잎의 노화(성숙) 정도나 가공 과정에서 품질과 관련되어 있다. 따라서 **다예사는 찻잎의 노화나 가공 품질의 우열을 분별하고, 그 우열에 따라 함유 성분이 침출 속도에서 차이를 보인다**는 사실을 알고 있어야 한다.

찻잎의 함유 성분 중 아미노산의 함유량은 찻물의 신선도와 감칠맛에도 직접적인 영향을 준다. **봄철 신차(新茶)의 향기가 맑고 신선하고, 맛도 매우 상쾌하면서 감칠맛이 훌륭한 것은 아미노산의 함유량이 차 폴리페놀에 비해 상대적으로 높기 때문이다.**

반면 신차에 비해 품질이 떨어지는 **하차(夏茶)는 아미노산의 함유량이 적고 차 폴리페놀의 함유량이 상대적으로 높아 차를 우리면 쓴맛과 떫은맛이 두드러진다.** 이와 같은 이유로 다예사는 다예표연에 앞서 자신이 우리는 찻잎이 고품질의 신차인지, 저품질의 하차인지 등을 사전에 판별하고 대처해야 한다.

찻잎을 손가락으로 집어 건조 상태를 확인하는 모습

1) 중국 국가 차 품질 규정에 대한 이해

중국에서는 국가적인 차원에서 찻잎의 품질을 유지하기 위하여 공인 시스템을 운영하고 있다. 국가의 강제성 표준으로서 '검험 방법 표준(檢驗方法標準)'을 적용하여 원료 찻잎을 검사하고 있다. 그리고 원료 찻잎인 모차를 인수할 때 품질 기준이 있는데, 이를 '모차 표준군(母茶標準

群)'이라고 한다. 이러한 표준에 근거해 중국에서는 차의 품질을 국가적으로 통제하고 있다. 특히 천연 유기농차는 '인간에 의한 오염이 없는 산지에서 생산된 것'으로 규정하고, 각 유기농업별로 체계적으로 생산된 원료 찻잎은 가공, 포장, 저장 과정에서 어떠한 화학적인 오염이 없다는 사실을 인증 기관에서 '유기차(有機茶)' 심사를 거쳐 고시한다.

또한 국가 위생 표준에 따르면, 녹색식품차(綠色食品茶)는 살충제인 BHC$^{\text{Benzene Hexachloride}}$와 DDT의 잔존량이 0.05mg/kg보다 초과해서는 안 된다.

3. 찻잎의 보관

차엽을 보관하는 차엽관(茶葉罐)

건조 찻잎은 일반적으로 수분의 함유량이 6% 미만이어야 오랫동안 신선하게 보관할 수 있다. 찻잎은 온도, 수분, 산소, 직사광선(빛) 등 다양한 원인에 의해 쉽게 변질될 수 있다. 특히, 찻잎은 주변의 향을 쉽게 흡수하는 특성이 있어 더욱 주의가 필요하다. 따라서 찻잎을 보관할 때는 잡내가 배지 않도록 다른 차나 독특한 향이 있는 물건과 함께 보관하지 말아야 하며, 수분을 함유하고 있는 식품과 함께 두면 찻잎이 쉽게 눅눅해지므로 피해야 한다.

1) 보관상 피해야 할 요소
(1) **직사광선** : 차를 새로 구입했다면 최대한 신속하게 차엽관(茶葉罐)에 옮겨 담고, 직사광선(빛)에 노출시키지 않도록 해야 한다. 빛에 노출되면 찻잎 내의 성분에 화학 반응을 가속시켜 품질에 변질이 생

길 수 있기 때문이다.

(2) **고온다습한 환경** : 찻잎은 고온다습한 환경을 절대 피하고, 건조하면서 서늘한 곳에 반드시 보관해야 한다. 습도가 높으면 찻잎은 눅눅해지고 곰팡이가 생길 우려가 있기 때문이다. 그리고 온도가 높으면 찻잎의 색상이 변화하는데, 온도가 평균 10도 상승하면 찻잎의 갈변 속도는 3~5배나 증가한다.

(3) **산소** : 찻잎은 산소와의 접촉을 막기 위하여 반드시 밀봉해야 한다. 찻잎 내 비타민 C의 산화와 차황소, 차홍소의 산화 중합이 산소와 관련이 있기 때문이다.

4. 찻잎과 물의 비율 조절 능력

찻잎의 양은 반드시 우리는 다기의 크기, 찻잎의 종류, 품질 등급에 따라 달리해야 한다. 그리고 찻잎의 양이 적고 물의 양이 많으면 차의 자미(滋味)가 밋밋하고, 찻잎의 양이 많고 물의 양이 적으면 쓴맛과 떫은맛이 두드러진다.

　이로 인해 차의 종류와 품질에 따라서 찻잎과 물의 비율을 적당히 조절해야 균형 잡힌 훌륭한 향미를 낼 수 있다.

1) 녹차, 홍차, 화차

적당량의 홍차를 개완에 넣고 물을 부어 우리는 모습

찻잎 1g당 물 50~60mL의 비율이 적당하다(물 200mL 기준 약 3g).
예시) 녹차를 1회 우릴 때 보통 찻잎의 양은 100~150mL 용적 기준 유리잔에 2~3g을 넣는 것이 적당하다.

2) 청차 (우롱차)

우롱차는 미묘한 향미를 매우 중요시하기 때문에 다른 차류에 비해 물을 적게 넣고 찻잎을 많이 넣어 강하게 우려내 음미한다. 찻잎의 양은 찻주전자의 용적에 대한 비율로 정하는데, 대략 찻주전자(또는 차호)의 3분의 1 분량이 적합하다. 특히 철관음(鐵觀音)은 찻주전자 내에서 찻잎과 물의 비율이 1:20이 적당하다.

3) 흑차 (보이차)

운남성의 보이차는 물 200mL당 찻잎 5~8g을 넣는 것이 적당하다.
다예에서 찻잎을 물에 넣는 투차량은 차를 마시기 위해 온 손님의 취향이나 건강 상태에 따라서도 달리해야 한다. 예를 들면, 차를 진하게 즐기는 건강한 사람에게는 투차량을 늘려도 되지만, 비장과 위장이 약한 사람에게는 투차량을 줄여서 차를 연하게 우려내 제공해야 한다. 타닌 성분이 약한 비위에 부작용을 일으킬 수 있기 때문이다.

5. 찻잎을 우리는 물의 온도 판단

물의 양, 찻잎의 양, 그리고 **우리는 시간**이 동일한 조건에서 찻잎의 함유 성분은 **물의 온도**에 따라서 침출되는 양에 차이가 난다. 즉 **찻잎의 향미와 유효 성분은 물의 온도가 높으면 빨리 침출되고, 물의 온도가 낮으면 느리게 침출되는 것이다.** 또 한편으로 물의 온도가 무조건 높다고 좋은 것은 아니다. 결론적으로 말하면, 차를 우리는 물의 온도는 차의 종류에 따라서 달리해야 한다.

1) 녹차

녹차의 신차(新茶)와 같이 부드러운 새싹과 찻잎으로 구성된 차에는 항산화제로 알려져 노화 방지에 효능이 있는 비타민 C, E를 비롯해 폴리페놀인 카테킨^{Catechin}, 플라보노이드^{Flavonoid} 화합물, 플라보노이드 및 페놀산$^{Phenolic\ Acid}$의 화합물, 카페인^{Caffeine}과 같은 유효 성분들이 풍부하게 들어 있다. 특히 **카페인은 각성, 강심, 이뇨, 체온 조절, 알코올 분해, 니코틴 배출 등의 효능이 있다.** 그런데 끓는점인 100도의 물로 우릴 경우 비타민 C가 파괴되고, 카페인과 차 폴리페놀은 빠르게 침출되어 쓴맛이 난다. 또한 찻잎이 익어 버려서 차의 향미 성분이 제대로 침출될 여지도 없다. 따라서 어린잎의 고품질 녹차는 60도~80도의 물로 우려내는 것이 좋다.

이러한 온도로 우려내면 찻빛이 맑고 탁하지 않으며, 향기는 순수하면서 둔탁하지 않고, 맛도 상쾌하고 신선하다. 그리고 엽저(葉底)의 색상도 밝아서 차를 마시는 사람에게 큰 즐거움을 선사한다.

2) 청차 (우롱차)/흑차 (보이차)

비교적 성숙한 찻잎을 사용하는 청차(우롱차), 흑차(보이차)의 경우에는 고온인 95~100도의 물로 우리는 것이 좋다. 그래야 찻주전자에서 대류 현상이 활발히 일어나 찻잎이 충분히 펴지면서 향미와 유효 성분이 잘 침출된다. 이러한 종류의 차를 저온으로 우린다면 대류 현상이 활발하지 않아 찻잎이 펼쳐지지 않은 결과 맛과 향이 밋밋해진다.

3) 홍차

홍차의 경우에는 차황소(茶黃素)인 테아플라빈^{Theaflavin}, 차홍소(茶紅素)인 테아루비긴^{Thearubigin} 등과 같은 홍차의 특성을 좌우하는 색향미 성분과 유효 성분을 잘 침출시키기 위해 **온도 95도 전후의 물로 우려야 한다.** 온도가 그보다 낮으면 점핑도 잘 일어나지 않아 향미와 유효 성분이 잘 침출되지 않는다. 또한 홍차는 등급이 홀 리프$^{Whole Leaf}$ 등급인지, 브로큰 ^{Broken} 등급(또는 홍쇄차)인지에 따라서도 함유 성분의 침출 속도가 온도에 많이 좌우된다. 일반적으로 같은 온도에서 브로큰 등급이 홀 리프 등급보다 더 빨리 침출된다.

6. 찻잎을 우리는 시간 조절

찻잎을 우리는 시간은 찻잎의 종류, 우리는 물의 온도, 찻잎의 양(투차량), 그리고 차를 마시는 습관과 모두 관련이 있다. 따라서 다예사는 차를 우릴 때 다양한 요소들을 감안하여 우리는 시간을 조절할 수 있어야 한다.

1) 찻잎의 종류

찻잎이 여린 일아일엽(一芽一葉)의 녹차나 백차일 경우에는 짧게, 찻잎이 성숙한 일아삼엽(一芽三葉)의 우롱차나 보이차일 경우에는 길게 우려낸다. 그리고 일반적으로 시간이 너무 짧으면 찻물의 색상이 연하다. 반면 너무 길면 색상이 진해지고 떫은맛이 증가하면서 차의 향도 손실된다.

특히 여린 새싹으로만 만든 백호은침(白毫銀針)과 같은 백차는 비교적

안길백차(安吉白茶)를 유리잔에 80도로 우려서 마시는 모습

낮은 온도인 70도의 물로 우리기 때문에 침출되는 속도가 느리다. 따라서 제대로 향미를 맛보기 위해서는 우리는 시간을 약 4~5분 정도로 하면 적당하다.

2) 물의 온도
차의 종류에 따라 다르지만, 일반적으로 물의 온도가 고온일 때는 시간을 짧게, 물의 온도가 저온일 때는 시간을 길게 우려낸다.

3) 찻잎의 양 (투차량)
투차량이 많을 때는 우리는 시간을 짧게, 투차량이 적을 때는 우리는 시간을 길게 해야 차의 향미를 제대로 즐길 수 있다.

4) 차의 품질
차의 품질에 따라서도 우리는 시간을 달리해야 한다. **품질이 훌륭할 경우에는 짧은 시간에 우려내고, 품질이 나쁜 경우에는 긴 시간에 걸쳐 우려내야 향미를 제대로 낼 수 있다.**

일반적으로 끓인 물에 차를 우리면 카페인, 비타민, 아미노산 등이 먼저 침출되는데, 우린 지 3분에 이르면 그 침출량이 비교적 많아진다. 이때 마시면 차의 맛이 상쾌하면서도 순수하지만 자극적인 맛은 비교적 적다. 그런데 3분이 지나면서부터는 차 폴리페놀의 침출량이 점차 증가하기 때문에 자극적인 떫은맛이 증가한다. 따라서 **떫은맛을 피하고 상쾌하게 차를 마시고 싶다면 보통 3분 정도 우린 뒤 마시는 것이 좋다.**

7. 찻잎을 우리는 횟수 조절

찻잎에 함유된 다양한 성분들은 각기 침출률이 다르다. 일반적으로 아미노산, 비타민 C, 카페인, 차 폴리페놀, 수용성 당분의 순서로 침출된다. **물에 용해되는 수용성 성분은 찻잎을 첫 번째로 우릴 때 보통 약 50%가 침출된다. 두 번째 우릴 때는 침출률이 30%, 세 번째 우릴 때는 10% 정도 된다. 네 번째 우릴 때는 약 2~3% 정도 침출된다. 따라서 차는 보통 3회 정도 우리면 다 우려내 마시는 셈이다.** 그럼에도 불구하고 차의 종류마다 차의 향미를 제대로 우려내 마실 수 있는 횟수에 약간씩의 차이가 있다.

1) 침출 횟수 1회

찻잎이 가루 형태로 되어 있는 패닝(또는 더스트) 등급의 홍차(또는 홍쇄차나 티백)나 말차 형태의 녹차는 침출률이 매우 빠르다. 이러한 차들은 첫 번째 우릴 때 유효 성분이 거의 모두 침출되기 때문에 다시 우리지 않는다. 티백 형태의 RTD 차들도 대부분 1회 우린다.

2) 침출 횟수 1~2회

미생물 경미발효차인 황차와 백차는 보통 1회만 우려내 마시고, 경우에 따라서 최대 2회까지 우려낸다.

3) 침출 횟수 2~3회

가늘고 길게 휘말린 녹차, 공부홍차, 화차와 같은 차들은 보통 2~3회 우려낸다.

4) 침출 횟수 4~6회

미묘한 향미가 가장 큰 특징인 우롱차는 찻잎을 다른 차류에 비하여 많이 넣고 우리기 때문에 보통 4~6회 정도 연속해서 우려낼 수 있다.

8. 찻잎을 우리는 물의 선택

고대인들은 차를 우리는 물의 온도에 대해서도 충분히 연구하였는데, 차를 우리는 물의 품질에서 차고 신선한 선상미(鮮爽味)*가 떨어지는 것을 '수로(水老)*'라고 표현하였다. 그런 만큼 차를 우리는 요소에서 물은 차의 색(色)*, 향(香)*, 미(味)*에 매우 큰 영향을 준다. 왜냐하면 물의 수질에 따라서 차의 특성이 달라지기 때문이다. 또한 차를 우리는 기본 절차에서도 끓이는 물, 즉 팽수(烹水)*의 품질에 따라서도 찻잎의 품종이 달라지고, 요구되는 사항도 달라진다.

물은 찻잎에서 향미의 성분과 건강에 유익한 성분들을 침출하는 침출제로서 물의 성질에 따라 화학 반응이 달라 차의 색, 향, 미가 달라진다. 예를 들면, 물의 성질이 칼슘(Ca^{2+})이나 마그네슘(Mg^{2+}) 이온이 다량으로 함유된 경수(硬水)(센물)인지, 그러한 이온들이 적게 함유된 연수(軟水)(단물)인지에 따라서 동일한 찻잎을 우려도 탕색의 짙은 정도, 향의 세기, 떫은맛, 단맛 등에서 차이를 보이는 것이다. 따라서 차를 훌륭하게 우리기 위해서는 차의 종류에 적합한 훌륭한 물을 사용해야 한다. 물이 차에 주는 영향이 이와 같아 예로부터는 '물은 차의 어머니'라고 불렀던 것이다.

---

* **선상미**(鮮爽味) : 신선할 선(鮮)/상쾌할 상(爽)/맛 미(味)
: 신선하고 상쾌한 맛

* **수로**(水老) : 물 수(水)/늙을, 노쇠할 로(老)

* **색**(色) : 색상 색(色)

* **향**(香) : 향기 향(香)

* **미**(味) : 맛 미(味)

* **팽수**(烹水) : 끓일 팽(烹)/물 수(水)
: 끓인 물

한편, 오늘날 차를 우리는 훌륭한 물의 성질에 대해서 일반적인 요건으로 보통 다섯 가지가 소개된다. 물론 다예사도 차의 전문가인 만큼 차를 우리는 물의 성질에 대해서 잘 숙지하고 있어야 한다.

차를 우리기에 좋은 샘물

티타임 휴게실

경도(硬度)에 따른 물의 분류

경도(硬度)는 물 1mL 속에 칼슘염과 마그네슘염이 함유되어 있는 정도를 말한다. 그런데 세계 각국마다 경도에 따른 물의 분류가 약간씩 차이가 있다.

1. 세계보건기구(WHO)
1) 연수(Soft Water) : 경도 60mg/L 이하
2) 적당한 경수(Moderately Hard Water) : 경도 60~120 mg/L
3) 경수(Hard Water) : 경도 120~180 mg/L
4) 강한 경수(Very Hard Water) : 경도 180 mg/L 이상

2. 한국
1) 연수 : 경도 75mg/L 이하
2) 적당한 경수 : 경도 75~150 mg/L
3) 경수 : 경도 150~300 mg/L
4) 강한 경수 : 경도 300 mg/L 이상

3. 중국
1) 연수 : 경도 100mg/L 이하
2) 경수 : 경도 200mg/L 이상

1) 청수 (淸水)*

차를 우릴 때는 청수(淸水), 즉 맑은 물을 사용해야 한다. 맑다고 함은 이물질이나 침전물이 없고 무색투명하고 무취한 것을 말한다. 이러한 맑은 물은 차에 영향을 주는 요인이 없어 찻잎 본연의 색, 향, 미를 잘 드러낸다.

2) 경수 (輕水)*

물의 비중이 작아 가벼워야 한다. 물의 비중이 크면 그 속에 용해된 미네랄 성분이 많다는 뜻이다. 미네랄 성분이 많을수록 찻잎을 우리면 탕색이 어둡고 진해지면서 차 본연의 향미가 연해진다. 또한 쓴맛과 떫은맛도 약해진다. 또한 미네랄 성분이 과도하게 많이 함유된 물은 인체의 건강에도 해롭다. 따라서 차를 우릴 때는 미네랄 함유량이 적은 경수를 사용해야 한다. 중국에서 경수로 유명한 샘으로는 북경 옥천산(玉泉山)의 '옥천수(玉泉水)'가 있다. 참고로 칼슘이나 마그네슘 이온이 적게 함유된 연수(軟水)(단물)도 여기에 해당하는 물이다.

3) 감수 (甘水)*

감수는 물이 혀에 닿는 순간 혀끝에서 달짝지근하면서 묘한 느낌을 준다. 또한 물을 목구멍으로 넘겼을 때 목 넘김이 부드러우면서 달콤한 뒷맛을 여운으로 남긴다. 이러한 물로 차를 우리면 차의 향미를 더해 줄 수 있다.

4) 냉수 (冷水)*

차를 우릴 때는 차가운 물을 끓여서 사용한다. 옛날에는 매우 차가운 물을 대부분 지하의 깊은 곳에서 솟아나는 샘물(용천수)로부터 얻었다. 이러한 샘물은 오염도 적어 차의 맛이 순수하고, 용존 산소량도 많아 차의 맛이 신선하다.

5) 활수 (活水)*

차를 우릴 때는 흐르는 물, 즉 활수(活水)를 사용해야 한다. 흐르는 물은 정화 작용이 있어 썩지 않기 때문에 세균의 번식도 적다. 따라서 건강과 안전을 위해서는 반드시 활수로 차를 우려야 한다. 또한 세균의 번식이 적으면 용존 산소량도 많아 차를 우리면 매우 신선한 맛을 즐길 수 있다.

한편 오늘날에는 옛날처럼 샘물이나 빗물, 눈을 녹인 물, 우물물, 지하수로 차를 우리는 경우는 거의 없다. 대신에 수돗물이나 정수, 생수 등을 차를 우리는 데 많이 사용하고 있다. 각 물에 대한 성질도 다예사는 숙지하고 있어야 한다.

* **청수**(淸水) : 맑을, 깨끗할 청(淸)/물 수(水)
  : 맑은 물, 깨끗한 물

* **경수**(輕水) : 가벼울 경(輕)/물 수(水)
  : 함유 성분이 적어 비중이 작아 가벼운 물

* **연수**(軟水) : 연할, 부드러울 연(軟)/물 수(水)
  : 광물질이 적어 비누가 잘 풀리고 부드러운 물

* **감수**(甘水) : 달 감(甘)/물 수(水)
  : 맛이 감미로운 물

* **냉수**(冷水) : 차가울, 식힐 냉(冷)/물 수(水)
  : 차가운 물

* **활수**(活水) : 생기, 콸콸 흐를 활(活)/물 수(水)
  : 흐르는 물

● 중국 각 지역별 명천(名泉) 40선(選)

차구(茶區)	소재지		명천(名泉)	설명
	성/자치구/직할시	현, 시 등		
강북(江北)	감숙성(甘肅省)	주천현(酒泉縣)	주천(酒泉)	물이 감주(단술)에 비견될 정도로 감미로워 '주천'이라고 함. 포다(泡茶)와 식용에 사용될 정도로 물이 맑고 순수하며, 여름철에도 청량(清凉)하다.
	강소성(江蘇省)	남경시(南京市)	팔공덕수(八功德水)	종산현(鍾山縣)에 소재, 팔공덕(八功德)은 청(清)(맑음), 냉(冷)(차가움), 향(香)(향이 있음), 유(柔)(부드러움), 감(甘)(감미), 정(淨)(깨끗함), 불예(不噎)(목넘김이 좋음), 제아(除痾)(입안이 부드러움)이다.
		무석시(無錫市)	천하제이천(天下第二泉)	당나라 때부터 유명 차인들이 높이 평가, 혜산(惠山) 제일봉인 백석오(白石塢) 산자락에 위치, 예로부터 '육자천(陸子泉)'이라고 함.
		탕주성(湯州城)	천하제오천(天下第五泉)	당나라 때부터 '천하제오천'이라 불림, 대명사(大明寺)의 절터에 있다. 물의 맛이 순후(醇厚)하여 일찍이 포다에 사용.
	북경시(北京市)	송산(松山)	벽대천(碧帶泉)	대해사산(大海蛇山)에 소재, 물이 맑고 감미로워 팽차(烹茶)에 사용.
		연경현(慶慶縣)	삼첩천(三叠泉)	송산각(松山脚) 아래에 소재, 물이 깨끗하고 청량하여 팽차(烹茶)에 사용.
	산동성(山東省)	거현(莒縣)	와룡천(臥龍泉)	부래산(浮來山)에 소재, 물의 맛이 감미롭다.
		제남시(濟南市)	진주천(珍珠泉)/천하제삼천(天下第三泉)	청나라 건륭제(乾隆帝) 때부터 '천하제삼천'이라 불림, 물의 성질이 청(清), 결(潔), 감(甘), 경(輕)의 표준으로 평가.
	산서성(山西省)	오태현(五台縣)	반야천(般若泉)	태회진(台怀鎮)에 소재, 물이 청량(清凉)하여 청나라 강희제(姜熙帝), 건륭제(乾隆帝) 때 팽명음수(烹茗飲水)로 유명해졌다.
			용천(龍泉)	태회진(台怀鎮) 남부의 구룡산(九龍山)에 소재
	섬서성(陝西省)	화산(華山)	화산오정옥천(華山五井玉泉)	화산의 옥녀봉(玉女峰), 연화봉(蓮花峰), 낙웅봉(落應峰) 사이에 소재, 물의 성질이 맑고 차고, 감미로우면서 진하다.
	안휘성(安徽省)	저주시(滁州市)	육일천(六一泉)	낭야산(琅琊山) 풍경 지구에 소재, 송나라 시대 문장가 구양수(歐陽脩)의 호인 육일거사(六一居士)에서 이름이 유래.
			자미천(紫微泉)	치곡천(幽谷泉), 풍동천(豐東泉)이라고도 한다. 송대 문장가 구양수(歐陽脩)가 물이 부드러워 신차(新茶)를 우리기에 좋은 물로 호평하였다.
		황산(黃山)	명현천(鳴弦泉)	예로부터 물이 맑고 깨끗하기로 유명.
강남(江南)	강서성(江西省)	상요시(上饒市)	육우천(陸羽泉)/천하제사천(天下第四泉)	당나라 시대부터 '천하제사천'이라 불림, 육우(陸羽)가 물이 맑고 감미로워 팽차(烹茶)에 좋은 물이라 평가.
		여산(廬山)	운액천(雲液泉)	『여산지(廬山志)』에서 물이 맑고 차면서 맛이 감미롭다고 평가되는 샘.
			천하제일천(天下第一泉)	당나라 때부터 육우의 『다경(茶經)』에 소개, 남송 시대 성리학자 주희(朱熹, 1130~1200), 북송 시대 문필가 왕안석(王安石, 1021~1086) 등 역대 문인들이 최고로 칭송하는 샘이다.
	절강성(浙江省)	항주(杭州)	감로천(甘露泉)	호포천(虎跑泉)과 동일 지맥, 예로부터 '팽음차탕(烹飲茶湯)'에 사용.
			용정천(龍井泉)	서호(西湖) 남서부 용홍동(龍泓洞)에 소재. 본명은 용홍천(龍泓泉)이다.
			호포천(虎跑泉)/천하제삼천(天下第三泉)	서호(西湖) 남부 대자산(大慈山) 백계봉(白鷄峰)에 소재, 당나라 때 명칭은 '호포천(虎刨泉)'이고, '천하제삼천'이라 불리며 용정수(龍井水)와 함께 쌍절(雙絶)로 칭송.
			연화천(蓮花泉)	비래봉(飛來峰) 정상에 소재, 물이 맑고 달며 감미로워 팽차(烹茶)에 사용.
			옥녀천(玉女泉)	비래봉(飛來峰) 옥녀동(玉女洞)에 소재, 송나라 시대부터 유명해졌다.

차구 (茶區)	소재지 성/자치구/직할시	현, 시 등	명천(名泉)	설명
강남 (江南)	호남성(湖南省)	석문현 (石門縣)	어천 (魚泉)	석문현 서북부 산지에 소재. 샘물이 용솟음치는 것으로 유명하다.
		악양현 (岳陽縣)	유의천 (柳毅泉)	동정호(洞庭湖) 군산(君山)에 소재, 물의 수질이 훌륭하다. 맛이 차고 감미로우면서 순수하다. 수색은 맑고 푸르다. 유량이 풍부해 연중 마르지 않는다.
		장사현 (長沙縣)	백사정 (白沙井)	회룡산(回龍山) 아래에 소재, 장사현 최고의 샘, 물이 마르지 않고, 맑고 투명하며, 차고 감미롭다.
	호북성(湖北省)	가어현 (嘉魚縣)	밀천 (蜜泉)	〈대청일통지(大淸一統志)〉에서 그 맛이 꿀과 같이 달콤하여 예로부터 유명하다고 소개.
		난계시 (蘭溪市)	난계천 (蘭溪泉)	당나라 시대 육우(陸羽)가 '천하제삼천'이라 높이 평가, 수색이 옥같이 투명하고, 물이 맑고 깨끗하면서 차고 감미로워 팽차(烹茶)에 사용.
화북 (華北)	하남성(河南省)	제원시 (濟源市)	노동천 (盧同泉)	제원시 서북부에 소재, 당나라 시인 노동(盧同, 795~835)이 팽차(烹茶)를 위해 물을 길었던 곳이다.
		태행산 (太行山)	소남해천 (小南海泉)	태행산 자락 양현(陽縣) 인근에 소재, 기포가 흩날릴 정도로 물이 힘차게 용솟음친다.
	하북성(河北省)	승덕시 (承德市)	열하천 (熱河泉)	무열하(武烈河)의 서쪽에 소재, 지하 온천수로서 물이 맑고 감미로우면서 청순하다. 미네랄 성분이 풍부하다.
화남 (華南)	광서장족자치구 (廣西壯族自治區)	정서현 (靖西縣)	아천 (鵝泉)	소아산(小鵝山) 자락에 소재, 샘이 용솟음치고, 수질이 훌륭하다.
	복건성(福建省)	건구현 (建甌縣)	어천 (御泉)	송대(宋代) 건안(建安) 시대에 북원어차원(北苑御茶院)에 속한 샘이다. 물이 공차(貢茶) 제조에 사용되어 '어천'이라 불림. '용배천(龍焙泉)'이라고도 한다. 물의 감미(甘味)가 훌륭하기로 유명하다.
		복주 (福州)	애수천 (喝水泉)	고산(鼓山) 자락의 용천사(涌泉寺)에 소재.
서남 (西南)	귀주성(貴州省)	귀양시 (貴陽市)	성천 (聖泉)	검령산(黔靈山)에 소재, 누작천(漏勺泉), 백영천(百盈泉)이라고 불린다. 물이 차고 감미롭다. 그 경관에 대해서는 "산 뒤에는 성스러운 샘물이 졸졸 흐르고, 영허소장의 풍경은 가히 전할 만하다(山后涓涓涌圣泉, 盈虚消長景堪传)"고 찬미되었다.
	사천성(四川省)	단파현 (丹巴縣)	신천 (神泉)	홍기향(紅旗鄕) 인근 소재, 용출샘으로서 물에 기포가 풍부해 소다수 맛이다. 수색은 부유물이 없어 무색투명하다. 반죽에 사용하면 전병을 부치고 만두를 찌는 데 발효가 필요 없다. 알칼리 성분으로 독특한 효과도 있어 중화시킬 필요도 없다.
	서장자치구 (西藏自治區)	북부 고원 지대	빙천 (冰泉)	얼음으로 언 상태의 샘이다. 부유물이 비교적 적어 일반 담수와 같다.
	신장위구르자치구 (新疆维吾尔自治區)	배성현 (拜城縣)	천루천 (千淚泉)	천불동(千佛洞) 부근에 소재, 물이 맑고 깨끗하고, 감미로우면서 차다. '팽명(烹茗)'에 이상적인 물이다.
	운남성(雲南省)	대리 (大理)	호접천 (蝴蝶泉)	전장공로(滇藏公路) 서부의 창산(蒼山) 운롱봉(雲弄峰) 자락에 소재, 지하 용출수이다.
		중전현 (中甸縣)	백천 (白泉)	암반에서 용해된 탄산칼슘이 다량으로 함유되어 있어 일정 기간 탄산칼슘을 침전시킨 뒤 맑은 물만 사용한다.

🫖 차석 (茶席)*을 준비하는 기본 방법

다예사는 손님을 상대로 차로써 다예를 표연하는 전문 기예가이다. 따라서 손님에게 서비스하기 위한 차석(茶席)(찻자리)을 세팅하는 방법은 기본적으로 알고 있어야 한다. 차를 우릴 줄 알지만 그 차를 접대하는 장소인 차석을 세팅하는 방법을 모른다면 다예사라고 할 수 없을 것이다. 특히 VIP 손님을 위하여 서비스할 경우에는 다음과 같은 주의 사항을 준수하는 것이 좋다.

* 차석(茶席) : 차, 차나무 차(茶)/자리, 좌석 석(席)

: 찻자리, 차 모임 장소

* **다예관**(茶藝館) : 차 다(茶)/예술 예(藝)/
집 관(館)
    : 다예를 시연하는 전문점

* **차품**(茶品) : 차, 차나무 차(茶)/물건, 물
품 품(品)
    : 차 상품

* **차식**(茶食) : 차, 차나무 차(茶)/음식 식(食)
    : 차 모임, 차석에서 차와 곁들여 먹는
음식

* **다구**(茶具) : 차, 차나무 다(茶)/갖출, 도
구 구(具)
    : 차를 우릴 때 갖추어야 할 도구

* **자사호**(紫砂壺) : 자줏빛 자(紫)/모래 사
(砂)/병, 단지 호(壺)
    : 붉은 자사토로 만든 찻주전자

* **주철**(鑄鐵) : 쇠를 부을 주(鑄)/쇠 철(鐵)
    : 탄소 함유한 철 합금, 무쇠

다예사는 VIP 손님의 등급과 다예관(茶藝館)*의 규정에 따라 차품(茶品)*을 제공한다. 또한 VIP 손님에게 서비스하기에 앞서 적어도 20분 전에는 차품(茶品)*, 차식(茶食)(다과)*, 다구(茶具)*를 차석에 세팅해 놓아야 하며, 차식(茶食)(다과 또는 차점)은 특히 신선함, 청결함, 위생성을 확보해야 한다. 따라서 다예사는 VIP 고객의 방문 예정 일정을 정기적으로 파악해 두는 것이 좋다. 또한 신체의 장애가 있는 손님을 대할 때는 차석에서 적절한 위치에 안배해 장애를 가릴 수 있도록 해야 한다. 여기서는 차석을 세팅하는 기본적인 방법에 대해 간략히 소개한다. 물론 시간, 장소, 사람에 따라, 또는 다예사가 자신의 개성을 발휘하여 자유롭게 응용할 수도 있다.

차석을 세팅한 모습　　　　다예사가 다기를 차석에 세팅한 모습

1. 다구 (茶具)의 선정

다예사는 차석을 세팅하거나 디자인할 때 먼저 다예를 펼칠 차석의 주제(분위기 포함)를 먼저 확정해야 한다. 그리고 그 주제에 따라서 차석의 요소들을 종합적으로 선정하는데, 다구도 마찬가지이다.

1) 깔끔하고 깨끗한 현대 분위기의 차석
차석의 주제가 젊은 층이 선호하는 깔끔하고 세련된 분위기를 연출해야 하는 경우에는 유리 다기를 선정하는 것이 좋다.

2) 전통 분위기의 차석
차석의 주제가 중국 전통의 중후하고 고풍스러운 분위기를 연출해야 할 경우에는 자사호(紫砂壺)*나 주철(鑄鐵)* 주전자와 같은 다구를 선정하는 것이 좋다.

3) 민속풍 분위기 차석

차석의 주제가 민속적이거나 토속적인 분위기를 연출해야 한다면, 도기(陶器)*나 자기(瓷器)* 등의 지방색이 강한 다구를 선정한다.

2. 차석의 세팅 디자인

차석 세팅의 느낌과 색조, 소재는 보통 차석의 분위기를 주도하는데, 이러한 세팅에 사용되는 배치 요소들은 거의 정해져 있다. 이때에도 차석의 주제(분위기)에 맞추는 것이 중요하다.

1) 찻상에 다포 (茶布) 깔기

다포(茶布)*는 찻상 위에 까는 천이다. 찻물이 흘렀을 때 빨아들여 찻상을 정갈하게 하고 다구가 찻상에 부딪치는 소리를 방지한다. 재질은 면, 베, 비단, 대나무 등 다양하다. 차석의 주제(분위기)에 맞춰 색상과 재질을 선정한다.

2) 찻상에 매트 (깔개) 깔기

자연 풍광의 모습으로 디자인된 매트를 직접 사용한다. 예를 들면, 연꽃 매트, 대나무 매트 등이다.

3) 찻상 테이블 무늬 활용

매트(깔개)를 사용하지 않고 찻상 테이블 무늬를 그대로 활용한다. 원목 테이블의 소박한 무늬나 마호가니의 우아한 색상 무늬나 대리석의 화려한 결이 대표적이다.

4) 장신구의 선택과 배치

장신구는 차석 전체의 배치에서 화룡점정(畫龍點睛)의 역할을 하는 물품이다. 대표적인 장신구로는 꽃꽂이, 분재, 분향을 위한 향로, 공예품, 생활용품, 괘화(掛畵)(걸개그림) 등이 있다. 이러한 장신구들은 당대(唐代)부터 차와 함께 오락 활동에 사용되었다. 이 장신구를 절묘하게 배치하면 분위기를 한층 더 화려하고 운치 있게 만들어 차석의 자리를 빛낼 수 있다. 장신구를 선택할 때는 단순하면서 복잡하지 않아야 하며, 색상도 동일하거나 상보적인 것을 취하는 것이 좋다. 색상이 대조되도록 장신구들을 배치하려면 다예사 개인의 미술적인 감각이 요구된다.

* **도기**(陶器) : 질그릇 도(陶)/그릇 기(器)
  : 질그릇, 오지그릇

* **자기**(瓷器) : 자기 자(瓷)/그릇 기(器)
  : 고령토를 원료로 빚어서 만든 그릇

* **다포**(茶布) : 차, 차나무 차(茶)/천, 베 포(布)
  : 찻자리에 깔거나 다기를 덮어 두는 천

테이블에 다포를 깐 차석

* **분향**(焚香) : 불사를, 불에 태울 분(焚)/
향기 향(香)
: 향불을 피우기

* **향로**(香爐) : 향기 향(香)/화로 로(爐)
: 향을 피우는 화로

* **향품**(香品) : 향기 향(香)/물건, 물품 품(品)
: 향을 피우는 재료 물품

* **자연산발**(自然散發) : 스스로 자(自)/그
러할 연(然)/흩어질 산(散)/일어날 발(發)

* **훈자산발**(熏炙散發) : 불길, 연기 훈(熏)/
구울 자(炙)/흩어질 산(散)/일어날 발(發)

* **연소산발**(燃燒散發) : 불탈, 불사를 연(燃)/
불태울 소(燒)/흩어질 산(散)/일어날 발(發)

* **고배산발**(烤焙散發) : 불에 쬘 고(烤)/불에
말릴 배(焙)/흩어질 산(散)/일어날 발(發)

* **괘화**(挂畫) : 내걸, 매달 괘(挂)/그림, 채
색 화(畫)
: 장식으로 내거는 그림

괘화를 배경으로 차석을 준비한 모습   대나무 패드를 바닥에 깐 차석

(1) **꽃꽂이** : 다실이나 차석에 색채감을 더해 주고, 차를 마시면서 감
상하기 위한 것이다. 이때 사용되는 꽃을 '차화(茶花)'라고 한다.

(2) **분향** (焚香)* : 중국 진한 시대(秦漢時代)부터 등장한 전통 문화로서
차를 마시는 분위기를 더욱더 차분히 안정시켜 준다. 분향에는 향
로(香爐)*가 가장 적합한 도구이다. 농향의 차를 마실 때는 비교
적 향이 연한 향품(香品)*을 배합해 태우는 것이 요구된다. 그리고
분향할 때는 생화를 가까이 두면 안 된다. 이러한 분향의 방식에
는 '자연산발(自然散發)', '훈자산발(熏炙散發)', '연소산발(燃燒散發)',
'고배산발(烤焙散發)*' 등이 있다.

① 자연산발(自然散發)* : 향유(香油), 향화(香花) 등의 향품(香品)을 사
용하여 자연적으로 향을 내는 방식이다.

② 훈자산발(熏炙散發)* : 용뇌(龍腦)를 주원료로 하는 훈자 향품으로
향으로 내는 방식이다.

③ 연소산발(燃燒散發)* : 향초(香草), 침향목(沉香木) 등으로 만든 연소
향품(香品)으로 향을 내는 방식이다.

(3) **괘화** (挂畫)*(걸개그림) : 차석에 거는 괘화를 '차괘(茶挂)'라고 한다. 명
나라 이후부터 다실에 걸어 두기 시작한 차괘는 주로 서예 족자의 형
태였고, 거기에 담긴 주요 내용은 계절, 시간, 손님과 관련된 것들이었
다. 오늘날에는 매우 다양한 그림이나 내용들을 담아 내걸고 있다.

5) 차석 배경의 디자인

차석의 배경을 디자인하는 작업은 앞서 소개한 차석의 주요 배치 요소
외의 장식으로서 차석의 배경을 꾸미는 작업이다. 대형 분재, 대형 장
식용 그림, 꽃 장식, 병풍, 공예 미술품, 전통 악기, 대나무 광주리 등을
차석 주위로 배치하는 것이다. 이러한 요소로 차석의 배경을 장식하면
분위기를 한층 더 향상시킬 수 있다.

차석에 꽃을 장식한 모습　　　　차석 배경에 대형 부채를 장식한 모습

* **차점**(茶点) : 차, 차나무 차(茶)/가벼운 식사, 간식 점(点)
　: 다과, 차와 과자

* **구감**(口感) : 입 구(口)/느낄, 감각 감(感)

6) 차점 (다과)을 페어링한다

차석에 내놓을 차점(茶点)(다과, 차식이라고 한다)을 선정하고 차와 페어링할 때는 차석의 주제, 차의 종류, 다구의 종류에 따라 결정하는 것이 좋다. 예를 들면 차의 종류에 따라서 녹차에는 당과자, 홍차에는 오매(烏梅)(매실), 우롱차에는 건과실 등을 페어링하는 것이다. 또한 차점은 맛 외에도 모습이 아름다울수록 더 좋다. 차석을 돋보이는 일종의 장식으로서 상승효과를 내기 때문이다.

🫖 차 (茶)와 차점 (茶点)의 페어링

오늘날 차관(茶館)에서는 손님들이 다양한 차(茶)들과 함께 다과인 차점(茶点)*을 선택해 즐기고 있다. 차관에서는 6대 분류의 차 중에서도 녹차, 우롱차, 홍차, 보이차가 많이 소비된다. 그리고 차점들은 그러한 차들과 잘 어울리는 페어링(조합)이 있다. 다예사가 손님들에게 차를 제대로 접대하기 위해서는 자주 소비되는 차와 차점의 페어링에 대한 기본적인 사항을 알고 있어야 한다. 여기서는 차와 차점의 페어링 요구 조건을 몇 가지 소개한다.

1. 구감 (口感)*

손님에게 접대하는 차점은 그 구감이 차의 종류나 특성에 맞아야 한다. 이때 구감은 입안에서 느껴지는 맛과 향, 그리고 질감이다. 대부분

왼쪽 용어 설명

* **청담형**(清淡型) : 맑은 청(清)/묽을 담(淡)/유형 형(型)
  : 맛이 진하지 않고 묽은 유형

* **고삽미**(苦澁味) : 쓸 고(苦)/떫을 삽(澁)/맛 미(味)
  : 쓰고 떫은맛

* **순화**(醇化) : 진할 순(醇)/화할 화(化)
  : 맛이 진한 상태

* **진향**(陳香) : 묵을 진(陳)/향기 향(香)
  : 오래 묵은 향기

* **색택**(色澤) : 색상 색(色澤)/윤기 택(澤)
  : 색상과 윤택

* **종류**(種類) : 씨앗, 종족 종(種類)/무리 류(類)
  : 사물의 분류

의 차들과 무난하게 즐길 수 있는 차점들은 대부분 맛이 강하지 않은 '청담형(清淡型)*'이다. 그런데 차의 종류마다 페어링을 잘 이루는 차점들도 있다.

1) 녹차의 차점
녹차는 일반적으로 자미가 신선하고 상쾌하여 회감이 좋다. **녹차와 함께 먹는 차점도 자미가 신선하고 상쾌한 것으로 선택한다.** 자극적인 맛의 기름진 식품은 보통 녹차의 차점으로 권장하지 않는다.

2) 홍차의 차점
홍차는 완전 산화차로서 자미가 진하고 순하지만 떫은맛인 고삽미(苦澁味)*가 있다. 이 **고삽미를 제거하는 데는 단맛의 차점이 잘 어울린다.**

3) 청차 (우롱차)의 차점
부분 산화차인 청차(우롱차)는 특히 **향미를 중요시하면서 즐긴다.** 따라서 차호에 찻잎을 많이 넣고 우리기 때문에 향이 높고 맛이 강하다. **이때 어울리는 차점은 부드러운 우유가 들거나 설탕이 들어 단맛이 나는 차점들이 좋다.**

4) 흑차 (보이차)의 차점
후발효차(後醱酵茶)인 보이차는 자미가 진하여 순화(醇化)*하고 매우 독특한 진향(陳香)*이 난다. 이러한 맛과 진향을 제대로 즐기기 위해서는 구감이 중성(中性)적인 것이 좋다.

2. 색택 (色澤)*

차점을 보통 차와 함께 낼 때는 색택이 5종 내외로 다른 것을 낸다. 색택이 좋고 화려한 차점은 손님들의 식욕을 불러일으킬 뿐만 아니라 사람들에게 감상할 수 있는 운치도 제공하기 때문이다.

3. 종류 (種類)*

오늘날 찻집인 차관은 다양한 사람들이 정서를 공감하고 나눌 수 있는 교류의 장소이다. 따라서 사람들이 각자 취향에 맞게 선택하여 차와 차점을 즐길 수 있도록 다양한 상품의 차와 차점을 구비해 두어야 한다. 이때 가장 주의해야 할 점은 손님이 선택하여 요구한 상품의 차를 기준으로 차점이 구감과 색택에서 페어링을 잘 이루는지 검토해야 한다.

🍵 다양한 종류의 차점 (茶点)

오늘날 차관에서는 매우 다양한 종류의 차점들을 식품점에서 구비해 놓고 있거나 직접 만들어서 손님들에게 서비스하고 있다. 그러한 **차점들은 크게 건과류**(乾果類), **수과류**(水果類), **점심류**(點心類)**의 세 부류로 나뉜다.** 여기서는 일반 차관에서 많이 등장하는 차점들을 간략히 소개한다.

1. 건과류 (乾果類)*

차점 중에서도 대표적인 것이 건과류이다. 씨앗이나 열매를 말린 건과류는 일반 식품점에서 밀봉된 형태로 주로 구입할 수 있다. 그 맛도 짠맛, 단맛, 새콤달콤한 맛 등 매우 다양하다. 일반 차관에서 많이 소비되는 차점으로는 다음과 같은 것들이 있다.

① 과자(瓜子) : 채소의 씨앗이다. 일반 차관과 시중에서 가장 많이 유통되고 있다. 향과자(香瓜子), 남과자(南瓜子), 서과자(西瓜子), 백과자(白瓜子), 조과자(吊瓜子) 등이 있다.

② 송자(松子) : 잣나무의 열매인 잣이다.

③ 은행(銀杏) : 은행나무의 열매이다.

④ 청두(靑豆) : 푸른 콩이다.

⑤ 개심과(开心果) : 피스타치오나무의 견과이다.

⑥ 화생미(花生米) : 땅콩을 말한다.

⑦ 개자(榛子) : 개암나무의 열매인 개암이다

수박 씨앗, 서과자(西瓜子)　　　해바라기 씨앗, 향과자(香瓜子)

* **건과류**(乾果類) : 건조 건(乾)/과실 과(果)/무리 류(類)

: 건조 과일류

* **수과류**(水果類) : 물 수(水)/과실 과(果)/
  무리 류(類)
  : 생과일류

* **점심류**(點心類) : 간식 점(點)/마음 심
  (心)/무리 류(類)
  : 간식, 가벼운 식사, 과자류

단호박 씨앗, 남과자(南瓜子)　　　파스타치오 열매, 개심과((开心果)

2. 수과류 (水果類)*

과일인 수과류는 계절마다 수확되어 종류가 많고, 그 색택(色澤)도 매우 다양하다. 따라서 수과류는 일반적으로 차관에서 계절에 따라서 일반 시장이나 청과점에서 선택해 구입한다. 가격대가 비교적 높은 차관에서는 매우 다양한 종류의 수과류를 비치해 둔다. 여기서는 일반적인 차관에서 많이 비치는 되는 것들을 소개한다.

① 여지(荔枝) : 리치
② 합밀과(哈密瓜) : 멜론
③ 황금과(黃金瓜) : 참외
④ 서과(西瓜) : 수박
⑤ 포도(葡萄) : 일반 포도
⑥ 평과(苹果) : 사과
⑦ 양매(杨梅) : 딸기
⑧ 용안(龍眼) : 용안나무 열매
⑨ 이자(梨子) : 배
⑩ 감자(甘蔗) : 사탕수수
⑪ 파라(菠蘿) : 파인애플
⑫ 도자(桃子) : 복숭아
⑬ 제자(提子) : 미국산 포도
⑭ 행자(杏子) : 살구
⑮ 향초(香蕉) : 바나나

3. 점심류 (點心類)*

점심류의 차점은 보통 차관에서 직접 조리해 서비스한다. 그 종류는 조리법에 따라서 매우 다양한데, 여기서는 대표적인 몇 가지를 소개한다.

1) 증팽류 (蒸烹類)

점심류 중에서도 증팽류의 차점은 증기에 찌거나 삶거나 불에 볶아서 만드는 것이다.

> ① 소롱포(小籠包) : 찐만두의 일종인 샤오롱바오
> ② 증교(蒸餃) : 교자 만두
> ③ 당우(糖藕) : 연근 볶음
> ④ 계화(桂花) : 오스만투스꽃과 설탕 등을 첨가해 만든 젤리
> ⑤ 수정소교(水晶素餃) : 속이 들여다보이는 찐 만두의 일종

2) 전작류 (煎炸類)

전작류 차점은 고온의 기름에 튀겨서 만드는 것이다. 향이 고소하여 차객들이 많이 찾는 인기 차점(다과)이다.

> ① 남과병(南瓜餅) : 단호박전
> ② 전교(煎餃) : 기름에 튀긴 군만두
> ③ 나복사수병(蘿卜絲酥餅) : 광동성 전통 튀김 차점

3) 홍고류 (烘烤類)

홍고류 차점은 불의 열기로 굽거나 말려서 만드는 것이다.

> ① 말차단고권(抹茶蛋糕卷) : 말차 롤케이크
> ② 지마수병(芝麻酥餅) : 옥수수 전분을 주재료 만드는 빵 형태의 차점
> ③ 홍차개구소(紅茶开口笑) : 홍차 가루, 계란, 우유 등을 반죽해 불에
>   구운 차점

4) 탕점류 (湯点類)

탕점류는 탕의 형태로 조리되는 차점으로서 건강 보양식인 것도 있다.

> ① 귀령고(龜苓膏) : 중국의 대중적인 음식인 자라탕
> ② 향차연자탕(香茶蓮子湯) : 가향 차인 말리화차 종류와 연꽃 씨앗을
>   주재료 만드는 탕
> ③ 삼선묘이타탕(三鮮猫耳朵湯) : 강력분, 계란, 새우, 청두(푸른 콩) 등
>   으로 만드는 탕

고대인들이 선호하였던 물의 종류

중국 당나라 시대의 '다성(茶聖)'이라 불리는 육우(陸羽, 733~804)는 그의 저서 『다경(茶經)』에서 차를 우리는 물 중에서 가장 좋은 것은 산속에서 흘러 나오는 '산수(山水)'이고, 다음으로 '강수(江水)', 마지막이 '정수(井水)(우물물)'라고 소개하였다.

또한 중국에서는 역사상 차를 우리는 물의 명확한 기준에 대해 처음으로 소개한 사람도 있었다. 북송(北宋) 시대 마지막 황제인 휘종(徽宗, 1082~1135)이었다. 휘종은 그의 저서 『대관차론(大觀茶論)』에서 차를 우리는 물은 '맑고(淸)', '가볍고(輕)', '달고(甘)', '차가운(冽)' 것이 좋다고 제시하였다. 세월이 흐르면서 사람들이 여기에 흐르는 물인 '활수(活水)'를 추가한 것이다.

중국의 옛 차인들은 자연의 흐르는 물인 활수로 반드시 차를 우렸는데, 그 활수 중에서도 으뜸으로 친 것이 끊임없이 솟아나는 샘물(용천수)이었고, 다음이 산골짜기의 물이었다. 그 다음으로는 오염되지 않은 빗물, 눈을 녹인 물, 깨끗한 강물, 하천수, 호숫물, 깊은 우물의 활수, 그리고 정화시킨 물의 순서로 평가하였다. 반면 연못의 고인 물은 절대로 사용해서는 안 된다고 보았다.

이처럼 고대인들은 물에 따라서 찻잎을 우린 결과가 달라진다는 사실을 알고 있었다. 그로 인해 차인들은 차의 향미를 제대로 맛보기 위하여 차를 우리기에 훌륭한 샘물을 구하기 위하여 명천(名泉)이 있는 곳으로 길을 떠나거나, 그곳의 사람에게 기별을 보내 샘물을 보내 달라고 요청한 것이다.

송나라 휘종의 문회도(文會圖)에 그려진 차를 우리는 모습

● 육우 (陸羽)의 '천하제사천 (天下第四泉)'

중국 당나라 시대의 다성인 육우(陸羽, 733~804)는 스스로 샘물을 파고 차나무를 스스로 재배하여 찻잎을 우리거나 요리하여 먹었다고 전해진다. 이때 육우의 샘물은 색이 맑고 맛이 달았다고 하는데, 이를 사람들은 '천하제사천(天下第四泉)'이라고 불렀다. 또한 육우는 저서 『다경(茶經)』에서 차를 우리는 물에 대하여 다음과 같은 기록을 남기고 있다.

"其水 , 用山水上 , 江水中 , 井水下 , 其山水 , 揀乳泉石池漫流者上"

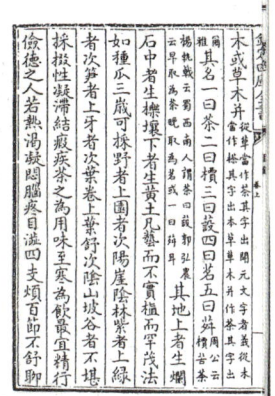

육우의 『다경(茶經)』

● 소동파 (蘇東坡)의 옥녀천 (玉女泉)

북송 시대의 시인인 소동파(蘇東坡, 1037~ 1101)는 항주(杭州)에 있는 옥녀천(玉女泉)의 샘물을 매우 좋아하였다고 전해진다. 매일 사람을 보내 물을 긷게 하고, 또한 남이 게으름을 피우고 물 보따리를 일부러 떨어뜨릴까 염려하여 대나무로 표시를 만들어 절에 있는 스님에게 물을 가져다주었다는 증빙 서류를 맡겼다고 한다. 후세 사람들은 이를 '조수부(調水符)'라고 불렀다.

또한 소동파는 차를 우리기에 좋은 샘물로 '초은천(招隱泉)'을 '육우유각(陆羽遺却)'으로 그의 시에서 읊기도 하였다.

제5장

다예사 (茶藝師)의 실무 2

: 품차 (品茶) 능력과 6대 차류 (茶類)별 시음 방식

* 품차(品茶) : 품평할 품(品)/차, 차나무 차(茶)

* 갈차(喝茶) : 마실 갈(喝)師, 차나무 차(茶)

* 향(香) : 향기 향(香)

* 청(淸) : 맑을 청(淸)

* 감(甘) : 달콤할 감(甘)

* 활(活) : 생기, 콸콸 흐를 활(活)

* 평차원(評茶員) : 평가할 평(評)/차, 차나무 차(茶)/구성원 원(員)

🫖 다예사가 갖추어야 할 품차 (品茶) 능력

1. 품차 (品茶)*의 의의

다예사는 차를 우리는 방식을 이해한 뒤에 우린 차의 색, 향, 미를 시음할 수 있는, 즉 품차(品茶) 능력을 갖추고 있어야 한다. 이러한 품차의 의의는 손님에게 중국 다예를 표연하기에 앞서 선보이는 차의 품질을 사전에 확인해야 하기 때문이다. 이렇듯이 차를 음미하고 품질을 확인하는 '품차(品茶)'는 차를 일반적으로 마시는 '갈차(喝茶)*'와 완전히 다른 것이 아니다. 차를 우리는 방법은 공통적으로 일치하기 때문이다.

그런데 다예사는 단순히 갈차가 아니라 품차 능력을 전문적으로 갖춘 일종의 평차원(評茶員)*이나 티소믈리에^{Tea Sommelier}와 같은 소양이 일정 정도로 요구된다. 참고로 말하면, 다예사는 기본적으로 중국 다예를 표연하는 만큼 중국차를 위주로 시음을 통해 품질을 평가하지만, 티소믈리에는 전 세계 산지의 차를 대상으로 시음을 통해 품질을 평가한다는 차이점이 있다.

이렇게 차를 시음하는 능력을 갖추면 오감을 동원하여 차의 최종적인 품질도 판별할 수 있게 된다. 청나라 시대 양장거(梁章鉅, 1775~1849)는 저서 『귀전쇄기(歸田瑣記)』에서 '지차품지사등(至茶品之四等)'으로 차의 품질을 논하였는데, 이때 품질의 판단 기준인 사등(四等)으로 '향(香)*', '청(淸)*', '감(甘)*', '활(活)*'을 소개하였다.

그런데 다예사는 차의 품질을 심사(審査) 및 평가(評價)할 때 건조 찻잎의 외형(外形)을 통해 품질을 어느 정도 확인할 수 있지만, **차의 최종적인 품질 판별은 결국 시음을 통해 내질(內質)을 확인해야만 알 수 있다.**

다예사의 시음 연습을 위하여 주로 사용되는 차는 우롱차, 녹차, 백차, 홍차, 황차가 있다. 보통 품질이 좋은 차를 사용하는데, **우롱차로는 철관음(鐵觀音), 황금계(黃金桂), 동정우롱(凍頂烏龍), 무이암차(武夷岩茶), 봉황단총(鳳凰單叢)** 등이 사용된다. 녹차는 어린 새싹과 잎으로 제다한 녹차를 위주로 시음한다. 이러한 고급 명차(名茶)는 색, 향, 미, 외관에서 독특한 개성을 뚜렷하게 보이기 때문에 시음 연습에 사용된다. 백차, 홍차, 황차도 마찬가지이다.

다예사는 이러한 차들을 시음하면서 품질의 우열을 판별할 수 있어야 하는데, 이를 위해서는 시음의 각 절차와 실기를 부단히 익혀야 한다. 즉 건조 찻잎을 관찰한 뒤 향을 맡아 보고, 그 찻잎을 우려서 차의 자미나 향을 음미하고, 우린 찻잎인 엽저(葉底)를 분석한 뒤 차의 최종적인 품질을 구분하는 것이다.

개완으로 우린 차의 맛을 평가하는 모습

2. 건조 찻잎 외형 관찰하기

차를 우리기에 앞서 건조 찻잎을 관찰하는 것은 외관상 찻잎의 모양이 어떤 유형인지 살펴보고 제다 과정의 온전성을 판단하기 위한 이유도 있고, 차를 우리고 난 찻잎인 엽저와의 비교를 통하여 변화된 모습을 확인하기 위한 이유도 있다. 즉 건조 찻잎을 뜨거운 물로 우리면 다른 모양과 색으로 변화하는 것이다. 이 건조 찻잎은 외형상 여러 조색(条索) 유형으로 구분된다. 이때 조색은 찻잎의 유념 과정에서 형성된 외형을 가리키는 전문 용어이다.

동정벽라춘(洞庭碧螺春) 찻잎 외형

1) 외형 관찰 방법

① 건조 찻잎을 만져 본다. 건조 정도에 따라 다르지만, 손으로 만졌을 때 쉽게 부스러지면 불량품 또는 하등품이다. 이것은 가공 과정(건조 과정 등)에 문제가 있는 것이다. 또한 일반적으로 건조 상태

의 찻잎은 수분의 함유량이 6% 미만이어야 신선하게 보관하는
데에 적합하다.

② 찻잎의 청결도, 잎자루, 찻잎 줄기, 찻잎 파편 부스러기(가루), 이물
질의 포함 여부를 눈으로 살핀다. 찻잎이 청결하지 못하고, 잎자
루나 줄기, 파편, 이물질이 많이 있으면 상등품이 아니다. 특히 초
엽(草葉)에서 유래된 이물질은 찻잎의 위생에 직접적인 영향을 주
기 때문에 들어 있지 않아야 한다.

③ 조색(條索)의 유형을 확인한다. 모든 종류의 차는 각기 독특한 가
공 과정(유념 단계)에서 저마다 일정한 규격의 형태로 생산된다. 다
예사는 각 종류의 차가 가공 과정에서 제 규격의 모양을 갖추어
온전하게 생산되었는지 살펴야 한다.

군산은침(君山銀針)을 차칙으로 떠서 차하에 담을
때 외형을 관찰하는 모습

2) 찻잎의 조색 유형 파악

차는 차나무의 품종, 테루아, 채엽 기준, 수확 시기, 가공 과정 등이 각
양각색이기 때문에 건조 찻잎도 매우 다양한 조색 유형을 보인다. 그런
데 다예사는 각 차마다 어떤 조색 유형에 해당하는지 알고 있어야 한
다. 이러한 조색 유형은 일반적으로 형태를 기준으로 다음과 같이 분
류된다.

● 찻잎의 조색 유형

차의 종류	특성	구분	조색 유형		설명	대표적인 차
공통	조색 (외형)	건조 찻잎	과립형(顆粒型)		일정한 크기로 단단히 말려서 각진 모양이다.	녹쇄차(綠碎茶), 화쇄등황백호(花碎橙黃白毫), 쇄등황백호(碎橙黃白毫), 쇄백호(碎白毫) 등
			권곡형(卷曲型)		조색이 가늘고 긴밀하게 휘말려 있다.	도균모첨(都勻毛尖), 몽정감로(蒙頂甘露), 동정벽라춘(洞庭碧螺春) 등
			나정형(螺釘型)		둥근 덩어리 부분이 있어 마치 콩나물이나 나사못 모양이다.	철관음(鐵觀音), 우롱(烏龍), 색종(色種), 민북청차(閩北靑茶), 무이암차(武夷岩茶) 등
			단괴형(團塊型)	장방형(長方形) 직사각형 모양.		흑전(黑磚), 복전(茯磚), 노청전(老靑磚) 미전(米磚) 등
				침두형(枕頭形) 베개 모양.		금첨(金尖)
				전형(磚形) 벽돌 모양.		강전(康磚)
				방형(方形) 정사각형 모양.		보이방차(普洱方茶)
				완구형(碗臼形) 사발(절구) 모양		보이타차(普洱沱茶)
				원형(圓形) 동그란 달 모양.		칠자병차(七子餠茶)
				방포형(方包形) 식빵 모양.		방포차(方包茶)
				원주(圓柱形) 원통형.		육보차(六堡茶)
			분말형(粉末型)		미세한 가루 모양이다.	모든 종류의 말차(抹茶)
			속형(束型)		다발 모양이다.	흑국(黑菊), 녹모단(綠牧丹) 등
			쇄편형(碎片型)		단편 조각 모양이다.	등황백호(橙黃白毫), 백호편(白毫片), 등황편(橙黃片), 수미(壽眉) 등
			원주형(圓珠型)		구형, 주먹형 등 둥글게 뭉친 모양이다.	주차(珠茶), 용계화청(涌溪火靑), 임해반호(臨海盤毫), 공희(貢熙) 등
			작설형(雀舌型)		참새 혓바닥 모양이다.	황산모봉(黃山毛峰), 경정녹운(敬亭綠雲) 등
			조형 (条型)		윤곽이 뚜렷하고 기다란 가지 모양이다.	녹차 : 대부분의 초청, 홍청, 쇄청녹차, 여산운무(廬山雲霧) 등 홍차 : 공부홍차(工夫紅茶), 소종홍차(小種紅茶) 홍쇄차(紅碎茶) : 백호(白毫) 등 흑차 : 흑모차(黑毛茶), 천첨(天尖), 공첨(貢尖) 등 청차 (우롱차) : 수선(水仙)
			첨조형(尖条型)		두 찻잎이 싹을 에워싸고 납작하게 펴진 모양, 양끝단이 뾰족하다.	태평후괴(太平猴魁), 공첨(貢尖) 등
			침형(針型)		조색이 단단하면서 가늘고 양단이 뾰족해 침 모양이다.	백호은침(白毫銀針), 안화은침(安化銀針), 군산은침(君山銀針), 몽정석화(蒙頂石花) 등
			편형(扁型)		찻잎이 납작하고 편평한 모양이다.	용정(龍井), 기창(旗槍), 대방(大方), 천조옥엽(千島玉葉) 등
			화타형(花朵型)		꽃봉오리 모양이다.	백모단(白牡丹), 강산녹모단(江山綠牡丹), 육안과편(六安瓜片) 등
			환구형(環鉤型)		매우 가늘면서 둥근 고리 모양이다.	구곡홍매(九曲紅梅), 녹원모첨(鹿苑毛尖), 계동영롱차(桂東玲瓏茶) 등
		우린 찻잎 (엽저)	말형 (末型)		크기가 매우 작은 가루 모양이다.	대부분의 말차가 해당
			반엽형(半葉型)		찻잎이 절반으로 절단된 모양이다.	공부홍차(工夫紅茶), 미차(眉茶), 우차(雨茶) 등
			쇄엽형(碎葉型)		찻잎이 가공 과정에서 파쇄된 조각 모양이다.	홍쇄차(紅碎茶) 중 쇄편차(碎片茶), 녹쇄차(綠碎茶) 등
			아형(芽型)		새싹 모양이다.	백호은침(白毫銀針), 군산은침(君山銀針), 몽정석화(蒙頂石花) 등
			작설형(雀舌型)		일아일엽(一芽一葉)에서 새싹이 벌어진 것이 참새 혓바닥 모양이다.	황산모봉(黃山毛峰), 경정녹운(敬亭綠雲), 막천황아(莫千黃芽) 등
			정엽형(整葉型)		새싹 또는 단일 찻잎의 모습이다.	녹차(초청, 홍청), 육안과편(六安瓜片), 홍모차(紅毛茶) 등
			화타형(化朵型)		꽃봉오리가 열린 모습이다.	용계화청(涌溪火靑), 태평후괴(太平猴魁), 백모단(白牡丹), 강산녹모단(江山綠牡丹), 용정(龍井), 기창(旗槍), 모첨(毛尖)류, 모봉(毛峰)류 등

3. 색택 (色澤) 관찰하기

다예사는 건조 찻잎의 색상과 윤택, 즉 색택(色澤)*을 살핀 뒤 차를 우려내고 탕색(湯色)*과 우린 찻잎인 엽저의 색택을 살펴보아야 한다. 즉, 색, 향, 미에서 먼저 색을 관찰하는 것이다.

1) 건조 찻잎의 색택 살피기

건조 찻잎의 색상과 윤택, 즉 색택은 같은 가공 과정을 거치더라도 차나무의 품종, 생태 환경, 수확 시기, 찻잎 품질에 따라서도 차이를 보인다. 이때 **다예사는 최고급 차의 특징적인 색택을 알고 있어야 한다.**

(1) **녹차** : 새싹만으로 가공한 최고급 녹차의 색택은 다음 세 가지의 특징을 보인다. 선명하고 부드러운 녹색인 '눈록(嫩綠, Spring Green)*', 청록색인 '취록(翠綠, Greenish Blue)*', 녹색의 윤기가 도는 '녹윤(綠潤)*'이다.

(2) **청차**(우롱차) : 민북 지방의 무이암차(武夷岩茶)는 청갈색을 띠고 윤기가 번지르르하여 색윤의 특징이 '청갈유윤(靑褐油潤)*'이다. 민남 지방 철관음(鐵觀音)의 특징적인 색택은 '사록색(砂綠色)'을 띠고 윤기가 흘러 '사록유윤(砂綠油潤)*'이다. 광동 지방의 봉황수선(鳳凰水仙)은 황갈색을 띠고 윤기가 흘러 색윤의 특징이 '황갈유윤(黃褐油潤)*'이다. 대만의 동정우롱(凍頂烏龍)은 심록색(深綠色)을 띠고 윤기가 흘러 색택이 '심록유윤(深綠油潤)*'이다.

(3) **홍차** : 고품질일수록 밝고 화사한 붉은색인 '홍염명량(紅艷明亮)*'과 검붉은색으로 윤기가 도는 '오윤현홍(烏潤顯紅)*'의 특징이 있다.
이와 같이 차의 종류마다 최고급 차의 색택 특징은 차의 품질을 판별하는 중요한 지표가 된다. 따라서 다예사는 건조 찻잎의 색상을 관찰할 때 중요 지표가 되는 고품질 색택의 특징을 알고 있어야 한다.

2) 우린 찻물의 탕색 살피기

차는 우린 찻물의 탕색에 따라 녹차(綠茶), 백차(白茶), 황차(黃茶), 청차(靑茶), 홍차(紅茶), 흑차(黑茶)의 6대 분류로 구분된다. 이러한 탕색에서 차이를 보이는 것은 가공 과정에 따라 서로 다른 특성이 발현되었기 때문이다. 따라서 차의 6대 분류는 곧 차의 '가공 과정'에 따른 분류이기도 하다.

탕색은 건조 찻잎을 뜨거운 물에 우리는 동안 침출된 성분들로 인해 찻물에 나타난 색상이다. 차의 종류마다 이러한 탕색은 분명하게 차이를 보인다. 또한 같은 종류의 차일지라도 차나무의 품종에 따라서, 또

는 찻잎의 품질 등급에 따라서도 탕색에서 차이가 난다. 따라서 다예
사들은 다음과 같은 최고급 차의 탕색 특징을 숙지하고 있어야 품질을
판별할 수 있다.

(1) **공통** : 차의 종류에 상관 없이 최고급 차일수록 탕색은 공통적으
로 밝고 윤기가 돈다.

(2) **녹차** : 연녹색 또는 녹황색을 띠며, 매우 맑고 탁하지 않으며, 밝
고 깨끗하다

(3) **백차** : 연황색을 띠면서 녹색 기운이 보이며 광택이 있는 것이 상
등품이다

(4) **청차**(우롱차) : 우롱차는 탕색이 진한 녹색인 밀록(密綠)*, 진한 황색
인 밀황(密黃)*의 색상으로 윤기가 도는 것이 품질이 좋은 것이다

(5) **홍차** : 탕색이 검붉은색을 띠고 윤기가 돌며, 찻잔 가장자리에 윤기가
도는 황금색의 고리, 즉 '금권(金圈, Golden Ring)*'이 보이면 최상품이다.

* **밀록**(密綠) : 밀도 높을 밀(密)/푸를 록(綠)
: 진한 녹색

* **밀황**(密黃) : 밀도 높을 밀(密)/누를 황(黃)
: 진한 황색

* **금권**(金圈) : 황금 금(金)/원, 고리 권(圈)
: 황금색의 고리

* **냉후혼**(冷後渾) : 차가울 냉(冷)/뒤 후(後)/
탁할 혼(渾)
: 차가워진 뒤 혼탁해지는 현상

차를 우린 뒤 탕색을 살피는 모습

그런데 같은 차류의 찻잎이라도, 예를 들면 두 제품의 같은 용정차라
도 찻잎의 품질에 따라서 침출되는 성분의 양과 속도에 차이가 있어 탕
색에서도 차이가 난다. 따라서 같은 종류의 두 찻잎을 서로 다른 잔에
우려내 탕색을 비교하면 품질의 우열을 가릴 수 있다. **좋은 것일수록
침출되는 속도가 빠르고, 탕색도 고유한 색택을 보인다.**

또한 홍차는 우린 뒤 온도가 20도 이하로 내려가면 혼탁해지는데,
이 현상을 '냉후혼(冷後渾)*'이라고 한다. 홍차의 색소 성분과 카페인이
화학 반응을 일으켜 결합해 침전물을 생성시킨 결과이다. 이 냉후혼이
빨리 일어나면서 홍색을 보이는 차는 맛이 진하고 탕색이 밝고 품질이
훌륭하다는 표지이다. 반면 **냉후혼이 일어난 뒤 암갈색을 보이는 차는
맛이 둔하고 탕색도 어둡고 품질이 좋지 않다는 표지이다.** 따라서 냉후
혼을 관찰하면서 홍차의 품질도 판별할 수 있다.

이러한 탕색 관찰은 차를 우린 뒤 적어도 10분 이내에 해야 한다. 이보다 시간이 더 경과하면 탕색도 본래의 색상에서 벗어나 점점 더 진해지면서 어두워지기 때문이다. **특히 홍차는 냉후혼으로 인해 녹차 등의 다른 차류보다 탕색이 더 빨리 변하는 점도 상기해야 한다.**

3) 엽저의 모양과 색택 살피기

건조 찻잎을 적당한 온도의 뜨거운 물에 우린 뒤 남은 찻잎을 '엽저(葉底)'라고 한다. 이 엽저의 모양과 색택을 관찰하고, 손으로 만져서 거칠고 부드러운 정도, 색상의 균질도를 관찰하여 품질을 판단한다. 특히 각 차마다 가공 과정에서 생기는 독특한 특징이 뚜렷이 드러나 있는지도 관찰한다.

먼저 건조 찻잎의 모양과 엽저의 모양이 어떻게 다르게 변화하였는지 확인한다. 일반적으로 변화되는 모습에 일정한 유형이 있기 때문이다. 이러한 유형을 익히는 일은 오랜 시음을 통해 경험으로 획득할 수 있다. 또한 엽저의 색상이 밝고 선명하고 윤기가 돌고 만져서 부드러우면 품질이 높고, 색상이 어둡고 불균일하면서 거칠면 품질이 낮다고 평가한다.

또한 찻잎의 특성이 잘 드러나는지도 살펴야 하는 경우도 있다. 예를 들면 **안계철관음, 대홍포, 봉황단총과 같은 우롱차는 독특한 가공 과정을 거치면서 잎맥과 가장자리는 붉은색이 선명하고 나머지 부분은 청록색을 띠면서 약간 노란색을 보이는** '녹엽홍상변(綠葉紅鑲邊)'**의 고유한 특징이 있다.** 우롱차의 엽저에서 이 녹엽홍상변의 모습이 뚜렷하고 선명하면 품질이 좋다.

최고급 서호용정의 엽저

4. 충포 중 찻잎 모습 관찰하기

찻잎을 관찰할 때 앞에서 언급한 중요한 3가지 요소 외에도 눈여겨보아야 할 또 하나의 요소가 있다. 바로 차마다 뜨거운 물속에서 유효 성분이 침출되면서 찻잎의 움직임에서 독특한 양상이 나타나는 것이다. 정상적으로 제다된 찻잎을 유리잔에 넣고 우리면 차마다 찻잎의 독특한 움직임을 살펴볼 수 있다.

  (1) 서호용정(西湖龍井) : 뜨거운 물속에서 찻잎이 펴지면서 마치 춘란이 핀 모습처럼 보인다.

  (2) 군산은침(君山銀針) : 찻잎이 마치 바늘모양으로 수직으로 물속에서 곧게 선 모습을 보인다.

  (3) 태평후괴(太平猴魁) : 찻잎이 펼쳐지면서 물속에서 이리저리 요동치는 모습을 보인다.

  이렇듯이 일부 차들은 차를 우리는 과정에서 물속에서 독특한 양상을 전형적으로 보이기 때문에 이를 근거로 제다의 품질을 간접적으로 알아볼 수 있다.

5. 향의 음미, 문향 (聞香)

차의 향은 품질을 판단하는 데 있어 매우 중요한 요소이다. 차의 향을 맡는 일을 '문향(聞香)*'이라고 한다. 다예사의 문향 작업은 기본적으로 3회 이루어진다. **먼저 건조 찻잎의 향을 맡는다. 다음으로는 차를 충분히 우린 뒤 찻물에서 올라오는 뜨거운 향을 맡는다.** 이 뜨거운 향이 차의 본래 향인데, '열향(熱香)*'이라고도 한다. 다음으로는 **우린 찻잎인 엽저의 향을 맡아 본다.**

1) 건조 찻잎의 문향

차의 종류에 따라 건조 찻잎은 다양한 향형(香型)*을 보인다. 예를 들면 향이 가볍고 산뜻하면서 청량한 '청향(清香)', 밤 향인 '판율향(板栗香)', 진하고 중후한 느낌의 '농향(濃香)', 감미로운 풍미의 '첨향(甜香)', 불에 탄 듯한 '초향(焦香)' 등이 있다. 다예사는 차를 우리기 전에 반드시 건조 찻잎에서 이러한 향을 맡아 보아야 한다. 일반적으로 건조 찻잎의 품질이 양호한 경우에 다음과 같은 향이 난다.

---

* 문향(聞香) : 들을, 맡을 문(聞)/향기 향(香) : 향을 맡다

* 열향(熱香) : 뜨거울, 열기 열(熱)/향기 향(香) : 찻물이 뜨거운 상태에서 나는 향

* 향형(香型) : 향기 향(香)/모형, 본보기 형(型)

* 판율향(板栗香) : 널빤지 판(板)/밤 율(栗)/
향기 향(香)
: 판율(왕밤)의 향기

* 화향(花香) : 꽃 화(花)/향기 향(香)
: 꽃향기

* 첨향(甜香) : 달콤할 첨(甜)/향기 향(香)
: 달콤한 향기

* 침향(沈香) : 침향나무 침(沈)/향기 향(香)
: 침향나무의 수지 향기

* 진향(陳香) : 묵을 진(陳)/향기 향(香)
: 오래 묵은 향기

(1) 녹차 : 향이 신선하고 상쾌한, 판율향(板栗香)*이 대표적이다.

(2) 청차(우롱차) : 화향(花香)*이 그윽한 가운데 미묘하게 풍긴다.

(3) 홍차 : 달콤한 첨향(甜香)*이 순수하면서 진하게 풍긴다.

(4) 보이차 : 침향(沈香)*과 같은 오래 묵은 진향(陳香)*이 뚜렷하다.

(5) 화차 : 화향(花香)이 코를 찌를 듯이 강하다.

건조 찻잎의 향을 맡았을 때, 향이 낮고 무거우면서 탄내가 나거나, 그을린 향이 강하거나, 시큼한 향이 나거나, 곰팡이 냄새나 묵은 냄새가 나면 불량품이다. 따라서 다예사는 차를 우리기에 앞서 건조 찻잎의 향을 반드시 맡고 품질을 판별할 수 있어야 한다. 건조 찻잎의 문향 절차는 대략 다음과 같다.

(1) 건조 찻잎을 약간 분량 그릇에 놓는다.

(2) 건조 찻잎에 코를 들이대고, 청향(清香), 농향(濃香), 첨향(甜香) 등이 나는지 살피고, 잡내(탄내, 곰팡이 냄새, 기름 냄새 등)가 있는지 살핀다.

(3) 품질을 판별한다.

2) 찻물의 문향

차는 6대 차류마다, 개별 차마다 각기 우려냈을 때 향이 다르다. 일반적으로 차의 향을 맡아 본다는 것은 차를 우린 뒤 찻물에서 올라오는 뜨거운 열향(熱香)을 맡는다는 것을 의미한다. 이 열향이 바로 차의 본래 향이기 때문이다. 이 열향을 맡아 보는 절차는 다음과 같다.

(1) 건조 찻잎을 1~3분 정도 우린다.

(2) 코끝을 잔에 들이대고 찻물에서 올라오는 뜨거운 열향을 맡아 본다.

(3) 향형을 분별하고 품질을 판별한다.

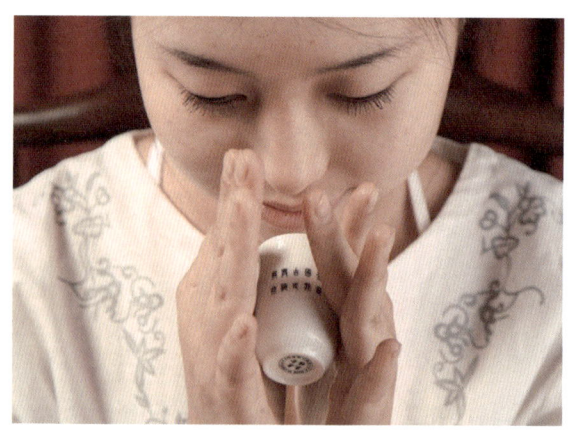

문향배로 우린 차의 향을 평가하는 모습

차를 개완(盖碗)으로 우렸을 경우에는 뚜껑에서 향을 맡아 볼 수도 있고, 공부차 방식으로 우렸을 경우에는 향을 맡는 전문 용기인 문향배(聞香杯)*를 이리저리 돌려 가면서 향을 밀도 있게 맡아 볼 수도 있다. 그런데 차는 우리고 나면 시간이 흐름에 따라서 온도도 서서히 내려간다. 이에 따라 찻물의 향도 '열향(熱香)'에서 서서히 '온향(溫香)', 그리고 '냉향(冷香)'으로 변화한다. 따라서 각 향별로 문향의 체크 포인트도 다르다.

(1) **열향**(熱香)* : 향의 정상 여부, 향형(香型), 향의 세기
(2) **온향**(溫香)* : 향이 좋은지, 나쁜지, 우아한지의 여부
(3) **냉향**(冷香)* : 향의 지속성과 여운의 여부

또한 차는 그 종류에 따라서 우린 찻물의 품질 기준이 될 만한 향도 다르다. 간략히 소개하면 다음과 같다.

(1) **녹차** : 청향(淸香)으로서 신선하고 향긋하면서 과실 향이나 화향이 나는 것이 좋다.
(2) **청차**(우롱차) : 잘 익은 복숭아 향이 강하고 농후(濃厚)한 것이 좋다.
(3) **홍차** : 청향(淸香)으로서 화향의 세기가 강렬하면서 오래 지속되는 것이 상등품이다.
(4) **보이차** : 오래 묵은 진향(陣香)이 나고 잡내가 없어야 한다
(5) **화차** : 꽃의 향기가 청순한 것이 가장 좋다.

결국 차의 본래 향은 건조 찻잎만으로는 알 수 없고 반드시 차의 종류에 맞게 적당한 온도와 시간으로 우려내야 온전히 느낄 수 있다. 그리고 탕색은 찻잎을 다 우린 뒤 10분 이내에 판별해야 하지만, **향은 방향성 성분이 기화성이 있어 날아 가기 때문에 차를 우린 지 적어도 5분 이내 판별해야 한다.**

3) 엽저의 문향

찻잎을 다 우리고 걸러 낸 찻잎인 엽저의 향을 통해서도 품질의 우열을 가릴 수 있다. 품질이 좋을수록 차를 우리고 난 뒤 시간이 지나도 엽저에서 향이 은은하게 풍긴다. 반면 품질이 낮은 것은 차를 우리고 난 뒤 차 한 잔 마시고 나면 향이 거의 나지 않는다.

이때 **향을 판별하기 위하여 가장 적합한 엽저의 온도는 45~55도이다.** 이 온도보다 높으면 뜨거워서 엽저에 코를 들이대기 어렵고, 그보다 온도가 낮으면 방향성 성분이 엽저에서 제대로 휘발되지 않아 향을 제대로 파악하기가 어렵다.

* **문향배**(聞香杯) : 들을 문(聞)/향기 향(香)/잔 배(杯)

* **열향**(熱香) : 뜨거울 열(熱)/향기 향(香) : 찻물이 뜨거운 상태에서 나는 향기

* **온향**(溫香) : 따뜻할 온(溫)/향기 향(香) : 찻물이 따뜻한 상태에서 나는 향기

* **냉향**(冷香) : 차가울, 식을 냉(冷)/향기 향(香) : 찻물이 식은 상태에서 나는 향기

* **자미**(滋味) : 맛있을 자(滋)/맛 미(味)
    : 차의 전체적인 맛

* **선상**(鮮爽) : 신선할 선(鮮)/상쾌할 상(爽)
    : 신선하고 상쾌한 느낌

* **순후**(醇厚) : 맛이 진할 순(醇)/두터울 후(厚)
    : 맛이 진하고 두터운 느낌

* **선농**(鮮濃) : 신선할 선(鮮)/맛이 진할 농(濃)
    : 맛이 신선하면서 진한 느낌

* **회감**(回感) : 돌아올 회(回)/느낄 감(感)
    : 입안에서 감도는 맛

---

6. 시음을 통한 맛의 평가, 테이스팅

차의 시음은 찻물의 통합적이고도 전체적인 맛, 즉 '자미(滋味)*'를 평가하는 일이다. 자미를 평가하는 용어로는 선상(鮮爽)*, 순후(醇厚)*, 선농(鮮濃)* 등이 있다. **선상(鮮爽)은 상쾌하고 시원한 맛, 순후(醇厚)는 맛이 순정하고 진한 맛, 선농(鮮濃)은 산뜻하면서 진한 맛을 뜻한다.**
　찻잎에서 침출된 단맛, 쓴맛, 떫은맛, 신맛, 매운맛, 감칠맛(우마미) 등의 성분들이 한데 어우러져 종합적으로 연출된 최종 결과물이 바로 자미이다. 참고로 말하면, 신맛, 매운맛의 성분은 차에서 느끼는 일이 매우 드물다. 이때 각 맛 성분들의 양과 비율이 적당히 조화를 이루면 차의 맛도 신선하고 순하면서 뒷맛에 '회감(回感)*'이 돈다.
　차의 맛은 단맛이 감돌면서 약간 쓴맛이 있는 것이 가장 좋다. 품질이 좋은 차는 찻물에 단맛이 감도는데, 감미료로 사용되는 무색무취의 성분인 글리세롤^{glycerol}이 풍부하여 맛이 진하고 목 넘김도 훌륭하다. 그런데 **차는 그 종류마다 최고급 차의 상징적인 맛이 있다.**

1) 차의 종류에 따른 자미
일반적으로 녹차의 찻물은 맛이 신선하고 상쾌하며, 홍차는 맛이 진하고 강렬하면서 신선하고, 우롱차는 맛이 진하고 회감이 돈다. 구체적인 예를 들면, 복건성 남안(南安) 지역의 초청 녹차인 남안석정록(南安石亭綠)이라든지, 복건성을 대표하는 우롱차인 무이암차(武夷岩茶)는 전체적인 맛인 자미(滋味)가 농후(濃厚)하다는 큰 특징이 있다. 그리고 동정벽라춘(洞庭碧螺春)의 자미는 깨끗하고 신선한 '청선형(清鮮型)'에 속한다.

따라서 다예사는 이러한 각 종류별, 제품별 최고급 차의 맛을 숙지하고
있어야 품질을 판별할 수 있다.

품명배를 들어 찻물을 마시면서 시음하는 모습

2) 맛의 시음 기술

사람의 혀에는 맛을 느끼는 감각 기관인 미뢰들이 분포되어 있어 혀 전
체에서 모든 맛을 다 느낄 수 있다. 따라서 **맛을 음미할 때는 찻물을 입
안 중앙에 오도록 하여 3~4초간 이리저리 굴리고 숨을 들이시면서 입
안의 공기도 들이마신다. 그래야 전체적인 맛, 즉 자미를 정확하게 판별
할 수 있다.**

　맛을 시음할 때 찻물의 적당한 온도는 40~50도이다. 30도 이하에서
는 찻물에 침출된 맛의 성분들이 침전되어 자미가 좋지 않다. 반면 70
도 이상에서는 미각의 감각 기관인 미뢰에 화상을 입힐 수 있다. 그리
고 입안에 머금는 찻물의 양은 5mL가 적합하다. 너무 많으면 입안에
서 찻물을 굴릴 수가 없고, 너무 적어도 자미를 파악하기 어렵다. **이렇
게 3회에 걸쳐 맛을 음미한 뒤 품질을 판별한다.**

3) 맛의 품질적인 체크 요소

다예사가 시음을 통해 맛의 품질을 판별할 때 고려해야 할 요소로는
맛의 농도, 세기, 상쾌함, 신선도, 순정도 등이 있다. 그런데 차의 6대
차류는 품질적인 특성이 각기 다르기 때문에 맛의 시음 방식에도 차이
가 있다. 다예사는 6차류별로 맛의 시음(테이스팅) 방식을 숙지하고 있어
야 한다.

● 차의 향과 자미의 유형

차의 종류	특성	유형		설명	대표적인 차
공통	향(香)	과향형(果香型)		과일과 유사한 싱그러운 향기를 풍기는 향형이다. 야생복숭아 향, 복숭아 향, 셰리 향, 불수감 향, 자두 향, 용안 향, 사과 향 등이 있다.	민북 우롱차, 홍차(사과 향)
		눈향형(嫩香型)		세눈(갓 딴 새싹)으로 가공해 만든 고급 녹차에서 나는 향. 향이 매우 맑고 신선하다. 잘 익은 밤이나 옥수수의 향이 강하게 풍긴다.	모첨(毛尖), 모봉(毛峰)
		송연향형(松煙香型)		송백나무나 가문비나무를 태워 찻잎을 훈연해서 나는 송연향.	소종홍차(小種紅茶), 육보차(六堡茶), 위산모첨(潙山毛尖)
		진순향형(陳醇香型)		미생물 발효나 숙성 가공을 통해 나는 진하고 강한 묵은 향이다.	보이차(普洱茶), 긴압차(緊壓茶).
		첨향형(甜香型)		맑고 달콤한 향이다. 첨화향(甜花香), 건과향(乾果香), 밀당향(蜜糖香) 등이 있다.	공부홍차(工夫紅茶)
		청향형(清香型)		맑고 순수한 향이다. 향이 비록 높지 않지만, 서서히 은은하게 풍긴다.	고급 녹차
		호향형(毫香型)		백호(白毫)가 있는 단일 새싹이나 일아일엽으로 만든 차를 우리면 나는 향이다.	백호은침(白毫銀針), 일부 모첨(毛尖), 모봉(毛峰).
		화향형(火香型)		성숙한(노화한) 찻잎이나 줄기가 많이 들어간 차에서 나는 향이다.	황대차(黃大茶), 무이암차(武夷岩茶), 고로차(古勞茶)
		화향형(花香型)	청화향(青花香)	난화향(蘭花香), 치자향(梔子香), 주란화향(珠蘭花香), 금은화향(金銀花香)	철관음(鐵觀音), 우롱(烏龍), 색종(色種) 수선(水仙), 낭채(浪菜), 대만우롱 등
			첨향향(甜花香)	옥란화향(玉蘭花香). 계화향(桂花香), 매괴화향(玫瑰花香)	
	자미(滋味)	농렬형(濃烈型)		청향(清香)과 판율향(板栗香)(왕밤향)이 있다. 향이 매우 진하고 매우 자극적이다.	무록차(婺綠茶), 둔록차(屯綠茶) 등
		농순형(濃醇型)		입안에서의 수렴성과 자극성이 비교적 강하다. 회미(回味)(뒷맛)가 달콤하고 상쾌하다.	공부홍차(工夫紅茶), 모첨(毛尖), 모봉(毛峰) 일부 우롱차
		농후형(濃厚型)		수렴성과 자극성이 강하다. 회미(뒷맛)가 달콤하면서 상쾌하다.	능운백모(凌雲白毛), 남안석정록(南安石亭綠), 전홍(滇紅), 무이암차(武夷岩茶), 서록(舒綠) 등
		선농형(鮮濃型)		맛이 신선하면서 진하다. 회미(뒷맛)는 매우 상쾌하다.	황산모봉(黃山毛峰), 무원명미(婺源茗眉) 등
		선담형(鮮淡型)		맛이 신선하고 달콤하지만 비교적 묽다.	군산은침(君山銀針), 몽정황아 등
		선순형(鮮醇型)		맛이 신선하고 매우 진하다. 회미는 신선하고 달콤하면서 상쾌하다.	태평후괴(太平猴魁), 백모단(白牡丹), 기문홍차(祁門紅茶), 고저자순(顧渚紫筍) 등
		순상형(醇爽型)		맛이 진하지도 연하지도 않은 정도. 쓴맛과 단맛이 없다. 회미는 상쾌하다.	몽정황아(蒙頂黃芽). 곽산황아(霍山黃芽), 고급 공부홍차(工夫紅茶)
		순화형(醇化型)		맛이 진하면서도 신선하다. 고삽미(古澀味)가 없고 순후하면서 회미는 비교적 강하다.	중급 공부홍차(工夫紅茶), 천첨(天尖), 육보차(六堡茶)
		순후형(醇厚型)		맛이 진하고 자극성이 있다. 회미(뒷맛)는 달콤하면서 신선하다.	일반적인 녹차, 홍차, 우롱차의 자미, 여산운무(廬山雲霧), 수선(水仙), 우롱, 색종, 철관음(鐵觀音), 기문홍차 등
		진순형(陳醇型)		오래 묵은 진미가 달콤하다.	보이차(普洱茶), 육보차(六堡茶)
		첨순형(甜醇型)		신선하고 달콤한 맛.	백호은침(白毫銀針), 소엽종공부홍차(小葉種工夫紅茶), 안화송침(安化松針) 등
		청선형(清鮮型)		청향의 맛이 신선하고 상쾌하다.	동정벽라춘(洞庭碧螺春), 몽정감로(蒙頂甘露), 남경우화차(南京雨花茶), 도균모첨(都勻毛尖)
		평화형(平和型)		맛이 묽고 맑으며 고삽미가 없고 단맛이 약간 감돈다.	하급 홍차, 녹차, 우롱차, 황차

🫖 6대 차류 (茶類)별 시음 방식

6대 차류는 저마다 가공 과정이 달라 색, 향, 미, 외관 등이 다르다. 따라서 다예사는 차의 종류를 파악하고, 각 차의 중요한 품질적인 특성을 사전에 충분히 숙지한 뒤 그러한 특성에 초점을 맞추어서 오감을 총동원해야 차의 품질을 올바로 평가할 수 있다.

1. 비산화차, 녹차 (綠茶)의 시음 방식

명전차(明前茶)라든지, 우전차(雨前茶)라든지 최고급 녹차는 이른 봄에 어린 새싹과 잎을 채엽하여 제다하는 경우가 많다. 이렇게 여린 새싹과 잎으로 만든 녹차는 색, 향, 미, 모양이 매우 독특하다. 먼저 녹차의 건조 찻잎 색택을 관찰한 뒤 뜨거운 물에 우리는 동안 맑고 투명한 찻물 속에서 찻잎의 움직임, 자태를 본 뒤 함유 성분이 우러나오는 모습을 관찰한다. 탕색이 제대로 나오면 찻물의 향을 맡은 뒤에 찻물을 머금고 입안에서 혀로 찻물을 굴린다. 그리고 다음 페이지의 도표에서 기술한 대로 녹차의 건조 찻잎, 찻물, 엽저에서 각기 독특한 색택적 특징이 드러나는지도 살펴보아야 한다.

신선한 녹차는 유리잔에 우려내 마시는 경우가 많다

● 녹차의 색택 유형과 특징

차의 종류	특성	구분	유형	설명	대표적인 차
녹차 (綠茶)	색택 (色澤)	건조 찻잎	심록형(深綠型) 또는 눈록형(嫩綠形)	차의 품종에 기인하여 찻잎이 짙은 청록색이다.	태평후괴(太平猴魁), 고로차(古勞茶), 청성설아(青城雪芽), 남경우화차(南京雨花茶), 전청(滇青), 무원명미(婺源茗眉) 등
			은백은취형(銀白隱翠型) 또는 은록형(銀綠型)	취록색의 찻잎에 백호가 풍부하여 은빛이 감돈다.	동정벽라춘(洞庭碧螺春), 경정녹운(敬亭綠雲), 파산은침(巴山銀針), 능운백모(凌雲白毛), 고교은봉(高橋銀峰) 등
			취록형(翠綠型) 또는 눈록형(嫩綠型)	녹색의 찻잎에 황색의 띠가 있다.	신양모첨(信陽毛尖), 서호용정(西湖龍井), 육안과편(六安瓜片), 안화송침(安化松針), 고장모첨(古丈毛尖) 등
			황록형(黃綠型)	찻잎이 노란색이 감도는 녹색을 띤다.	서성소란화(舒城小蘭花) 등
			금황은취형(金黃隱翠型)	찻잎이 상아색이다.	황산모봉(黃山毛峰) 등
			흑록형(黑綠型)	찻잎이 어두운 녹색을 띤다.	주차(珠茶), 미차(眉茶), 우차(雨茶) 등
			흑갈형(黑褐型)	찻잎이 악퇴(渥堆) 과정을 거쳐 짙은 갈색을 띤다.	보이차(普洱茶) 등
		탕 (찻물)	녹량형(綠亮型) 또는 청량형(清亮型)	탕색이 밝고 가벼운 녹색을 띤다.	신양모첨(信陽毛尖), 안화송침(安化松針), 고장모첨(古丈毛尖) 등
			행록형(杏綠型)	탕색이 약간 주황색(살구색)을 띠는 녹색이다.	육안과편(六安瓜片), 서호용정(西湖龍井) 등
			천록형(淺綠型)	찻잎이 약한 유념을 거쳐 탕색이 연한 녹색을 띤다.	모첨(毛尖), 모봉(毛峰), 태평후괴(太平猴魁), 여산황아(廬山黃芽) 등 유명 녹차.
			등황형(橙黃型)	탕색이 귤과 같이 주황색이다.	보이타차(普洱沱茶) 등 긴압차
			황록형(黃綠型)	탕색이 노란빛을 띠는 녹색이다.	대부분의 녹차.
		우린 찻잎 (엽저)	눈록형(嫩綠型) 또는 취록형(翠綠型)	엽저가 비취처럼 청록색을 띤다.	서호용정(西湖龍井), 육안과편(六安瓜片), 태평후괴(太平猴魁), 몽정감로(蒙頂甘露), 남경우화차(南京雨花茶), 여산운무(廬山雲霧) 등 유명 녹차.
			녹량형(綠亮型)	세눈의 엽저가 밝고 연한 녹색을 띤다.	절강기창(浙江旗槍) 등
			눈황형(嫩黃型)	세눈의 엽저가 노란색을 띤다.	동정벽라춘(洞庭碧螺春), 황산모봉(黃山毛峰) 등
			선록형(鮮綠型)	엽저가 매우 선명한 녹색을 띤다.	은시옥로(恩施玉露) 등 증청(蒸青) 차
			황록형(黃綠型)	엽저가 노란빛이 감돌며 녹색을 띤다.	대부분의 녹차

2. 자연 산화차, 백차의 시음 방식

백차는 찻잎을 시들게 만드는 위조(萎凋) 과정을 통해 자연스럽게 약한 산화(酸化)만 거쳐 건조해 만드는 차로서 맛이 비교적 담백하다. 차의 시음 방식은 녹차와 동일하다. 특히 오직 여린 새싹만으로 제다한 백호은침(白毫銀針)의 경우는 물의 온도를 70도 내외로 한다. 유리잔에 우릴 경우 바늘 같은 모양의 찻잎이 곧바로 서서 오르락내리락하는 모습이 아름답다. 백차는 찻잎을 덖고 비비는 유념(柔捻) 과정을 거치지 않기 때문에 찻물이 우러나는 데 다른 차류보다 시간이 더 오래 걸린다. **약 10분 정도 우리면 백차에서 함유 성분들이 충분히 침출되어 맛을 제대로 음미할 수 있다.**

백차를 유리잔에 우린 뒤 음미하는 모습

● 백차의 색택 유형과 특징

차의 종류	특성	구분	유형	설명	대표적인 차
백차 (白茶)	색택 (色澤)	건조 찻잎	은백형(銀白型)	찻잎이 은빛을 띠는 백색이다. 백호가 많은 찻잎의 색택이다.	백호은침(白毫銀針) 등
			회록형(灰綠型)	찻잎이 회색빛이 감도는 녹색이다.	백모단(白牡丹), 호심은백(毫心銀白) 등
			회록대황형 (灰綠帶黃型)	회록색의 찻잎에 노란색 기운이 보인다.	공미(貢眉), 수미(壽眉) 등
		탕 (찻물)	미황형(微黃型)	백차 고유의 탕색으로서 아주 연한 황색이다.	백호은침(白毫銀針), 백모단(白牡丹) 등 백차.
			황갈형(黃褐型)	탕색이 황갈색으로 '침향색(沈香色)'이라고도 한다.	중급 이상의 공미(貢眉)
			황량형(黃亮型)	탕색이 밝고 가벼운 황색을 띤다.	하급의 공미(貢眉)
		우린 찻잎 (엽저)	은백형(銀白型)	엽저에 백호가 매우 풍부하여 은백색을 띤다.	백호은침(白毫銀針) 등
			황록형(黃綠型)	엽저에 백호가 적어 황록색을 보인다.	공미(貢眉), 수미(壽眉) 등
			회록형(灰綠型)	백호가 많아 회록색 엽저에 일부 은백색을 띤다.	백모단(白牡丹) 등

3. 부분 산화차, 청차(우롱차)의 음용 방식

철관음과 같은 우롱차는 문향배, 품명배를 사용해 향과 맛을 시음하는 경우가 많다

청차(우롱차)는 부분 산화차로서 녹차와 홍차의 특성을 모두 아우르고 있어 향미가 매우 미묘하면서도 복합적이다. 그리고 청차(우롱차) 내에서도 차의 종류에 따라 향미의 스펙트럼이 매우 폭넓다. 따라서 **찻물의 시음 방식은 외관보다는 향과 맛에 더 초점을 맞춘다.** 향과 맛이 매우 미묘하고 복합적인 우롱차의 심사 및 평가에 사용되는 찻잔, 즉 배완(杯碗)은 규격이 정해져 있다. 배완의 모양은 종을 엎어 놓은 듯한 도종형(倒鍾形)이고, 높이는 52mm, 용적은 100mL이다.

특히 대만 우롱차는 향에 더 초점을 맞춘다. 차호에 든 찻물은 뜨거울 때 공도배에 붓고, 다시 문향배에 따른다. 그리고 찻잔에 따른 뒤 양손바닥 사이로 쥐고 문향배를 돌리면서 내부에서 풍기는 향을 최대한 맡는다. 찻물을 입안에 넣고 맛을 음미하는 방식은 다른 차류와 같다. 이때에도 다예사는 아래 표에서 소개한 바와 같이 건조 찻잎, 찻물, 엽저의 색택 특징을 맛의 시음과 함께 살펴보아야 한다.

● 청차(우롱차)의 색택 유형과 특징

차의 종류	특성	구분	유형	설명	대표적인 차
청차(青茶)/우롱차(烏龍茶)	색택(色澤)	건조 찻잎	사록형(砂綠型)	찻잎이 청개구리 등쪽의 녹색으로 광택이 돈다.	철관음(鐵觀音), 우롱차(烏龍茶) 등
			청갈형(青褐型)	찻잎이 푸른색이 감도는 갈색이다.	무이암차(武夷岩茶), 수선(水仙) 등
			회록형(灰綠型)	약한 산화도로 다소 어두운 회색빛의 녹색이다.	취옥우롱차(翠玉烏龍茶) 등
		탕(찻물)	금황형(金黃型)	금색에 가까운 노란색이다.	철관음(鐵觀音), 황금계(黃金桂), 민남청차(閩南青茶), 광동청차(廣東青茶) 등
			등록형(橙綠型)	황색 기운이 감도는 녹색이다.	취옥우롱차(翠玉烏龍茶) 등
			등황형(橙黃型)	붉은색 기운이 감도는 노란색이다.	민북청차(閩北青茶), 무이암차(武夷岩茶) 등
			등홍형(橙紅型)	붉은빛이 강한 등색이다.	백호우롱(白毫烏龍) 등
		우린 찻잎 (엽저)	녹엽홍상변형(綠葉紅鑲邊型)	우롱차의 전형적인 엽저 색택이다. 엽저의 중앙부는 녹색이고, 가장자리에 붉은색이 감돈다.	안계철관음(安溪鐵觀音), 민북우롱(閩北烏龍), 민남청차(閩南青茶), 봉황수선(鳳凰水仙), 광동색종(廣東色種) 등
			등홍형(橙紅型)	강한 산화로 짙은 붉은색을 띤다.	백호우롱(白毫烏龍) 등
			황량엽상홍변형(黃亮葉鑲紅邊型)	밝은 노란색을 띠고 가장자리에 붉은색이 감돈다.	황금계(黃金桂), 민북수선민북우롱(閩北水仙), 낭채(浪菜)) 등

4. 완전 산화차, 홍차의 시음 방식

홍차를 시음할 때도 색, 향, 미를 살핀다. 그런데 사람들이 **홍차를 각별히 좋아하는 이유는 그 맑고 투명한 붉은 색상과 신선하고 진한 맛, 그리고 강한 향 때문인 경우가 많다.** 시음 절차는 향을 맡은 뒤 탕색을 보고 맛을 음미하는 데 초점을 맞춘다. 일반적으로 홍차를 음미하는 방식에는 '청음(淸飮)'과 '조음(調飮)'이 있다.

1) 청음(淸飮)*

홍차를 공부(功夫) 방식에 따라 시음할 때 적합하다. 그리고 시음 방식은 다른 차류와 동일하다.

2) 조음(調飮)*

홍차 본연의 품질을 시음하기보다는 차를 보다 더 맛있고 건강 음료로 즐길 수 있는 방식이다. 이때는 홍차와 부재료 간의 페어링(궁합)이 중시된다. 페어링 시에 청음을 기준으로 홍차를 시음할 때와 마찬가지로 아래 표와 같은 홍차의 색택 유형과 특징을 살펴보아야 한다.

홍차는 차호에 우려내 즐기는 경우가 많다.

* **청음**(淸飮) : 맑을 청(淸)/마실 음(飮)
  : 차 외에 다른 재료를 넣지 않고 우려내 마시는 방식

* **조음**(調飮) : 아침 조(調)/마실 음(飮)
  : 차에 다른 재료를 넣어 건강식으로 우려내 마시는 방식

● 홍차의 색택 유형과 특징

차의 종류	특성	구분	유형	설명	대표적인 차
홍차 (紅茶)	색택 (色澤)	건조 찻잎	등홍형(橙紅型)	찻잎의 산화도가 높아서 붉은빛이 강한 등색이다.	산화도가 높은 홍차
			오흑형(烏黑型)	찻잎이 칠흑같이 검은색을 띠며 광택이 돈다.	최고급 공부홍차(工夫紅茶)
			종홍형(棕紅型)	찻잎이 붉은색이 감도는 밤색이다.	홍쇄차(紅碎茶)
			흑갈형(黑褐型)	찻잎이 검은빛이 감도는 갈색이다.	중, 하급 홍차
		탕 (찻물)	심홍형(深紅型)	탕색이 짙고 어두운 붉은색을 띤다.	홍쇄차(紅碎茶) 등
			홍량형(紅亮型)	탕색이 밝고 선명한 붉은색을 띤다.	공부홍차(工夫紅茶) 등
			홍염형(紅艶型)	탕색이 눈부시도록 붉은 선홍색이다.	최고급 공부홍차(工夫紅茶) 등
		우린 찻잎 (엽저)	홍량형(紅亮型)	엽저가 밝은 붉은색을 띤다.	공부홍차(工夫紅茶) 등
			홍염형(紅艶型)	엽저가 강렬한 붉은색이다.	홍쇄차(紅碎茶) 등

보이차는 자사호에 우려내 마시는 경우가 많다.

5. 황차, 보이차의 시음 방식

경미발효차인 황차와 후발효차인 보이차의 시음 방식은 앞서 녹차에서 소개한 차류와 기본적으로는 동일하다. 이 경우에도 다예사는 시음 과정에서 아래의 도표에서 소개한 각 차의 건조 찻잎, 탕, 엽저의 색택과 유형별 특징을 살펴보아야 한다.

● 황차의 색택 유형과 특징

차의 종류	특성	구분	유형	설명	대표적인 차
황차 (黃茶)	색택 (色澤)	건조 찻잎	금황형(金黃型)	새싹이 황금색으로 빛나는 모습이다.	군산은침(君山銀針), 위산모첨(溈山毛尖) 등
			미황형(微黃型)	찻잎에 잔털이 풍부하면서 연한 황색을 보인다.	막천황아(莫千黃芽), 평양황탕(平陽黃湯), 몽정황아(蒙頂黃芽) 등
		탕(찻물)	등황형(橙黃型)	탕색이 귤처럼 주황색이다.	위산모첨(溈山毛尖), 황대차(黃大茶), 평양황탕(平陽黃湯) 등
			행황형(杏黃型)	탕색이 살구빛이 감도는 노란색이다.	군산은침(君山銀針), 몽정황아(蒙頂黃芽), 막천황아(莫千黃芽) 등 고급 황차
		우린 찻잎 (엽저)	미황형(微黃型)	고급 황차의 전형적인 색상. 잔털이 풍부하면서 연한 황색을 보인다.	군산은침(君山銀針), 몽정황아(蒙頂黃芽), 막천황아(莫千黃芽) 등 고급 황차

● 흑차 (보이차)의 색택 유형과 특징

차의 종류	특성	구분	유형	설명	대표적인 차
흑차 (黑茶) / 보이차 (普洱茶)	색택 (色澤)	건조 찻잎	흑갈형(黑褐型)	보이차는 대부분이 악퇴(渥堆) 과정으로 흑갈색을 띤다.	흑모차(黑毛茶), 육보차(六堡茶), 보이차(普洱茶)
		탕(찻물)	등황형(橙黃型)	탕색이 붉은색 기운이 감도는 노란색이다.	복전(茯磚) 등
			등홍형(橙紅型)	탕색이 강한 붉은색을 띤다.	화전(花磚), 강전(康磚) 등
			심홍형(深紅型)	탕색이 짙고 어두운 붉은색을 띤다.	방포차(方包茶), 육보차(六堡茶) 등
		우린 찻잎 (엽저)	종갈형(棕褐型)	엽저가 선탄한 듯이 어두운 갈색이다.	금첨(金尖) 등
			황갈형(黃褐型)	엽저가 어두운 황갈색이다.	중급 방포차(方包茶), 하급 흑모차(黑毛茶) 등
			흑갈형(黑褐型)	엽저가 검은빛이 감도는 갈색이다.	흑전(黑磚), 복전(茯磚), 육보차(六堡茶) 등

교녀시 (嬌女詩)

중국에서는 차(茶)를 소재로 시를 지은 고대 문인들이 많다. 이 차시(茶詩)는 당나라 시대의 다성(茶聖)인 육우(陸羽, 733~804)가 그의 저서 『다경(茶經)』에서 서진(西晉) 시대의 시인 좌사(左思)가 지은 「교녀시(嬌女詩)」의 일부를 발췌해 기록한 것이다. 「교녀시(嬌女詩)」는 시인인 좌사가 자신이 사랑하는 두 딸을 차(茶)와 결부시켜 정경을 묘사한 것이다.

작자 : 서진(西晉) 시대 시인, 좌사(左思, ?~?)

오가유교녀(吾家有嬌女), **교교파백석**(皎皎頗白晳)。
내 집에는 아름다운 딸들이 있는데, 얼굴이 하얗고 깨끗하여 광채가 나네.

소자위환소(小字爲紈素), **구치자청력**(口齒自淸歷)。
작은 아이 환소는 발음이 또록또록하여 분명하네.

기자자혜방(其姊字惠芳), **면목찬여화**(面目粲如畫)。
그 언니 혜방은 용모가 그림과도 같이 아름답네.

경장희누변(輕妝喜樓邊), **임경망방적** (臨鏡忘紡績)。
옅은 화장은 누변(지역명)을 기쁘게 하고, 거울 앞에서는 실 잣는 일도 잊네.

지위도천거(止爲荼荈据), **취허대정립**(吹噓對鼎立)。
마음이 도천(차의 고어)에 이르러서 바람을 불어 화롯불을 지피네.

지니만백수(脂膩漫白袖), **연훈염아체**(烟熏染阿錫)。
기름기는 하얀 소매에 가득하고, 불에 피어오르는 연기는 비단 천을 물들이네.

의피개중지(衣被皆重地), **난여침수벽**(難与沉水碧)。
의복이 모두 두꺼워 푸른 물에 담가 씻기가 참으로 어렵네.

제6장

중국차 (中國茶)의 역사와 포다법의 역사

🫖 차나무의 기원과 생태

차나무의 원산지는 차의 본고장인 중국 내에서도 서남(西南) 지구로 보고 있다. 이 서남 지구는 열대와 아열대 기후에 속한다. 기후가 온난습윤하여 대규모의 원시림이 존재하고, 차나무도 성장하기에 좋은 환경을 갖추고 있다. 중국의 운남성(雲南省), 사천성(四川省), 귀주성(貴州省) 일대에는 오늘날에도 '야생 대차수(野生大茶樹)'가 많이 분포하고 있다. 대차수는 수령이 길고 매우 큰 규모로 자라는 품종의 차나무이다. 대차수 중에서 가장 오래된 것은 수령이 2700년에 달하며, 인공적으로 재배한 것들 중에서는 수령이 800여 년이나 되는 것도 있다.

운남성 임창시(臨滄市)에서 자생하는 가장 큰 대차수

1. 차나무의 기원지, 서남 (西南) 지구

중국 서남(西南) 지구에서도 '운귀고원(雲貴高原)'은 차나무의 근원지라고 할 수 있다. 일반적으로 그 근거로는 다음과 같이 크게 세 가지를 들고 있다.

1) 식물의 근연 관계도

차나무는 식물학적으로 차나뭇과 동백나무속에 속한다. 그런데 차나뭇과의 식물은 전 세계적으로 총 23속 380여 종에 달하는데, 중국 서남 지구에는 현재까지 15속 260여 종에 달하는 차나뭇과의 식물이 발견된 것이다.

2) 고차수의 분포 밀도

운귀고원에는 전 세계적으로 가장 많은 수의 고차수(古茶樹)*가 밀도 있게 자생하고 있다. 이 고차수는 수령(樹齡)이 많은 차나무를 뜻한다. 이는 차나무의 원산지가 중국 서남 지구라는 것을 지지하고 있다.

3) 고기후학적인 분석

운귀고원은 고대의 지리와 기후에 관한 분석에 의하면, 대부분의 지역이 제4빙하기의 냉해를 입지 않아 차나무가 기원할 수 있는 생태 조건을 온전히 갖추고 있었다는 점이다.

2. 차나무의 외형에 따른 분류

차나뭇과 동백나무속 차나무는 카멜리아 시넨시스$^{Camelliea\ sinensis}$ 종의 상록수이다. 이 차나무는 지상부의 외형(外形), 분지(分枝)의 정도에 따라서 '교목형(喬木形)*', '관목형(灌木形)*', '소교목형(小喬木形)*'으로 분류된다.

1) 교목형(喬木形)

교목형 차나무는 기본 줄기가 뚜렷하고 명확하다. 가지가 뻗어 나가는 분지의 위치도 상당히 높다. 일반적으로 높이 3~5m까지 자라지만, 야생 고차수 중에서는 높이 15m까지 자란 것도 있다. **잎이 큰 대엽종(大葉種)이 주를 이룬다. 운남성 일대에는 수령이 수백 년이나 된 야생 고차수가 많이 분포하고,** 보이차(普洱茶)의 생산에 주로 사용되고 있다.

2) 관목형(灌木形)

관목형 차나무는 기본 줄기가 명확하지 않다. 가지가 뻗어나가는 분지의 위치가 비교적 낮아 지상에 가깝고 분지의 밀도도 높다. 일반적으로 높이 1.5~3m까지 자라며, **수관(樹冠)이 작은 것이 특징이다.** 잎이 작은 소엽종(小葉種)이 주를 이룬다. 재배종들은 대부분 채엽을 위해 낮은 높이로 관리된 관목형인 경우가 많다.

3) 소교목형(小喬木形)

소교목형 차나무는 기본 줄기의 굵기와 분지의 위치가 교목형(喬木形)과 관목형(灌木形)의 중간 정도에 해당된다.

중국 운남성에서도 수령이 최고인 고차수

---

* **고차수**(古茶樹) : 옛 고(古)/차, 차나무 차(茶)/나무 수(樹)
　: 수령이 매우 높은 차나무

* **교목형**(喬木形) : 높을 교(喬)/나무 목(木)/모양 형(形)
　: 키가 매우 높게 자라는 차나무

* **관목형**(灌木形) : 무더기, 떨기 관(灌)/나무 목(木)/모양 형(形)
　: 키가 낮고, 가지가 무성하게 자라는 차나무

* **소교목형**(小喬木形) : 작을 소(小)/높을 교(喬)/나무 목(木)/모양 형(形)
　: 교목형보다 키가 낮고, 작게 자라는 차나무

차나무의 잎

일아이엽(一芽二葉)의모습

꽃과 열매를 동시에 맺는 차나무

대엽종 차나무의 잎

3. 차나무의 자생에 적합한 테루아

차나무는 아열대성 식물로서 잘 자라는 데 적합한 자연환경적인 요소가 특정되어 있다. 가장 대표적인 요소로는 크게 지리적 기후, 일조량, 토양 성질의 세 가지가 있다.

1) 지리적 기후
차나무는 아열대성 식물로서 온난(溫暖)하고 수습(水濕)의 기후에서 잘 자란다. **지리적으로는 남위 45도~북위 38도의 위도상에 주로 분포하며, 최적 자생 기온은 18도~25도의 범위이다.** 물론 품종에 따라서 자생에 유리한 기후 조건이 약간씩 다르다. 소엽종은 내한성(耐寒性)이 대엽종보다 상대적으로 더 강하다. **강수량은 1500mm 내외가 적합하며, 습도는 85% 전후가 적합하다.** 따라서 비가 많이 내리고 아침에 운무가 자주 끼는 지역은 자생에 유리한 조건이다.

2) 일조량
차나무는 일조 시간이 길고 햇빛이 강할 때 빠르게 성장한다. 광합성이 활발하여 각종 화합 물질의 합성과 신진대사의 속도가 빨라지기 때문이다. 고산 지대는 일조량이 많지만 기온이 낮아 차나무의 성장 속도가 더디다. 그 대신에 각종 영양 성분들을 찻잎에 저장하기 때문에 향후 차로 가공하였을 때 향미가 탁월하고 건강 효능이 높다.

3) 토양의 성질
차나무는 배수가 잘되는 사질토(沙質土)의 토양에서 잘 자란다. 그리고 산성도(酸性度)는 약산성인 pH4.5~5.5에서 차나무가 가장 잘 자란다. 뿌리를 내리는 토양층의 두께는 적어도 1m 이상인 것이 좋다. 그리고 유기질 성분이 풍부한 곳은 차나무가 성장하기에 이상적인 장소이다.

4) 재배의 특징
그런데 차나무는 유전적 변이성이 강한 식물로서 씨를 뿌리는 파종(播種)의 방식으로 재배하는 경우에는 후세대에서 모주(母株)와 전혀 다른 성상(性狀)과 특성을 보이는 경우가 많다. 따라서 **재배인들은 우량 모주와 동일한 성상(性狀)과 특성을 유지하기 위해 영양생식인 꺾꽂이법–삽목법(揷木法)이라고도 한다–로 차나무를 번식시키는 경우가 많다.**

차의 6대 분류인 녹차, 백차, 황차, 청차(우롱차), 흑차(보이차)는 모두 이러한 동일한 종의 식물인 차나무의 찻잎을 각기 다른 가공 과정을 거쳐 생산한 것이다.

🫖 중국차 (中國茶)의 역사

1. 차나무가 최초로 재배된 시기

중국 역사상 최초로 차나무를 파종한 사람은 서한(西漢, B.C. 202~A.D. 8) 시대에 사천성 출신의 도가 학자이자 차조(茶祖)로 추앙을 받는 오리진(吳理眞)이다. 후대인들은 그를 '감로도인(甘露道人)'이라 불렀다. 신화에 따르면, 오리진이 심은 차나무는 '선차(仙茶)'로서 그 씨앗은 선녀가 전해 주었다고 한다. 오늘날에도 사천성 몽정산(蒙頂山)의 산봉우리에는 그가 직접 재배한 여덟 그루의 '선차수(仙茶樹)'가 자생하고 있다. "이 선차수 여덟 그루는 불생불멸하며, 그 찻잎 넉 냥을 복용하면 신선이 된다"는 이야기가 전해진다. 그리고 『신농본초(神農本草)』에서는 차를 약으로 사용하였다는 것을 최초로 기록하고 있다.

2. 차 문화의 흥성기, 당 (唐)

1) 차(茶)의 용어 탄생
당대(唐代, 618~906)인 8세기경에 이르러 사람들은 찻잎을 쪄 내면 쓴 맛이 감소해 훨씬 나은 향미를 지닌 차로 변한다는 사실을 발견했다. 또 당(唐)의 황제가 '도(荼)'에서 한 획을 제거하여 '차(茶)'라는 한자(漢字)를 창제함으로써 비로소 씀바귀나 쓴 식물을 뜻하는 '도(荼)'와 카멜리아 시넨시스종의 '차(茶)'가 구별되기 시작했다. 그리고 **이러한 차(茶)의 용어는 훗날 현종(玄宗, 685~762) 황제 시대의 차 전문가인 육우(陸羽, 733~804)가 집필한 『다경(茶經)』에 최초로 기록되었다.**

'차(茶)'라는 용어가 처음 사용된 육우(陸羽)의 다경(茶經).

2) 차의 대중화
그 뒤 당대(唐代)에서 차는 사람들에게 음료로 널리 인기를 얻었다. 사람들은 매일같이 다과 활동을 통해 차를 마셨고, 찻집도 등장하였다. 이 시대의 사람들은 차를 마시는 행위를 거의 신성시했으며, 또 차를 마음의 평화나 생활의 조화로움, 그리고 건강을 위해 마셨다.

＊ 전차(煎茶) : 달일, 졸일 전(煎)/차, 차나무
차(茶)

: 차를 물에 넣고 달여서 마시는 방식

차를 준비하는 과정도 지역과 계급에 따라서 매우 다양해졌다. 당시에 차는 위로는 귀족에서부터 아래로는 서민에 이르기까지 계층을 가로질러 보급되었고, 또한 동으로는 위구르에서부터 서로는 티베트에 이르기까지 광대한 지역으로 전파되었기 때문이다.

3) 전차(煎茶) 방식의 등장

현종 황제의 시대에 이르러서는 차의 문화가 눈부시게 발전했다. 후세에 '**다성**(茶聖)'이라 추앙을 받는 **육우가 세계 최초의 다서**(茶書)인 『**다경**(茶經)』**을 통해 차의 재배법과 제다법, 음다법 등을 상세히 기록하고, 차에 담긴 철학적 의미를 집대성한 것이다.**

『다경(茶經)』의 기록에 따르면, 이 시대의 제다법은 찻잎을 증기에 쪄낸 뒤 밀가루처럼 잘게 으깨 반죽을 만들어 틀에 집어넣어 빛이나 공기에 손상되지 않도록, 혹은 병(餠)(떡)이나 전(磚)(벽돌) 형태로 단단히 압축시켰다. 떡의 형태인 병차(餠茶)는 말이나 운반인의 등에 싣기 쉬운 모양이었다. 이 당시의 사람들은 차를 마실 때 약한 불에 병차를 덖은 후 절구와 방망이로 분쇄하거나 맷돌로 갈아서 체로 친 일종의 말차(抹茶)를 물에 넣어 끓여 마셨다. 이 방식을 '전차(煎茶)'라고 한다.

한편, **당대에는 차의 형태가 비교적 성숙한 찻잎을 가공한 조차**(粗茶), **일반적인 낱개의 찻잎 형태인 산차**(散茶), **떡 모양의 병차**(餠茶), **분쇄된 말차**(抹茶)**의 네 가지 형태가 있었다.** 육우는 『다경(茶經)』에서 차를 만들 때 총 24개의 조건이 갖춰져야 된다고 기록했으며, 특히 값비싼 차를 만들 때는 좋은 수질의 물이 필수적이며, 물을 끓이는 방법 또한 매우 중요하다고 언급했다.

또한 육우는 그 당시 차를 뜻하는 용어들을 하나로 통일하였다. 쓴맛의 식물을 뜻하는 '도(荼)', 늦게 딴 찻잎을 뜻하는 '천(荈)', 차나무를 뜻하는 '가(檟)', 차의 싹이나 늦게 딴 찻잎을 뜻하는 '명(茗)' 등을 모두 '차(茶)'로 통일한 것이다.

『다경(茶經)』에는 그 밖에도 "찻잎에 파나 생강이나 소금 등을 함께 넣어 끓여 마시기도 했다"는 기록도 있다.

3. 차 문화의 융성기, 송 (宋)

송대(宋代, 960~1279)에는 한대(漢代)와 마찬가지로 문명(文明)에 대한 향수로 가득 찼던 시대였다. **이 시대에 차는 당대**(唐代)**보다 대중화되어 전 서민들에게까지 폭넓게 보급되었다.**

1) 대규모 다원 건설과 용단봉병

북송 제8대 황제인 **휘종**(徽宗, 1100~1125)은 중국 역사상 차를 가장 사랑했던 사람들 중 한 사람으로 '**차의 황제**'로 불렸다.

휘종은 수많은 자금과 인력을 투입하여 새로운 차 농장(다원)들을 건설했다. **특히 고산 지대에서 고급 차가 많이 생산된다는 사실을 알고 안개가 자주 끼는 산 정상에 소규모의 차 농장들을 많이 세웠다.** 그중에서도 이른 아침에 햇살을 받는 고산 지대의 동쪽 기슭에 배수가 잘되는 지역에서 자란 차는 매우 높이 평가되었다. 더 나아가 절벽에서 자란 차는 더욱더 귀했으며, 그 값어치도 훨씬 더 높았다.

복건 지역에서는 중국의 다른 지역과 마찬가지로 최고급 차를 황제나 황족에게 헌상품으로 보냈다. 그 대표적인 것이 공차(貢茶)인 '용단봉병(龍團鳳餅)*'이다. 용단봉병은 황제나 친왕이나 성주에게 바치는 '용단(龍團)'과, 황족이나 학사나 스승에게 바치는 '봉병(鳳餅)'을 통틀어 이르는 것으로 딱딱한 형태의 차에 순금의 용이나 봉황의 인(印)이 찍힌 차이다. 이 딱딱한 형태의 차는 '연고차(研膏茶)*'라 한다.

2) 점차(点茶) 방식의 등장

한편 송대(宋代)에는 가루차(末茶, 말차)가 당대(唐代)보다 한층 더 새로운 형태로 발전되었다. 찻잎을 딴 뒤 토기 항아리에 넣고 창고에서 수개월 동안 보관 및 건조한 뒤 불에 굽고 맷돌로 갈아서 고운 가루 형태로 만든 것이다.

사람들은 찻잔에 가루차를 넣고 여기에 끓인 물을 넣어 우려내 먹었다. **이때 찻잎이나 가루차를 저어 거품을 내는 격불(擊拂) 다기로 '차선(茶筅)'이 등장하였다.** 이어 찻잎이 낱 잎의 형태로 되어 있는 '산차(散茶)'도 등장하였다.

또 이 시대에는 차를 우리는 방식으로 **차와 물을 함께 넣고 끓이는 기존의 전차(煎茶) 방식에서 벗어나 '점차(点茶)*' 방식도 생겨났다. 점차(点茶) 방식은 물을 끓인 뒤에 가루차를 넣어 우려내 먹는 방식이다.**

결국 송대(宋代)에는 차를 우리는 방식에서는 전차(煎茶) 방식에서 점차(点茶) 방식으로, 차의 형태에서는 연고차 또는 긴압차(緊壓茶), 즉 단차(團茶)나 병차(餅茶)에서 가루차(末茶, 말차)나 산차로 완전히 일대 변화가 일어난 것이다.

당시의 사람들은 차를 식혀 가루차들이 찻잔의 바닥에 가라앉으면 차를 조심스레 한 모금씩 마셨다. 이 과정을 수차례 되풀이하면서 차

---

* **용단봉병**(龍團鳳餅) : 용 용(龍)/둥글, 경단 단(團)/봉황 봉(鳳)/떡 병(餅)
  : 송나라 시대 공차(貢茶)로 황제나 성주에 바친 차 형태

* **연고차**(研膏茶) : 갈, 연마할 연(研)/기름질, 비옥할 고(膏)/차, 차나무 차(茶)
  : 송나라 시대 유행한 딱딱한 형태의 차

* **점차**(点茶) : 점, 간식 점(点)/차, 차나무 차(茶)
  : 물을 끓인 뒤 차를 넣어 우리는 방식

를 즐겼다. 그러한 과정에서 사람들은 차를 마실 때의 법도와 준비 과정을 중요시하기 시작했다. 이런 일련의 의식들이 일본으로 전해져 오늘날 일본 다도 의식인 '차노유(茶の湯)'의 기원이 된 것이다.

고급 차를 마실 형편이 안 되었던 일반인들은 벽돌 형태의 '전차(磚茶)'를 갈아 가루차로 만들어 마셨다. 또 산차는 차를 우려내 마시기가 간편해 시간과 노동력을 줄일 수 있어 송대(宋代) 말에 등장했지만, 우린 차의 맛에서 쓴맛이 강해 곧바로 대중화되지는 않았다.

3) 새로운 음다 풍속인 '뇌차(擂茶)'의 등장

한편 송대에는 일반 서민들을 중심으로 새로운 유형의 음다 풍속도 생겨났다. 송대의 수도를 중심으로 유행한 '**뇌차**(擂茶)'였다. 뇌차는 '명죽(茗粥)'이라고도 하는데, 사발에 찻잎과 콩, 옥수수, 땅콩 등의 부재료를 넣고 공이로 걸쭉해질 때까지 으깬 뒤 미지근한 물을 넣어 차즙을 만들어 놓고 마실 때마다 끓인 물을 넣어 마시는 풍속이었다. 이 음다 방식은 준비 방법이 간단할 뿐만 아니라 다양한 곡류들을 취향에 따라 넣어 마실 수 있어 손님이 오면 으레 내놓는 것이 일반적일 정도로 크게 유행하였다.

또한 찻잎을 콩, 깨, 생강, 소금과 함께 넣고 끓인 물에 우려내는 차의 음용 방식도 등장하였는데, 이를 '두자차(豆子茶)'라고 한다.

뇌차(擂茶)에 넣는 다양한 부재료들

4. 차 문화의 중흥기, 명 (明)

송대(宋代)에 유행했던 딱딱한 형태의 용단이나 봉병은 그 제조 방식이 힘들어 백성들을 지나치게 힘들게 하는 폐해가 있었다. **명대(明代)에는 이런 폐해를 없애기 위하여 황제가 칙령을 내려 차를 산차(散茶)의 형태로만 만들도록 했다.**

1) 포다법(泡茶法)의 대중화

차의 형태가 산차(散茶)로 바뀜에 따라 뜨거운 물을 부어 우려내 마시는 **오늘날의 음다 방식인 포다법이 명대(明代)부터 본격적으로 시작되었다.** 이와 함께 차를 준비하는 데 사용되는 다구들도 자연스럽게 변하였다. 예를 들면 **당대(唐代)부터 사용해 오던 차 항아리인 차병(茶瓶)은 차호(茶壺)로 교체되었고, 개완(蓋椀)이 차를 우리는 데 가장 적합한 다기가 되었다.**

찻잎에 뜨거운 물을 부어 우리는 포다법의 방식

2) 새 가공 방식인 살청과 홍차의 등장

또 명대(明代)에는 찻잎을 살청(殺靑)하고 비벼 솥에 덖어 말리는 과정이 처음으로 개발되었다. 찻잎을 위조(시듦)시켜 부드럽게 만든 뒤, 솥에서 찻잎을 덖으면 찻잎의 효소들이 비활성화되어 산차의 향미가 급격히 변하는 것이다. 또 솥에서 찻잎을 덖어 주면 수분과 쓴맛이 줄어들게 된다. 이러한 제조 과정이 개발됨에 따라 개선된 향미와 매력적인 모양을 지닌 맑은 색상의 차들이 만들어졌다.

이후 솥에서 찻잎을 덖어 만드는 초청(炒靑)의 녹차는 중국에서 정통 녹차 제다법으로 자리를 잡게 되었다. 또 중국 각지에서는 그들만의 독특한 향미와 개성 있는 모양을 개발해 그 고장만의 특산 차를 만들었다. 그러나 초청 녹차는 기존의 긴압차에 비해 찻잎의 향과 섬세한 모양이 쉽게 망가지는 단점이 있었다. 따라서 중국 각지에서 생산되는 녹차가 일반적으로 먼 곳까지 운송되기는 어려웠다. 이후 수백 년이 지나 포장과 운송 기술이 발달함에 따라 비로소 사람들은 다양한 종류의 녹차를 마실 수 있었다.

또한 **명대(明代) 16세기 말 이후부터는 중국 '6대 차'로 분류되는 차들이 하나씩 본격적으로 제조되기 시작했다.** 이전까지는 녹차만 주로 제조해 왔지만, 완전 산화차인 홍차(紅茶)가 처음으로 1590년~1600년경 제조되기 시작한 것이다.

5. 6대 차류(茶類)들이 모두 등장한 청(淸)

명대(明代)에 이어 청대(淸代, 1644~1911)의 1850년대까지만 해도 중국의 차 문화는 중흥 시대였다. 특히 **청대는 오늘날 우리가 알고 있는 6대 차류들이 모두 등장하여 본격적으로 유통되었다.**

1) 6대 차류의 생산, 유통 본격화

청대(清代)에는 부분 산화차인 청차(靑茶)(우롱차)가 1725년, 자연 산화차인 백차(白茶)가 1796년에 본격적으로 제조되어 6대 차류의 차들이 모두 생산, 유통되기 시작했다. 이러한 6대 차류는 가공 방식에 따라 차의 특성이 달라진 것이다. 따라서 이 6대 분류는 가공 과정(방식)에 따른 분류이기도 하다. 특히 청대에 등장한 청차(우롱차)와 관련해서는 복건성과 광동성을 중심으로 각기 독특한 방식으로 차를 음미하는 방식인 '우롱공부차(烏龍功夫茶)'도 등장하였다.

2) 아편 전쟁 발발과 문화대혁명

청(清)은 1850년대까지 이러한 차의 제조법을 비밀로 유지하여 서양과의 활발한 무역을 통해 막대한 이익을 올렸다. 그러나 청(清)은 영국과의 아편 전쟁(1840~1842, 1856~1860)과 1850년대 중반에 이르러 발생한 **태평천국의 운동**(1851~1864)으로 인해 불경기를 맞게 되었다.

당시 청(清)은 영국을 대상으로 광주(廣州)를 통해서만 무역을 허용하고, 관에서 공인한 상인만 무역을 할 수 있도록 하는 일종의 관허 제한 무역을 실시하고 있었다. **영국은 청(清)으로부터 차, 도자기, 비단 등 상류층의 고가 필수품을 수입하였고, 청(清)은 영국으로부터 모직물, 시계, 완구, 인도산 면화 등 저가의 물품들을 수입하였다.** 이에 따른 무역 수지의 심각한 불균형으로 당시 대규모의 무역 적자에 골머리를 앓던 영국 정부가 **영국 동인도 회사를 통해 인도산 아편을 청(清)에 수출하고, 그 수출 대금으로 차(홍차)를 수입하려고 하자, 이를 저지하려는 청(清)과 영국 양국 간에 전쟁이 발발한 것이다.** 결국 '아편 전쟁the Opium War'은 그 이면을 볼 때 실은 '홍차 전쟁the Black Tea War'이었던 셈이다.

중국은 아편 전쟁에서 패한 뒤로 남경조약(南京條約)을 체결하면서, 그동안 몰수했던 아편 대금을 영국에 지불하고, 홍콩을 할양했으며, 광주(廣州) 외 하문(廈門)·복주(福州)·영파(寧波)·상해(上海) 총 4개의 항구를 추가로 개항하는 등 불평등 조약을 체결하였다. 그 뒤 영국이 식민지인 인도를 통해 자체적으로 차를 생산함에 따라 1886년부터 중국의 차 수출량은 급속히 줄어들었다. **청(清)에 이어 모택동**(毛澤東, 1893~1976) **이 이끄는 중국 공산당이 오늘날의 중화인민공화국을 세우자 중국에서 차의 문화는 더욱더 쇠퇴하였다.** 모택동이 주도했던 문화 대혁명(1966~1976)을 거치면서 차 문화는 급속히 쇠퇴하고 찻집들도 문을 닫게 된 것이다.

중국 국민들 사이에서 아편이 확산된 모습

세련된 현대풍의 화차

6. 중국 현대 차 문화의 재건과 현주소

1) 1980년대 시장의 개방

한편 중국은 정치인 등소평(鄧小平, 1904~1997)이 1981년에 권력을 장악하고 실질적인 권력자로 부상하여 실용주의의 개혁 조치를 단행하면서 중국 경제는 크게 성장하였다. 1984년에는 중국의 차 생산량이 1886년 이전의 양으로 다시 늘었다. 그리고 1986년에는 세계 차 생산량 제2위인 스리랑카를 앞지르게 되었다. 이후 등소평의 지속적인 개혁과 개방 정책의 추진으로 중국차의 경제와 문화는 급속히 성장, 중국은 오늘날 차의 종주국으로서 과거의 위상을 되찾아 가고 있다.

실내 장식이 우아한 오늘날의 전문 찻집

2) 중산층의 성장과 차 문화의 급성장

최근 중국은 전 세계를 대상으로 한 해상 무역과 눈부신 경제 발전을 통해 중산층과 상류층의 수가 급속히 증가하면서 부유한 해안 지역을 중심으로 차 문화가 새로이 꽃을 피우고 있다.

중국에서는 해마다 새로운 차들이 선을 보이면서 순식간에 중국차 시장을 석권하는 등 차의 경제와 문화가 융성하고 세계화하는 새로운 전환기를 맞고 있다.

또한 중국 내에 진출한 세계적인 커피 프랜차이즈 점에서는 메뉴에 중국차를 포함할 정도로 중국차는 이제 글로벌 음료로 새로이 자리매김하고 있다. 또한 세계 차 생산 제1위 국가인 중국의 역동적인 시장이 최근 기존의 녹차를 벗어나 홍차, 백차, 보이차, 황차, 화차 등 새로운 차 시장으로 확대되고 있다.

중국 절강성(浙江省) 항주(杭州) 마을의 모습

🫖 중국 다구 (茶具)의 역사

1. 다구 (茶具)의 기원과 최초의 기록

원시 시대의 다구(茶具)는 다른 음식과 공용하기 위하여 나무로 제작하거나 진흙의 도기(陶器)로 만든 일반적인 그릇이었다. 당시는 하나의 그릇을 다용도로 사용하였고, 차를 위한 다기는 없었다.

중국 역사상 다구(茶具)에 대한 최초의 기록은 서한(西漢, B.C. 202~A.D. 8) 시대의 문학가인 왕포(王褒, B.C. 90~B.C. 51)가 쓴 계약서인 『동략(僮約)』에서 찾아볼 수 있다.

이 기록에는 집안의 하인 직분인 '편료(便了)'가 수행해야 할 일 중 하나로 "차는 무양(武陽)에서 구입해 와야 하고, 차를 끓인 뒤에는 다구를 깨끗이 씻어야 한다(武陽買茶, 烹茶盡具)"는 내용이 있어 당시부터 이미 다구를 사용해 왔음을 짐작해 볼 수 있다.

서한 시대(西漢時代)의 문학가 왕포(王褒, B.C. 90~B.C. 51)

2. 당대 (唐代)의 다구

차가 음료로 각광을 받기 시작하던 당대(唐代, 618~907)에는 찻잎을 증기에 찐 뒤 잘게 부수고 반죽을 만들어 틀에 집어넣어 일정한 모양으로 단단히 압축시킨 '병차(餠茶)'로 소비하였다. 병차를 마실 때는 약한 불에 구운 뒤 갈아서 체로 쳐서 걸러 낸 그 가루를 물에 끓이는 '전차(煎茶)' 방식을 따랐기 때문에 이 시대의 다구로는 연자(碾子)(맷돌이나 빻는 기구), 솥, 체, 청자 다구 등이 사용되었다.

3. 송대 (宋代)의 다구

송대(宋代, 960~1279)에는 전차 방식에서 끓인 물에 가루차–말차(末茶)를 넣어 우려내는 점차(点茶)* 방식으로 변화하였다. 이 시대에는 차를 저어 거품을 내는 격불(擊拂)*의 다구로 '차선(茶筅)*'이 등장하였고, 하얀 거품을 잘 감상할 수 있도록 어두운 빛을 띠는 흑자(黑瓷)* 다구가 유행하였다.

4. 명대 (明代)의 다구

명대에는 태조인 주원장(朱元璋, 1328~1398)이 차의 생산과 관련하여 병차와 같은 단차(團茶)*의 생산을 폐지시키고, 산차(散茶)*의 형태로 생산하도록 했다. 이때부터 차의 형태가 바뀜에 따라 찻잎에 뜨거운 물을 부어 우려내 마시는 약음법(瀹飮法)*, 즉 오늘날의 음다법인 '포다(泡茶)'가 시작되었고, 초청(炒青) 녹차가 전통적인 제다법으로 자리를 잡게 됨에 따라 다구들의 크기도 상대적으로 작아졌다. 이 시대에 등장한 대표적인 다구들로는 '개완(蓋碗)*'과 '자사호(紫沙壺)*'가 있다.

☕ 중국 포다법 (泡茶法)의 역사

중국에서 차를 우려내 마시는 방법은 앞서 잠시 소개하였듯이 역사적으로 전차(煎茶)*/팽차법(烹茶法)*, 점차법(点茶法)*, 포다법(泡茶法)*, 그리고 현대의 음다법(飮茶法)*으로 발전해 왔다. 그러한 방식에는 각 시대의 풍습, 문화 등이 고스란히 반영되어 있다. 또한 이러한 음다법은 차의 제조 방식과 다구와 밀접하게 관련되어 발전해 왔다. 따라서 다구를 제대로 이해하기 위해서는 음다법의 역사도 알 필요가 있다.

1. 당대 (唐代)의 음다법

중국 역사상 가장 국력이 강성하였던 당대에는 차 문화가 흥성해 대중화되기 시작하였다. 이 시대에는 차의 유형이 총 4종류가 있었고, 음다 방식도 점차, 팽차법이 유행했다.

1) 당대 (唐代) 차의 유형
   (1) 조차(粗茶)* : 비교적 거칠고 성숙한 찻잎을 일정한 가공을 거쳐 만든 차

* **점차**(点茶) : 점, 간식 점(点)/차, 차나무 차(茶)
: 물을 끓인 뒤 차를 넣어 우리는 방식

* **격불**(擊拂) : 칠, 부딪칠 격(擊)/솔질할, 문지를 불(拂)
: 말차를 차선(茶筅)(대나무 솔)으로 휘저어서 거품을 내는 작업

* **차선**(茶筅) : 차, 차나무 차(茶)/솔 선(筅)
: 말차가 물에 잘 풀리도록 휘젓는 솔 도구

* **흑자**(黑瓷) : 검을 흑(黑)/자기 자(瓷)
: 칠흑색의 자기

* **단차**(團茶) : 둥글 단(團)/차, 차나무 차(茶)
: 둥근 모양의 덩어리 차

* **산차**(散茶) : 흩어질 산(散)/차, 차나무 차(茶)
: 낱 잎 형태의 차

* **약음법**(瀹飮法) : 물에 적실, 담글 약(瀹)/마실 음(飮)/방법 법(法)
: 찻잎에 뜨거운 물을 부어 우려내 마시는 방식

* **개완**(蓋碗) : 덮을, 덮개 개(蓋)/사발 완(碗)
: 덮개, 완(碗), 잔 받침으로 구성된 차를 우리는 다구

* **자사호**(紫砂壺) : 자줏빛 자(紫)/모래, 사(砂)/병, 단지 호(壺)
: 붉은 자사토로 만든 찻주전자

* **전차**(煎茶) : 달일, 졸일 전(煎)/차, 차나무 차(茶)
: 차를 물에 넣고 달여서 마시는 방식

* **팽차법**(烹茶法) : 끓일 팽(烹)/차, 차나무 차(茶)/방법 법(法)
: 차를 물에 넣고 끓여서 마시는 방법

* **점차**(点茶) : 점, 간식 점(点)/차, 차나무 차(茶)
: 물을 끓인 뒤 차를 넣어 우리는 방법

* **포다법**(泡茶法) : 물에 담글 포(泡)/차,
차나무 차(茶)
: 차에 뜨거운 물을 부어 우리는 방법

* **음다법**(飮茶法) : 마실 음(飮)/차 다(茶)/
방법 법(法)
: 차를 마시는 방법의 통칭

* **조차**(粗茶) : 거칠, 조잡할 조(粗)/차,
차나무 차(茶)
: 거칠고 성숙한 찻잎으로 만든 차

* **산차**(散茶) : 흩어질 산(散)/차, 차나무 차(茶)
: 낱 잎으로 구성된 차

* **말차**(抹茶) : 가루 말(抹)/차, 차나무 차(茶)
: 찻잎을 가루로 만든 차

* **병차**(餠茶) : 떡 병(餠)/차, 차나무 차(茶)
: 떡 모양의 덩어리 차

* **전차**(煎茶) : 달일, 졸일 전(煎)/차,
차나무 차(茶)
: 차를 물에 넣고 달여서 마시는 방식

* **경자**(輕炙) : 가벼울 경(輕)/구울 자(炙)

* **연**(碾) : 맷돌, 맷돌에 갈 연(碾)

* **라**(羅) : 그물, 체 라(羅)

* **팽차**(烹茶) : 끓일 팽(烹)/차, 차나무 차(茶)
: 차를 물에 넣고 끓이는 방식

* **제일비**(第一沸) : 차례 제(第)/하나
일(一)/끓을 비(沸)

* **제이비**(第二沸) : 차례 제(第)/둘 이(二)/
끓을 비(沸)

* **제삼비**(第三沸) : 차례 제(第)/셋 삼(三)/
끓을 비(沸)

---

(2) **산차**(散茶)* : 낱낱의 찻잎으로 구성된 차

(3) **말차**(末茶)* : 가루 형태의 차

(4) **병차**(餠茶)* : 떡 모양으로 압축해 만든 긴압차

2) 음다 방식, 전차 (煎茶)/팽차법 (烹茶法)

당나라 중기에는 병차(餠茶)를 우려내 마시는 '전차(煎茶)' 방식이 크게 유행하였다. 이 전차법은 다성이라는 육우의 『다경(茶經)』에도 기록되어 있는데, **병차를 구운 뒤 맷돌로 갈아 가루로 만들어 체로 쳐서 걸러 낸 고운 가루차를 끓는 물에 넣고 우려내 마시는 방식이다.** 이러한 음다 방식인 전차는 물을 끓이는 작업과 찻잎을 그 끓인 물에 넣고 우려내는 팽차(烹茶) 작업을 포함하고 있다.

(1) **전차**(煎茶)* : 전차는 병차를 사용해 우리는 방법으로서 반드시 다음의 과정을 거쳐서 차를 우려내 마신다.

① 경자(輕炙)* : 병차를 불의 열기로 가볍게 굽는다. 이러한 병차를 '자차(炙茶)'라고 한다.

② 연(碾)* : 구운 병차를 맷돌로 갈아서 고운 가루로 만든다.

③ 라(羅)* : 체로 쳐서 가루차만 걸러 낸다.

(2) **팽차**(烹茶)* : 전차의 세 과정을 거쳐 만든 가루차를 뜨거운 물에 넣어 우리는 팽차는 크게 세 가지의 '삼비(三沸)' 작업으로 진행된다.

① 제일비(第一沸)* : 물을 가열하면 생선 눈만 한 크기의 기포가 생기기 시작할 정도의 비등점에 이른다.

② 제이비(第二沸)* : 끓는 물을 바구니에 떠내고 대나무로 휘저어 소용돌이를 만든 뒤 차시로 계량한 가루차를 그 소용돌이 중심에 넣고 다시 휘젓는다.

③ 제삼비(第三沸)* : 수면에 물결이 출렁거리면서 거품이 많이 튀기 시작하면 제삼비가 완료된 것이다.

이 팽차 과정에서 가장 중요한 것은 물을 적당량으로 사용해야 한다는 점이다. 물의 양이 많으면 차의 자미가 너무 묽고 약해지기 때문이다. 또한 팽차에 사용하기 위하여 이미 끓여서 사용한 물은 선상도가 낮아 '수로(水老)'한 상태이기 때문에 차를 우리는 데 다시 사용하지 않는다.

2. 송대 (宋代)의 음다법

송대에 이르러서는 차 문화가 최고의 융성기에 접어들었다. 음다 방식도 당대의 전차법을 기초로 하여 한층 더 진보하였는데, 이때 등장한

것이 '점차법(点茶法)*'이다. 이 점차법도 병차를 구운 뒤 맷돌로 분쇄시켜 가루차로 만들어 체로 쳐서 아주 고운 가루차만 걸러 낸다. 이때 체는 전차법에 사용된 체보다 눈이 훨씬 더 작고 촘촘하다.

1) 음다 방식, 점차법 (点茶法)

  (1) **자차**(炙茶)* : 병차를 불에 가볍게 쬐어 굽는다.
  (2) **연라**(碾羅)* : 맷돌로 갈아서 가루로 만든 뒤 체로 걸러 내 가루차를 만든다.
  (3) **후탕**(候湯)* : 점차용 물의 비등점을 관찰하면서 살핀다.
  (4) **협잔**(熁盞)* : 끓는 물을 가루차가 담긴 잔에 따르고 차선(茶筅)*으로 휘젓는다. '격불'이라고도 한다.

오늘날 일본 말차(抹茶)의 원형이 된 송나라 시대의 점차법

3. 명청 (明淸) 시대 음다법

명대(明代) **초기에는 용단봉병과 같은 단차**(團茶) **생산 방식을 폐지하고 잎차인 산차**(散茶)**를 공차로 바치는 제도로 변화시켰다.** 그러나 병차는 계속 유행하였고, 명대 말기에서 청대 초기에 이르러 비로소 새로운 음다 방식이 등장하였다. 바로 '약음법(瀹飮法)*'이었다. 이때 약(瀹)은 '침출하다', '물에 담그다'는 뜻이다. 이 약음법이 뜨거운 물을 찻잎에 직접 부어 충포해 마시는 오늘날 중국차 포다법의 기원이 된 것이다. 이 **산차의 포다법이 새롭게 정착하고 대중화되면서 녹차, 홍차, 청차**(우롱차)**, 화차, 흑차**(보이차)**의 생산도 오늘날의 형태로 크게 발전한 것이다.**

1) 현대 포다법의 기원, 약음법 (瀹飮法)

약음법(瀹飮法)은 앞서 전차법(煎茶法), 점차법(点茶法)에서와 같이 찻잎을 굽거나, 맷돌로 갈거나, 체로 치거나 하는 세 과정이 필요가 없다. 단지 다구에 뜨거운 물을 부어 온도를 높인 뒤 건조 찻잎을 넣고 뜨거운 물을 붓기만 하면 되는 것이다.

---

* **점차법**(点茶法) : 점, 간식 점(点)/차, 차나무 차(茶)/방법 법(法)
  : 물을 끓인 뒤 차를 넣어 우리는 방법

* **자차**(炙茶) : 구울 자(炙)/차, 차나무 차(茶)

* **연라**(碾羅) : 맷돌로 갈 연(碾)/그물, 체 라(羅)

* **후탕**(候湯) : 살필 후(候)/뜨거운 물 탕(湯)

* **협잔**(熁盞) : 열기로 지질 협(熁)/잔, 찻잔 잔(盞)

* **차선**(茶筅) : 차, 차나무 차(茶)/솔 선(筅)
  : 말차가 물에 잘 풀리도록 휘젓는 솔 도구

* **산차**(散茶) : 흩어질 산(散)/차, 차나무 차(茶)
  : 낱 잎으로 구성된 차

* **약음법**(瀹飮法) : 물에 적실, 담글 약(瀹)/마실 음(飮)/방법 법(法)
  : 찻잎에 뜨거운 물을 부어 우려내 마시는 방식

(1) 산차를 개완이나 자사호 등의 다구에 적당량으로 넣는다.

(2) 물을 끓인다.

(3) 뜨거운 물로 개완이나 자사호 등의 다구에 부어 온도를 높인다. 이를 온배(溫杯), 또는 온호(溫壺)라고 한다.

(4) 적당 온도의 물을 찻잎에 적당량으로 붓는다.

(5) 차의 종류에 따라 일정한 시간 우려내 음용한다.

4. 현대의 포다법

오늘날 중국인들은 차를 매우 다양한 방식으로 즐기고 있다. 단품 차로 차 본연의 향미를 즐기거나 차에 가향, 가미의 식재료를 넣어 즐기기도 한다. 또한 차를 전통적으로 뜨겁게 마시기도 하지만, 매우 차갑게 마시는 경우도 있다. 여기서는 현대 중국의 음다 방식을 간략히 소개한다.

1) 청음 (淸飮)*

오늘날 차를 즐기는 대표적인 음다 방식. 우유나 설탕 등 다른 식재료를 넣지 않고 오직 단품 차를 우려내 고유의 색, 향, 맛을 즐기는 방식이다. 찻물을 맛보고, 진향본미(眞香本味), 즉 차 본연의 향과 맛을 음미하는 방법이다. 일절 다른 식자재는 넣지 않는다.

홍차 본연의 향미와 찻빛을 즐길 수 있는 청음 방식

2) 조음 (調飲)*

청음(淸飮)에 상대되는 음다 방식이다. 우유, 설탕, 과일, 술 등 다른 식재료를 가미하여 즐기는 음다 방식이다. **가향, 가미가 특징이고, 주로 차갑게 마신다.** 음용 방식은 식물형(食物型)(음식형)과 가향형(加香型)이 있다. 이는 차 본연의 품질을 시음하기보다는 차를 보다 더 맛있고 건강 음료로 즐길 수 있는 방식이다. 오늘날 복건성과 광동성, 그리고 대만에서 차에 생강, 꿀, 육두구 등을 배합해 즐기는 '강차음방(姜茶飮方)'도 조음차의 일종이다.

차에 올리브 과일을 넣어 상쾌한 향미를 즐기는 원보차(元寶茶)

3) 대포차* (袋泡茶, 티백)

분쇄한 찻잎을 진하게 우려내 마시는 티백 방식이다. 녹차, 홍차, 화차, 우롱차, 보이차 등 대부분의 차들이 오늘날에는 티백 방식으로 음용되고 있다.

4) 냉음* (冷飮, 콜드 드링크)

차를 차가운 물에 냉침하여 마시거나 뜨겁게 우려낸 차를 차게 냉각하여 마시는 음다 방식이다. 홍차, 녹차, 우롱차, 화차 등은 오늘날 RTD 냉음의 형태로 많이 소비되고 있다.

중국에서 판매되고 있는 냉침차

* **조음**(調飮) : 아침 조(調)/마실 음(飮)
 : 차에 다른 재료를 넣어 건강식으로 우려내 마시는 방식

* **대포차**(袋泡茶) : 자루, 포대 대(袋)/물에 담글 포(泡)/차, 차나무 차(茶)

* **냉음**(冷飮) : 차가울 냉(冷)/마실 음(飮)

제 7 장

다구 (茶具)의 종류와 물의 선택

🫖 다구 (茶具)의 다양한 종류

1. '다실사보 (茶室四寶)'

다실에서 차를 우리는 데 꼭 필요한 가장 중요한 네 가지 도구인 호(壺)*, 구배(甌杯)*, 탁반(托盤)*, 노(爐)*를 '다실사보(茶室四寶)*'라고 한다. 호(壺)는 물을 끓이거나 차를 우리는 주전자를, 구배(甌杯)는 찻잔이나 사발을, 탁반(托盤)은 찻잔을 담는 쟁반을, 노(爐)는 물을 끓이는 화로를 뜻한다.

2. '차도육용 (茶道六用)'

'차도육용(茶道六用)*'은 '차도육군자(茶道六君子)*'라고도 하며, 차통(茶筒)*을 비롯하여 차통에 담아 사용하는 '차칙(茶則)*', '차시(茶匙)*', '차협(茶夾)*', '차루(茶漏)*', '차침(茶針)*'의 차를 우릴 때 사용하는 여섯 종류의 도구를 일컫는 말이다.

차도육용은 차를 우릴 때 사용하는 보조 도구로, 차를 우리는 전체적인 과정에서 섬세함을 극대화시켜 준다. 차도육용은 취향에 따라 다양하게 선택할 수 있는데, 다른 다구와 조화를 이루면서도 우아한 정취의 것을 선택하는 것이 가장 좋다. 차도육용을 사용할 때는 찻잎이 닿는 부분을 손으로 들거나 만지지 않도록 주의해야 한다.

(1) **차통**(茶桶) : 다구를 담아 두는 통이다.

(2) **차칙**(茶則) : 차엽관(茶葉罐)에서 찻잎을 덜어 낼 때 사용한다.

(3) **차시**(茶匙) : 차하(茶荷)나 차엽관에서 찻잎을 덜어 낼 때 사용한다.

(4) **차협**(茶夾) : 차집게라고도 하며, 찻잔 등을 예열하거나 옮기는 과정에서 사용한다.

(5) **차루**(茶漏) : 찻잎이 옆으로 새지 않도록 차호(茶壺) 위에 올려놓고 찻잎을 넣을 때 사용한다.

(6) **차침**(茶針) : 차호가 막히지 않도록 부리에 낀 찻잎을 빼낼 때 사용한다.

(1) 차통(茶桶)　　(2) 차칙(茶則)　　(3) 차시(茶匙)　　(4) 차협(茶夾)　　(5) 차루(茶漏)　　(6) 차침(茶針)

3. 자주 사용되는 다구

차호(茶壺) : 차를 우리는 주된 용기이다. 자사호(紫沙壺), 유리호 등이 있다.

차반(茶盤) : 다구를 올려두는 쟁반으로, 목재, 금속, 플라스틱 등 다양한 소재로 만든다. 우리는 과정에서 흐르는 찻물을 받아 두거나, 쟁반으로 사용한다.

공도배(公道杯) : 우린 찻물을 담아 두었다가 찻잔에 따를 때 사용하는 도구이다. 공도배를 사용하면 모든 찻잔에 일정한 농도와 맛의 찻물을 따를 수 있다. '차해(茶海)'라고도 한다.

개완(蓋碗) : 찻잎을 우릴 때 사용하는 도구로, 자기, 자사, 유리 등 다양한 소재로 만든다. **상단의 뚜껑은 하늘(天), 하단의 받침은 땅(地), 중간의 완은 사람(人)을 뜻하여 '삼재배(三才盃)'라고도 한다.**

품명배(品茗杯) : 맛을 보기 위해 찻물을 마실 때 사용하는 찻잔이다.

수우(水盂) : 차를 우리는 과정에서 끓인 물이나 찻잎 찌꺼기를 버릴 때 사용하는 도구이다.

개치(蓋置) : 차를 우리는 과정에서 차호의 뚜껑을 놓아 두는 도구이다.

문향배(聞香杯) : **찻잔 속에 남아 있는 향을 맡을 때 사용하는 전문적인 용기이다.** 품명배(品茗杯), 배탁(杯托)과 한 세트로 구성하여 함께 사용한다.

차하(茶荷) : 차엽관에서 덜어 낸 건조 찻잎을 잠시 담아 두고, 외형과 향을 감상하는 용도로도 사용한다.

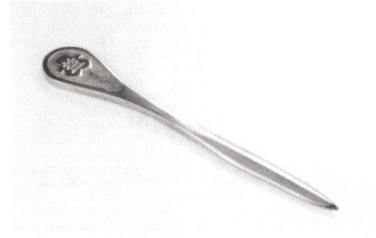

차칼 : 긴압차의 찻잎을 떼어 낼 때 사용하는 도구이다. 보이차를 마실 때 찻잎을 떼어 내는 데 주로 사용되기 때문에 '차도(茶刀)', '보이도(普洱刀)'라고도 한다.

차건(茶巾) : 차석에서 다구에 묻은 물이나 찻물, 얼룩을 닦을 때 사용한다. 흡수성이 좋은 면이나 마 재질의 제품을 선택하는 것이 좋다.

거름망 : 찻잎 찌꺼기를 걸러 낼 때 공도배 위에 얹어 사용한다. 스테인리스, 자기, 도기, 대나무 등 다양한 소재로 만든다.

차엽관(茶葉罐) : 건조 찻잎을 임시로 보관하는 용기이다.

이외에도 호승(壺承), 배탁(杯托) 등 다양한 다구들이 쓰이고 있다.

차를 우릴 때 사용하는 다양한 다구들

* **자토**(瓷土) : 자기 자(瓷)/흙 토(土)

🫖 다구의 선택 방법

다예사는 차를 우릴 때, 다양한 요소를 고려할 수 있어야 한다. 차의 특성을 고려하여 가장 적절한 다구를 골라 아름다우면서도 편리하게 사용할 수 있도록 배치하고, 적합한 물을 선택해 준비해야 한다. 차의 종류에 따라 물의 온도, 찻잎의 양, 우리는 시간도 결정해야 한다. 이러한 조건들을 모두 충족하기 위해서는 차, 물, 다구 등에 대한 전반적인 이해가 필요하다.

1. 다구의 선택

다예사는 차 모임의 장소, 참석한 사람, 그리고 건조 찻잎을 살핀 뒤에 그에 맞춰 적절한 다구를 선택해야 한다. 그리고 다구의 아름다움은 재질과 모양 등에 따라 차와 적절하게 조화를 이루도록 한다. 예를 들면, **유리 다기**(유리잔 등)**은 뚜껑이 없어 찻잎 잘 익지 않고 찻잎이 우려지는 모습을 감상할 수 있기 때문에 모양이 아름다운 녹차 등을 우리기에 적합하다. 특히 벽라춘**(碧螺春)**은 유리 다기로 우리는 것이 좋다.**

　　흑차(보이차)**를 우릴 때는 악퇴미 등의 잡내, 잡미를 잡아 줄 수 있는 기능이 있는 자사호**(紫砂壺)**를 사용하는 것이 좋다.** 또한 정신적인 노동자는 아담한 차호(茶壺)에 상등품의 차를 천천히 우려내 마시면 심적인 피로를 완화하는 데 도움이 된다. 이처럼 적절한 다구를 사용하는 것은 차의 맛을 좋게 하고, 찻잎과 어우러져 서로를 돋보이게 한다.

2. 다양한 재질의 다구들

다구는 매우 오래전부터 다양한 재질로 만들어졌다. 그러한 다구들은 재질에 따라 차를 우려내는 데 각기 장단점이 있다. 여기서는 오늘날 많이 사용되는 다구들에 대해 소개한다.

1) 자기 (瓷器) 다구

자기는 '자토(瓷土)*'라고 하는 고령토로 만들어지는데, 차호, 찻잔, 잔받침, 숟가락 등 다양한 다구로 제작된다. 외형이 견고하고 조밀하며, 표면은 매끄럽다. 단면은 물을 흡수하지 않고, 두드리면 맑은 소리가 나는 것이 특징이다. 백자(白瓷), 청자(青瓷), 흑자(黑瓷), 채자(彩瓷) 등 다

복건성(福建省)의 흑자(黑瓷)인 건잔(建盞)
(송나라 때 사용한 잔)

양한 종류가 있는데, 대표적인 것으로는 **강소성**(江蘇省) **경덕진**(景德鎭)**의 백자**(白瓷), **복건성**(福建省)**의 흑자**(黑瓷)**인 건잔**(建盞), **다양한 색채로 만들어지는 당삼채**(唐三彩) **등이 있다.**

중국에서는 경덕진에서 생산되는 백자의 특징을 '백여옥(白如玉)', '박여지(薄如紙)', '명여경(明如鏡)', '성여경(聲如磬)'이라고 표현한다. 훌륭한 경덕진 백자는 "옥처럼 희고 깨끗하며, 종이처럼 얇고, 거울처럼 맑으며, 편경(編磬)만큼 좋은 소리가 난다"는 의미이다.

경덕진 자기 중에서 최고의 명품인 '안색유자(顏色釉瓷)'는 차엽말(茶葉末)(차엽 가루)의 특징인 '황록색(黃綠色)'의 유약(釉藥)을 사용한다.

강소성(江蘇省) 경덕진(景德鎭)의 백자(白瓷) 다구 모습

2) 자사 (紫砂) 다구

자사(紫砂) 다구는 도토(陶土) 중에서도 철의 함유량이 높은 자사도토(紫砂陶土)로 제작한다. 자사(紫砂)는 색상에 따라 자색을 띠는 '자니(紫泥)', 붉은색이 도는 '홍니(紅泥)', 녹색을 띠는 '녹니(綠泥)' 등이 있다.

최초의 자사호는 명대(明代)에 강소성(江蘇省) 의흥(宜興) 지역 사찰인 금사사(金砂寺)의 주지 스님이 만든 것으로 전해진다. 이 스님에게 그릇 만드는 법을 배운 공춘(供春)이 나무옹이를 형상화한 차호를 만들었는데, 이것이 자사호의 시초로 불리는 '공춘호(供春壺)'이다. **오늘날에도 의흥시의 자사호**(紫砂壺)**는 품질이 훌륭하기로 유명하다.**

(1) 자사 다구의 특징

① 도기의 미세한 기공(氣孔)으로 찻물이 흡수되면서 차의 맛이 배어들고, 차의 잡내, 잡미를 잡아 준다.
② 열전도가 완만해 손이 데일 염려가 없다.
③ 갑작스런 온도 변화에도 잘 파열되지 않는다.
④ 찻잎이 더운물에 너무 익어서 신선함을 잃었을 때 느껴지는 '숙탕(熟湯)'의 맛이 나는 것을 방지해 준다.
⑤ 찻잎 본연의 순수하면서도 진한 향미를 느낄 수 있다.
⑥ 오래 쓸수록, 차를 자주 우려내 맛을 볼수록 맛이 좋고, 또한 우릴수록 재질의 광택이 더 좋아진다.

3) 유리 다구

현대에는 감상적인 효과가 큰 유리 다구도 많은 사랑을 받고 있다. 유리 다구는 가공 방식에 따라 주조(鑄造) 다구와 각화(刻花) 다구로 나뉜다.

강소성(江蘇省) 의흥시(宜興市)(이싱시)에서 자사호를 만드는 모습

주조 다구는 만들어진 틀에 녹인 유리를 주입해 만든 것으로, 가격이 저렴하고 품질이 좋다. 반면 각화 다구는 손으로 유리에 무늬를 넣은 것으로 매우 고가이며 화려한 것이 특징이다. **일반적으로 유리잔은 고급 녹차나 백차 등을 마실 때 사용하면 운치를 더욱더 감상할 수 있다.**

(1) 유리 다구의 특징

① 재질이 투명하여 안을 감상할 수 있다. 찻잎이 하나하나 곧게 늘어서거나 찻잎과 싹이 뒤얽혀 오르내리는 '차무(茶舞)'를 볼 수 있다.
② 화학 성분이 안정적이어서 유해 물질이 우러나올 우려가 없다.
③ 열전도율이 높아 손을 델 수 있다.
③ 재질이 약해 깨지기 쉬워 손을 다칠 우려가 있다.

금속 다구

4) 금속 다구

금속 다구는 금, 은, 구리, 철, 주석, 경태람(景泰藍), 스테인리스 등의 다양한 재질로 생산된다. 이 다구는 중국에서도 가장 오래된 생활용품 중의 하나이다. 그러나 명대(明代)에 점차 방식에서 포다 방식으로 음다 풍속이 변화하고, 자기(瓷器) 다구가 발달함에 따라 점차 자리를 잃게 되었다. 특히 사람들 사이에서 주석, 철 등의 다구로 차를 우려내면 차의 맛이 상실된다는 인식이 생기면서부터 그 사용이 줄어들었다.

그 대신에 최근에는 금은 다구를 수리할 때 사용되고, 은은 물맛을 깊고 부드럽게 만든다고 하여 차호나 주전자의 제작에 사용되고 있다. 주석은 차가운 성질이 있어 찻잎을 신선하게 보관하는 차엽관(茶葉罐)의 제작에 사용된다.

죽목(竹木) 다구

5) 죽목 (竹木) 다구

죽목 다구는 대나무나 목재를 소재로 한다. 이 다구는 색이 조화롭고 아름다우며, 열전도가 완만해 손이 데일 염려가 없어 실용적이다. 그러나 소재의 특성상 오래 사용하고 관리하는 것이 어려워 차호(茶壺)나 차완(茶碗)보다는 주로 차반(茶盤), 차칙(茶則), 차협(茶夾) 등의 다구를 만들 때 많이 사용된다.

🫖 자사호 (紫砂壺)의 이해

자사호(紫砂壺)는 자사(紫砂)라는 적색 계열의 점토질로 만든 도기(陶器)의 일종으로서 기공(氣孔)이 많은 다공성(多孔性) 차호이다. 중국에서 도기가 만들어진 시기는 한대(漢代)로까지 거슬러 올라가지만, 오늘날 모습의 자사호가 강소성 의흥시(宜興市)에서 만들어지기 시작한 것은 17세기 말 명대(明代)부터이다.

의흥시 지역에서는 내열성, 유연성, 다공성이 좋고 산화철의 함유량이 높아 붉은색을 띠는 점토, 즉 자사(紫砂)가 매우 풍부하게 난다. 이러한 자사를 원료로 차호로 빚은 것이 오늘날의 유명한 '의흥자사호(宜興紫砂壺)'이다.

의흥자사호는 차의 색, 향, 미를 오랫동안 유지하는 장점이 있다. 그리고 **점토에 기공이 풍부하여 하나의 차종을 우리면 그 차의 향미가 배기 때문에 같은 차를 계속해서 자주 우리면 자사호에서 매우 독특한 향이 풍기는 특징이 있다. 따라서 하나의 자사호로는 여러 종류의 차를 우리는 것은 좋지 않은 것이다.**

1. 자사호의 제작 기법

이러한 자사호(紫砂壺)를 제작하는 데는 크게 세 가지의 방법이 있다.

1) 전수공 (全手工)

전수공(全手工)은 도예가가 자사호의 제작에서 전 과정을 직접 수작업으로 만드는 제작 기법이다. 이 기법은 손잡이, 주둥이, 몸체 등 모든 부분을 따로 빚어 손으로 조립하기 때문에 매우 고난도의 기술이 필요하다. 장인의 정신으로 빚은 예술품으로서 일반 시장에서는 쉽게 찾아볼 수 없다.

2) 반수공 (半手工)

반수공(半手工)은 몸체는 틀로 찍어 내고, 다른 부분은 도예가가 손으로 직접 빚어 붙이는 제작 기법이다. 오늘날 시장에서 유통되는 자사호의 대부분이 이 반수공 기법으로 제작된 것이다.

의흥시(宜興市)(이싱시)에 활동하는 도예가의 모습

의흥시(宜興市)(이싱시) 지역의 자사호 모습

* **공부차**(功夫茶) : 기술, 솜씨 공(功)/스승,
  장인 부(夫)/차, 차나무 차(茶)
  : 정교한 기술로 우리는 차

3) 수랍배 (手拉坯)

수랍배(手拉坯)는 물레를 돌리면서 성형하는 제작 기법이다. 이 제작 기법으로 만든 자사호는 두께가 지나치게 얇아지는 단점이 있어 오늘날에는 거의 사용하지 않는다.

2. 자사호의 구조와 특징

자사호가 제 규격에 맞게 제작된 것은 부리인 '호유(壺流)'와 손잡이인 '호파(壺把)'가 정확히 정반대 쪽에 위치해 있다. 그리고 그 호유의 출수공(出水孔)인 유구(流口), 손잡이인 호파(壺把), 개구부인 호구(壺口)의 높이도 나란히 수평(水平)을 이룬다. 이를 세 요소가 수평을 이룬다고 하여 '삼평(三平)'이라고 한다. 또한 자사호는 내벽을 만져보았을 때 촉감이 매끄러우면서 깔끔하다. 그리고 자사의 독특한 성질로로 인해 손가락으로 본체를 튕기면 맑은 소리가 난다.

물을 가득 채운 뒤 기공을 막았을 경우에는 물이 새어 나오지 않는 금수(禁水)의 기능이 있다. 그리고 유구에서는 물이 매우 유연하게 흘러나오는 출수(出水), 물을 따르다가 중간에 멈추면 유구 아래쪽으로 물이 따라서 흘러내리지 않고 깔끔하게 끊어지는 '절수(絶水)'의 기능도 훌륭하다.

자사호의 부위별 명칭

3. 좋은 자사호를 고르는 방법

차인들은 자사호를 하나쯤은 자신의 애장품으로 소장하는 경우가 많다. 더욱이 중국의 최고급 차는 물론 공부차(功夫茶)*에서도 차를 우릴 때 개완과 함께 필수적으로 사용되는 도구이다. 따라서 품질이 좋은 자사호의 특징을 알고 있으면 구입하는 데 큰 도움이 된다.

(1) 자사호의 개구부인 호구(壺口), 물이 나오는 유구(流口), 손잡이인 호파(壺把)의 높이가 나란히 수평을 이룬다. 이를 '삼평(三平)'이라고 한다. 확인하는 방법은 자사호를 편평한 바닥에 뒤집어 놓으면 알 수 있다.

(2) 출수공인 유구(流口) 안쪽이 거칠거나 좁지 않아 물이 원활히 나오는 출수(出水) 기능이 좋다.

(3) 물을 따르다가 멈추었을 때 물이 유구(流口) 아래로 타고 흘러내리지 않는 절수(折水) 기능이 좋다.

(4) 뚜껑은 헐렁하지 않고 본체의 호구(壺口)에 꼭 들어맞는다.

(5) 자사호 내부가 깊지 않고 얕은 것이 물을 완전히 부었을 때 바닥에 남지 않는다.

(6) 내열성 좋아 쉽게 파열되지 않고, 물도 새지 않는다.

(7) 내부 용적이 충분하여 찻잎을 우렸을 때 차의 특색이 잘 드러난다.

(8) 찻물이 쉽게 식지 않을 정도로 보온성이 있고, 찻잎이 우러나는 침출성도 빠르다.

4. 자사호의 관리법

자사호는 잘 관리하면 사용할수록, 오래될수록 그 광택과 향이 더 훌륭해진다. 그러한 자사호를 소중하게 다루면서 잘 관리하는 방법이 있다. 여기서는 자사호를 구입한 뒤 잘 '보양(保養)'하는 방법을 소개한다.

(1) 새로 구입한 자사호는 연마포(研磨布)로 겉면과 속면을 잘 닦아 준 뒤 뜨거운 물로 헹구고 수건으로 닦아 물기를 없앤다.

(2) 각 차마다 별도의 자사호를 사용하고, 하나의 자사호로 여러 종류의 차를 우리지 않는다

(3) 화학 용품인 세정제로는 절대로 세척하지 않는다.

(4) 자사호는 사용한 뒤 물기를 닦아서 습기를 제거하고 통풍이 잘되는 장소에서 보관한다.

(5) 보관 중에는 뚜껑을 열어 놓는다.

자사호는 사용한 뒤 잘 닦아서 습기를 제거하여 보관한다

5. 자사호로 차를 우리는 방법

1. 자사호를 뜨거운 물로 데우고 버린다. 그 위에 차루를 올린다.

2. 찻잎을 자사호의 용적과 차의 종류를 감안하여 적당량으로 넣는다.

3. 자사호가 넘치도록 적정 온도의 뜨거운 물을 붓는다.

4. 뚜껑을 빙빙 돌려가면서 넘치는 거품과 찻물을 걷어 낸다.

5. 뚜껑을 닫고 그 뚜껑 위로 뜨거운 물을 붓고 일정 시간 동안 우린다.

6. 거름망이 있는 공도배에 부어 농도를 고르게 한 뒤 찻잔(또는 품명배)에 따라 마신다.

🫖 좋은 물의 선택 방법

좋은 차를 우릴 때는 좋은 물을 써야 차와 물의 장점이 더욱 돋보이게 된다. 중국에서는 오늘날 차를 우리는 좋은 물이란 다음 다섯 가지의 기준에 부합하는 것으로 규정하고 있다.

1) 원 (源)* : 발원지가 명확한 물을 말한다.

2) 활 (活)* : 발원지로부터 지속적으로 흐르는 물을 가리킨다.

3) 감 (甘)* : 입안에서 단맛이 나는 물이다.

4) 청 (淸)* : 수질이 맑고 깨끗한 물을 말한다.

5) 경 (輕)* : 경도(硬度)가 낮은 연수(軟水)나 미네랄 함유량이 적어 비중
　　　　　 이 낮은 물을 의미한다.

육우(陸羽, 733~803)도 『다경(茶經)』에서 "산수가 제일이고, 강물이 중간
이며, 우물물이 가장 못하다(山水上, 江水中, 井水下)"고 하여, 흐르는 '활
수(活水)'일수록 좋은 물이라 하였다. 송대 휘종(徽宗)이 저술한 『대관차
론(大觀茶論)』에서도 "맑고, 가볍고, 달고, 깨끗한 물이 좋다(淸, 輕, 甘,
潔)"고 기록되어 있다.

　중국에서는 그 옛날 강물이나 지하수와 같은 '지수(地水)'와 대비되
는 '천수(天水)'인 비와 눈을 녹인 물도 차를 우리는 데 사용하였다. 특
히 눈을 녹인 물로 차를 우려내면 찻물의 색상이 명량(明亮)하고 향미
(香味)도 매우 훌륭하다고 보았다. 빗물 중에서는 하늘이 높고 상쾌하
며, 공기 중에 먼지가 적어 맛이 산뜻하고 시원한 가을비를 제일로 꼽
았다. 그러나 근대 이후, 공업 지역을 비롯한 많은 지역들이 수질 오염
과 대기 오염으로 비와 눈이 변질되었다. 따라서 빗물이나 눈을 받아
차를 우리는 일은 오늘날 거의 없다.

우리는 물이 경수(센물), 연수(단물)인지에 따라 달라지는 수색

　중국에서는 국가가 강제하는 차에 대한 기준 있다. 그중 차를 우리
는 생활 용수의 표준인 〈GB7718-94〉에 따르면, **연수(軟水)란 단물
로서 수용성 칼슘(Ca^{2+})과 마그네슘(Mg^{2+})이 많이 함유되지 않은 경도
90mg/L 이하의 물을 뜻한다.** 그리고 일반적으로 차를 우리는 물의 총
경도(硬度)는 25°G를 초과하지 않아야 한다. 또한 혼탁도는 150을 넘
지 않아야 하고 눈으로 보이는 부유 입자들이 없어야 한다.

　이러한 **연수로 차를 우리면 찻잎 내의 유효 성분이 쉽게 침출될 수
있다.** 그리고 경수보다는 상대적으로 수질이 맑고 깨끗하기 때문에 차
의 색, 향, 맛, 외형이 가장 잘 드러난다. 또한 용액(물)의 산성도를 나타
내는 pH는 약산성에 가까운 pH<5가 적당하다.

　* **감**(甘) : 달콤할 감(甘)

　* **청**(淸) : 맑을 청(淸)

　* **경**(輕) : 가벼울 경(輕)

제 8 장

녹차 (綠茶)의 다예표연 (茶藝表演)

🫖 중국 녹차 (綠茶)의 이해

중국 녹차는 차의 역사에서도 가장 오랜 역사를 지닌 차이다. 물론 전설상으로는 기원전 2737년경 신농(神農) 시대로 거슬러 올라가지만, 기록상으로 중국에서 녹차가 처음으로 생산된 시기는 당나라 시대 이전으로 거슬러 올라간다. **육우의 『다경(茶經)』에서 언급되는 병차도 실제로는 '보이차'가 아니라 '녹차'이다.**

모든 차류의 시초로서 동양의 대표적인 음료인 중국 녹차는 중국 내에서도 각 지역의 독특한 농업 전통에 기반을 두고 발달하여 지역마다 다양한 가공 방식으로 생산되고 있다. 녹차의 가공 공예는 쇄청(晒青)에서부터 증청(蒸青), 초청(炒青), 홍청(烘青)까지 있으며, 모양도 편평한 편형(片形), 바늘 같은 침형(針形), 눈썹 같은 미형(眉形), 소라껍데기처럼 휘말린 나형(螺形), 구슬 모양의 주형(珠形) 등 매우 다양하다.

또한 녹차는 종류에 따라 출시되는 시기에 다소 차이가 있는데, 일반적으로 **봄의 춘차(春茶)는 3월, 여름의 하차(夏茶)는 5월 중순, 가을의 추차(秋茶)는 8월 하순에 출시된다.** 특히 춘차에서는 청명(清明) 이전의 '명전(明煎)', 곡우(穀雨) 이전의 '우전(雨煎)' 등이 있다. 이러한 녹차는 중국의 강남 차구, 강북 차구, 서남 차구에서 생산된다. 그중 **절강성**(저장성), **안휘성**(안후이성), **강소성**(장쑤성)**의 3성에서 생산되는 녹차가 품질이 가장 좋다.**

대표적인 녹차로는 편평하게 곧게 뻗은 모양의 '서호용정(西湖龍井)'과 두꺼우면서 비틀린 모양의 '황산모봉(黃山毛峰)', 그리고 소라처럼 나선형으로 휘말린 '벽라춘(碧螺春)' 등이 있다.

1. 녹차의 가공 방식

중국에서는 오랜 세월에 걸쳐 차의 가공 방식을 발달시키고 오늘날에는 어느 정도 표준화를 진행하였다. 녹차도 마찬가지이다. 이러한 표준 하에 녹차의 품질은 수확 지역이나 시기, 그리고 채엽 방식 등에 따라 저급, 중급, 고급 등으로 다양하게 세분된다. 일반적으로 산지의 거의 모든 환경 기후적인 테루아적 요소들은 수확물의 품질과 특성에 영향을 준다. 여기에 최종적인 차의 맛과 향에 독특한 개성을 더해 주는 것이 가공 방식이다. 특히 녹차는 찻잎의 산화를 인위적으로 억제하기 위하여 솥에서 덖는 초청(炒青)이나 증기로 찌는 증청(蒸青) 등의 살청(殺青) 과정을 반드시 거치는 것이 큰 특징이다.

뜨거운 팬에 차엽을 놓고 직접 손으로 진행하는 과초살청(鍋炒殺青)

우측 용어 설명

* **채엽**(採葉) : 캘 채(採)/잎 엽(葉)

* **일아일엽**(一芽一葉) : 하나 일(一)/새싹 아(芽)/하나 일(一)/잎 엽(葉)
  : 하나의 새싹과 그 아래의 찻잎 하나

* **위조**(萎凋) : 시들 위(萎)/시들 조(凋)
  : 잎의 일부 수분을 줄여 시들게 만드는 과정

* **쇄청**(晒青) : 볕에 말릴 쇄(晒)/푸를 청(青)

* **홍청**(烘青) : 불에 말릴 홍(烘)/푸를 청(青)

* **양청**(凉青) : 서늘할 양(凉)/푸를 청(青)

1) 채엽 (採葉)*

중국에서는 수확에 앞서 찻잎의 등급을 정한 뒤 노동자들에게 어떤 잎을 채엽해야 할지 알려 준다. **최고급 녹차는 하나의 새싹이나 하나의 새싹과 그 아래의 한 잎인 '일아일엽(一芽一葉)'을 손으로 직접 따서 사용한다.** 고급 녹차의 경우 주로 싹과 그 아래 두 장의 잎인 '일아이엽(一芽二葉)'을 손으로 따서 사용한다. 이 채엽 시기에 따라서 3월의 춘차, 5월 중순경의 하차, 8월 하순경의 추차가 있다. 추차 중 일부는 중국 국경절(10월 1일) 이후에 출시된다.

2) 위조 (萎凋)*

위조 과정은 찻잎의 일부 수분을 줄여 시들게 만드는 과정이다. 이 위조 과정에는 **햇볕에 말리는 '쇄청(晒青)*', 불의 열기로 말리는 '홍청(烘青)*', 실내 그늘에서 자연적으로 말리는 '양청(凉青)*', 기계에 넣어 인위적으로 말리는 '인공위조'가 있다.** 전통적으로는 찻잎을 실내에 있는 대나무 광주리나 바닥에 망이 설치된 위조용 테이블에 넓게 펼쳐 놓고 찻잎에서 수분을 줄인다. 또한 이 위조 과정을 거치면 찻잎이 부드럽고 연해져 이후의 과정에서 파쇄되는 것을 막을 수 있다. 이때 대부분의 경우 녹차의 위조 과정은 양청으로 진행하는데, 쇄청으로 할 경우에는 '쇄청녹차', 홍청으로 진행할 경우에는 '홍청녹차'로 분류하기도 한다.

3) 살청 (殺青)*

찻잎에서 산화효소를 비활성화하는 과정이다. **녹차의 가공 과정에서 가장 중요한 부분이다.** 살청의 주목적은 찻잎의 비취빛을 유지하고, 풀냄새를 발산시키며, 차 향을 형성시키는 것이다. 또 찻잎의 수분을 일부 제거해 엽질을 연하게 만들고, 유념 과정에서 성형이 쉽도록 재료의 질김성인 '인성(韌性)'을 강화하는 데 있다.

서호용정(西湖龍井)

4) 유념 (揉捻)*

찻잎의 세포벽을 파괴해 그 잎들이 함유하고 있는 성분이 향을 발현하도록 비비고 으깨어 모양을 만드는 작업이다. 유념의 목적은 생잎의 세포벽을 파쇄시켜 차의 좋은 성분과 전체적인 맛인 '자미(滋味)'의 농도를 높이고 기본적인 형태를 만드는 것이다. 이를 통해 녹차는 비틀어진 권곡형(卷曲形), 편평한 편평형(扁平形), 바늘 모양인 침형(針形), 구슬 모양인 주형(珠形) 등 다양한 모양으로 태어나는 것이다. 고급차의 경우에는 기계로 하지 않고 손으로 직접 비벼 찻잎의 모양을 만든다.

5) 건조 (乾燥)*

건조 작업은 솥에서 덖거나 불의 열기를 쬐거나 햇볕에 쬐거나 한다. 이 과정에서 찻잎에는 수분이 2~3% 정도만 남는다. 건조의 목적은 찻잎의 수분을 적당히 줄여 찻잎의 외형을 고정시키고, 풀 냄새를 없애며, 향을 더 높이는 데 있다. 또한 여분의 수분을 제거하여 보관 및 유통 과정에서 찻잎이 부패하는 것을 막아 준다.

6) 분류 (分類)*

중국 정통 방식에서는 손으로 찻잎의 등급을 분류하지만, 오늘날에는 기계로도 분류하고 있다. 이후 포장 작업을 거치면 상품으로서 완성된다.

2. 대표적인 중국 녹차

중국에서는 예로부터 차의 6대 분류 중에서도 녹차를 가장 즐겨 마셔 왔다. 따라서 녹차의 종류가 가장 많으며, 그 맛과 향에서도 폭넓은 스펙트럼을 보인다. 특히 '중국 10대 명차'로 꼽히는 차들 중에서는 녹차가 6개나 차지하고 있을 정도이다. 여기서는 중국 10대 명차에 드는 녹차에 대해 간략히 소개한다.

1) 서호용정 (西湖龍井)*

절강성의 대표적인 녹차인 용정차(龍井茶)는 산지에 따라 '서호용정(西湖龍井)'과 '전당용정(錢塘龍井)', '월주용정(越州龍井)'의 3종류로 구분되는데, 이중 서호용정은 항주시 서호풍경구(西湖風景區)에서 생산되는 용정차이다. 서호용정은 아주 이른 봄에 찻잎을 따서 생산되는 차로서 품질이 중국 10대 명차로 손꼽힐 만큼 훌륭하다. 특히 청명(淸明) 전에

채엽해 가공한 명전차의 품질이 최고이다. 탕색이 벽록색이고 자미는 매우 감미롭고 상쾌한 것이 품질적인 특징이다. 용정차의 지리표시보호 인증 제도가 2009년부터 실시되면서 서호용정도 현재 상품 표시를 보호받고 있다.

2) 동정벽라춘 (洞庭碧螺春)*

중국 10대 명차로 손꼽히는 벽라춘은 소주시(蘇州市)의 태호(太湖) 동정산(洞庭山)이 정통 원산지로서 '동정벽라춘(洞庭碧螺春)'이라고도 한다. **복숭아, 배, 살구, 매실, 감, 귤, 은행, 석류 등의 과실수와 차나무를 사이짓기로 재배해 생산된다.** 사이짓기는 한 농작물을 심은 이랑 사이에 다른 농작물을 심는 농법이다. **이로 인해 과일 향과 꽃 향이 찻잎에 스며들어 벽라춘 특유의 품질이 형성된다.** 그 품질은 청향(淸香)이 그윽하고 품위가 있으며 감미로운 맛이 진하다. **상쾌하고 촉촉하면서 신선한 맛이 일품이다.**

벽라춘도 채엽 시기가 이른데, 춘분(春分)(3월 21일경)을 전후로 '일아일엽(一芽一葉)'을 수확하기 시작해 곡우(穀雨)(4월 20일경) 전후에 마치는데, **특히 청명 전의 명전차 품질이 최고급이다.** 500g의 고급 벽라춘을 생산하려면 약 6만 8000개~7만 4000개의 새싹을 따야 한다고 한다.

3) 황산모봉 (黃山毛峰)*

황산모봉은 안휘성 황산풍경구(黃山風景區)와 인근의 탕구(湯口), 충천(充川), 방촌(芳村), 양촌(揚村), 장담(長潭) 일대에서 생산된다.

황산은 토질이 좋고, 기후가 온난습윤하며, 대기 습도가 높고, 안개가 잦아 연중 200일 이상 운무가 낀다. 이런 자연환경이 황산모봉의 찻잎 색상과 윤기, 향, 맛, 여린 정도를 향상시켜 품질이 높다. 보통 춘차만 채엽하고, 하차와 추차는 채엽하지 않는다. **채엽은 보통 청명과 곡우 전후에 진행되고, 특히 청명 전후의 춘차 품질이 최고급이다. 그 품질은 향이 향긋하면서 높고 길게 이어지며, 찻물은 매우 맑다.** 자미는 진하고 순하면서 달콤하다. 엽저는 연황색을 띠고 두툼하면서 튼실하다.

4) 육안과편 (六安瓜片)*

육안과편은 안휘성 육안시(六安市)에서 생산되는 중국 국가급의 명차(名茶)로서 육안시의 특산품이자 '중국 10대 명차'에 속한다. **가공 과정에서 '납로화(拉老火)', 즉 찻잎을 고온의 불로 건조시키는 홍배(烘焙) 과정**

동정벽라춘(洞庭碧螺春)

＊동정벽라춘(洞庭碧螺春) : 동굴 동(洞)/마당 정(庭)/푸를 벽(碧)/소라 라(螺)/봄 춘(春)

황산모봉(黃山毛峰)

＊황산모봉(黃山毛峰) : 누를 황(黃)/산 산(山)/터럭 모(毛)/봉우리 봉(峰)

육안과편(六安瓜片)

* **육안과편**(六安瓜片) : 여섯 육(六)/편안할 안(安)/참외 과(瓜)/조각 편(片)

신양모첨(信陽毛尖)

* **신양모첨**(信陽毛尖) : 믿을 신(信)/볕 양(陽)/터럭 모(毛)/뾰족할 첨(尖)

태평후괴(太平猴魁)

* **태평후괴**(太平猴魁) : 클 태(太)/평평할 평(平)/원숭이 후(猴)/우두머리 괴(魁)

을 통해 차에 색, 향 맛을 낸다. 또한 이 과정에서 찻잎 내 유기물이 고온에서 승화하여 찻잎 표면에 '백상(白霜)'이라는 흰 서리 같은 물질을 형성시킨다. 고품질의 육안과편에서는 백상이 많다. 품질은 향이 매우 높고 맑으며, 맛이 감미롭고 신선하다. 그리고 입안에 감도는 단맛인 회감이 있는 것이 특징이다.

5) 신양모첨 (信陽毛尖)*

신양모첨의 원산지는 호남성(河南省) 남부 대별산구(大別山區)의 신양시(信陽市)이다. 주로 차운산(車雲山), 집운산(集雲山), 천운산(天雲山), 전뢰산(震雷山), 흑룡담(黑龍潭) 등의 협곡 사이에 산지가 분포되어 있다. 색상은 비취색이고 백호가 많은 것이 특징이다. 차를 우리면 찻물에 백호가 부유하면서 약간 혼탁해 보이지만, 밤향(판율향)이 매우 높고 맛은 매우 신선하다.

6) 태평후괴 (太平猴魁)*

태평후괴의 원산지는 안휘성 황산시의 황산구이다. 해발고도 300m 이상의 산지에서 분포하는 차나무로부터 찻잎을 따서 가공하여 생산한다. 두 장의 찻잎이 하나의 싹을 감싸면서 둘러싸고 있다. 모양은 편평하고 곧고 구부러짐이 없고, 길이는 최대 7cm에 달한다. 잎 전체에 흰 잔털이 뒤덮여 있지만 언뜻 보기에는 잘 드러나지 않는다.

3. 중국 녹차를 우리기에 적당한 다구

유리잔과 개완에 녹차를 우린 모습

중국 녹차를 우려내 마실 때는 일자형의 내열성이 강한 투명 유리잔이나 개완(蓋碗)을 사용하는 것이 좋다. 유리잔을 사용하는 것은 찻잎의 형태와 찻빛을 잘 볼 수 있고, 찻잎이 위아래로 오르내리는 모습도 볼 수 있다. 또한 재질이 안정적이어서 끓는 물로 우려내도 유해 물질이 나오지 않고, 맛에도 영향을 주지 않는다. 고급 녹차를 우릴 경우에는 개완을 사용하는 것이 좋다. 찻잎을 개완에 넣고 더운물을 부은 뒤 곧바로 잔 뚜껑을 약간 틈이 있도록 비스듬히 덮어 놓는다. 찻잎이 열기에 익어 누렇게 변하는 현상을 막기 위한 것이다. 이러한 장점으로 중국 북부의 대도시 사람들은 대부분 개완을 사용하여 녹차를 비롯하여 다양한 차들을 우려내 마신다.

4. 중국 녹차를 우리는 적당한 온도

고급 녹차는 보통 어린 새싹과 여린 잎으로 만드는 것이 일반적이므로 끓는 물이나 고온으로 우리지 않는다. **물의 온도는 80도 정도가 적당하고, 최고 85도를 넘기지 않도록 한다.** 찻잎이 여리고 약할수록 물의 온도를 낮게 잡는다. 적당한 온도로 우려내야 찻빛이 연녹색으로 밝고 투명하고, 맛은 신선하고 청량하며, 향에도 잡내가 나지 않는다.

5. 중국 녹차를 우리는 횟수

중국 녹차는 보통 2~3회 정도 우려내 마시는 것이 좋다. 그래야만 차 폴리페놀(카테킨류), 카페인, 아미노산, 비타민 등의 유효 성분을 충분히 섭취할 수 있기 때문이다. 1회 침출 시에는 찻잎 전체 유효 성분 중 약 80%가, 2회 침출 시에는 약 95%가 우러나온다. 3회 침출 시에는 유효 성분의 침출량이 2~3%에 불과하다. 또한 침출 횟수가 늘수록 향과 맛도 없어진다.

🫖 유리배(琉璃杯) 다예

유리배(유리잔)**는 투명하다는 특성 때문에 차무**(茶舞)**를 감상하기 좋고, 뚜껑이 없어 찻잎이 익지 않아 잎이 여린 고급 녹차나 백차, 황아차 등을 우리기에 적합하다.** 그러나 유리잔은 열전도율이 높아 손이 데일 수 있고, 쉽게 파손될 수 있어 사용에 주의가 필요하다. 따라서 유리잔을 고를 때는 일자형으로 바닥이 두툼하고, 고온에 강한 무색투명한 것을 권장한다. 다음은 유리잔으로 다예표연 시 필요한 다구이다.

유리잔 속에서 펼쳐지는 차무(茶舞)의 모습

1. 유리배 다예에 필요한 도구

유리배(유리잔)를 사용해 차를 우리는 다예표연에서는 다음과 같은 도구
들이 필요하다. 자세한 내용은 유리 다구(117쪽)를 참조하길 바란다.

  (1) 유리잔(琉璃盞)
  (2) 차도육용(茶道六用)
  (3) 주전자(隨手泡)
  (4) 차엽관(茶葉罐)
  (5) 수우(水盂)
  (6) 사하(茶荷)
  (7) 차건(茶巾)
  (8) 차반(茶盤)

  일반적으로 차를 유리잔에 넣어 우릴 때는 찻잎을 먼저 넣은 뒤 물
을 따르는데, 이때는 상투법(上投法), 중투법(中投法), 하투법(下投法)의 세
가지 방식이 있다.

2. 유리배에 우리는 세 방식

1) 상투법 (上投法)*
**상투법은 찻잔의 7할까지 먼저 물을 따르고, 그 위에 찻잎을 넣어 우리
는 방식이다.** 서호용정이나 백호(白毫)가 풍부한 벽라춘(碧螺春) 등의 고
품질의 녹차를 우릴 때 적합하다.

상투법 (上投法)

2) 중투법 (中投法)*
**중투법은 찻잔의 3분의 1 정도까지 먼저 물을 따르고, 찻잎을 넣은 뒤,
유리잔을 돌려 찻잎을 적시고 다시 찻잔의 7할까지 물을 부어 우려내
는 방식이다.** 용정(龍井)처럼 편평하고 매끈한 형태의 차를 우릴 때 적합
하다. 황차의 경우에는 군산은침(君山銀針)을 중투법으로 우려내면 황
아(黃芽)가 물을 흡수하며 떠오르고 가라앉기를 세 번 반복하는 '삼기
삼락(三起三落)'을 감상할 수 있다.

중투법 (中投法)

3) 하투법 (下投法)*
**하투법은 찻잔에 찻잎을 먼저 넣고, 소량의 물을 찻잎이 잠길 만큼 부
어 찻잎을 적시고, 찻잎이 펼쳐지면 다시 찻잔의 7할까지 물을 부어 우**

리는 방식이다. 찻잎이 튼실하며 호(毫)가 없고, 물에 풀어지는 속도가 느린 육안과편(六安瓜片)이나 태평후괴(太平猴魁) 등의 차를 우릴 때 적합하다. 유리잔에 위 세 가지 방식으로 차를 우리는 것이 익숙해졌다면, 개완(蓋碗)이나 차호에도 응용하여 차를 우릴 수 있다.

하투법 (下投法)

* **색록**(色綠) : 색상 색(色)/푸를 록(綠)

* **향욱**(香郁) : 향기 향(香)/왕성할 욱(郁)

* **미순**(味醇) : 맛 미(味)/진할 순(醇)

* **형미**(形美) : 형태 형(形)/아름다울 미(美)

티타임 휴게실

'용정사절(龍井四絕)'이란?

녹차 서호용정(西湖龍井)에는 다른 차에서는 볼 수 없는 매우 독특하면서도 출중한 네 가지의 특징이 있다. 이를 '용정사절(龍井四絕)'이라고 한다.

1) 색록(色綠)*

서호용정은 건조 찻잎의 색택이 다른 녹차에 비해 품질이 훌륭하기로 유명하다. 특히 최고급 품질인 사봉산(獅峰山)에서 생산되는 용정차는 청록색(靑綠色)에 미세한 황색(黃色)이 감돌면서 윤기가 돌고 색택도 균일하다.

2) 향욱(香郁)*

우려낸 서호용정의 찻물에서 우아하면서 은은한 향이 울창하여 매우 오랫동안 지속된다. 고품질의 용정차일수록 그 향의 지속성이 더 좋다. 이 향은 마치 중국 전통 과자류인 **볶은 누에콩, 즉 난화두**(蘭花豆)**의 고소한 향과 비슷하여 '난화두향**(蘭花豆香)**'이라고도 한다.**

3) 미순(味醇)*

서호용정의 자미(滋味)는 난화두의 향을 배경으로 맛이 순하고 섬세하면서 꿀맛처럼 감미로운 것으로 유명하다.

4) 형미(形美)*

서호용정은 그 건조 찻잎의 자태가 매우 아름답다. 찻잎이 편평하면서 끝이 뾰족하고 새싹이 긴 특징이 있어 보는 사람들의 눈을 즐겁게 한다.

◎ 녹차 다예표연 (茶藝表演) 실습

● 차의 종류 : 초청(炒靑) 녹차, 서호용정(西湖龍井)
● 다기 : 유리잔

* 여기서 오른쪽, 왼쪽으로 표현한 방향은 다예사 입장이다.

1 행례 (行禮)(들어갈 행, 예절 예)/입장 (立場) (들어갈 입, 장소 장)

: 인사의 예를 행하다

1 수험번호 "○○○○"와 이름 "○○
○"을 밝히며 인사한다.

2 "이것은 나의 교육 증명서입니다"라
고 말하면서 증명서를 양손으로 공
손히 들어 선생님(감독관)에게 정면으
로 보이도록 한다.

3 "선생님, 사실 확인을 요청합니다"라
고 말하고, 테이블 위에 교육 증명서
를 선생님에게 바로 보이도록 놓는다.

4 오른손을 왼손 위로(남자는 왼손을 오른
손 위로) 양손을 겹쳐서 모은 뒤 예를 갖
추며 뒤로 한 발짝 물러선 뒤 양손을 모
은 상태로 허리를 살짝 굽혀 인사한다.

2 추취차양 ((抽取茶樣) (뽑을 추, 취할 취, 차 차, 견본 양)

: 차의 견본을 제비뽑기로 뽑는다

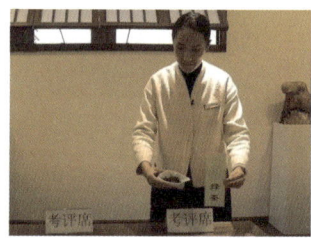

1 "선생님, 제가 차첨(茶籤)(차 제비뽑기)
을 해도 되겠습니까"라고 문의한 뒤
차첨을 진행한다.

2 차첨이 끝났으면 차 표지를 두 손으
로 집어 그곳에 적힌 차의 이름이 선
생님에게 정면으로 보이도록 한다.

3 오른손으로는 해당 차의 건조 찻잎을
담은 차하(茶荷)를, 왼손으로는 차 표
지를 든 채로 "이것은 제가 뽑은 '○
○○○'(예, 서호용정)입니다"라고 말
하면서 차의 이름을 밝힌다.

4 "선생님, 차의 평가를 요청합니다"라
고 말한 뒤, 오른손으로는 해당 차의
건조 찻잎을 담은 차하(茶荷)를, 왼손
으로는 차 표지를 든 채로 앞으로 다
가와서, 선생님들이 잘 보이도록 왼
쪽에서 오른쪽으로 이동하며 건조
찻잎을 보인다.

5 건조 찻잎을 보이고 나면 뒤쪽의 오
른쪽 한 곁으로 물러선 뒤 "선생님,
제가 이같이 진행하는 것을 허락해
주시겠습니까"라고 잠시 여쭙는다.

6 허락이 나면 허리를 살짝 굽혀 인사
를 올리고 다예표연을 위한 다구를
가지러 간다.

3 비구 (備具)(갖출 비, 도구 구)

: 다구 준비

1 다구의 준비에 앞서 테이블에는 다예표연을 위한 차의 표지를 오른쪽에, 건조 찻잎이 담긴 차하는 차반(茶盤)의 왼쪽에 배치해 둔다. 물을 끓이기 위한 전기포트는 테이블 오른쪽에 배치한다.
2 다구가 담긴 쟁반을 조심스레 들고나와 테이블 왼쪽에 놓은 뒤 각 다구들을 사진처럼 배치한다.

4 입점조정세절 (入店調整細節)(들 입, 가게 점, 고를 조, 정돈 정, 세부 세, 절차 절)

: 다구 배치 확인하기

1 구용(九容)(28쪽 참조)에 맞게 의자에 앉는다. 이때 상체는 곧게 펴고 머리도 세운다.

2 다구가 잘 배치되었는지 확인한 뒤 오른손을 왼손 위로 겹쳐 모으고 허리 쪽으로 붙인 뒤 의자 곁으로 일어서서 허리를 굽혀 인사를 올린다. 이때 시선은 약간 아래쪽으로 향한다.

3-① "선생님, 안녕하십니까"라고 공손히 인사말을 한다.

3-② "저는 수험번호 'ㅇㅇㅇㅇ'인 응시생 'ㅇㅇㅇ'입니다"라고 자신을 소개한다.

3-③ "다구의 준비가 완료되었습니다"라고 말을 올린다.

3-④ "현재 'ㅇㅇㅇㅇ'(우릴 차) 충포(沖泡)의 허락을 요청합니다"

4 허락이 나면 의자에 다소곳이 앉은 뒤 양손을 겹쳐서 테이블 위에 놓는다.

5 다구의 소개

1 테이블 위에 놓인 다예표연에 사용할 다구에 대하여 구두로 소개해야 한다. 여기서는 하나의 예시로서 유리잔에 대해 소개하였지만, 개완 등 다른 다구를 사용할 경우에는 그 다기의 특성에 대하여 소개해야 한다.

● 예시 : 유리잔
'ㅇㅇㅇㅇ'(우릴 차)에 적합한 다기인 유리잔입니다. 유리잔은 재질이 맑고 투명하여 찻잎의 움직임과 차탕의 색상을 충분히 감상할 수 있습니다.

6 온배결구 (溫杯潔具)(따뜻할 온, 잔 배, 깨끗할 결, 다구 구)

: 뜨거운 물로 유리잔을 데우면서 깨끗이 세척하기
다구에 대한 설명이 모두 끝나면 다예표연을 위한 다음의 순서대로 절차에 들어간다.

1 주전자의 손잡이를 오른손으로 쥐고 왼손으로는 뚜껑을 쥔 채로 왼쪽 유리잔부터 뜨거운 물을 유리잔의 3할 정도 붓고 예열한다.

2 두 유리잔에 뜨거운 물을 모두 부은 뒤 주전자를 차반 오른쪽 테이블 위에 조심스레 내려놓는다.

3 유리잔을 양손으로 쥐고 차건에 잠시 놓고 바닥에 물기를 제거한다.

4 유리잔을 양손으로 쥐고 시계방향으로 3회 정도 돌리면서 유리잔을 골고루 예열한다.

5 오른손으로 유리잔을 바닥을 쥐고 뒤집어 차반에 물을 쏟아 버리고 유리잔을 차반에 올려놓는다.

6 오른쪽 유리잔도 왼쪽 유리잔과 동일한 과정을 통해 예열한 뒤 차반에 올려놓는다.

7 상차 (賞茶)(감상할 상, 차 차)

: 차의 소개 및 평가 신청하기

1 오른쪽에 놓인 건조 찻잎이 든 차하를 수평으로 들어 옮겨서 몸 앞쪽의 차건 위에 살며시 놓는다.

2 차하를 수평으로 가슴 높이로 든 뒤 "제가 우려야 할 찻잎은 녹차 서호용정입니다. 선생님, 상차를 요청합니다"라고 구두로 차를 소개한다.

3 양손으로 쥔 차하를 살짝 앞쪽으로 비스듬히 눕혀 선생님들에게 건조 찻잎이 잘 보이도록 왼쪽부터 오른쪽으로 움직이며 보인다.

4 이때 선생님에게 건조 찻잎의 색상, 조색 등의 특징이 잘 보이도록 한다.

● 예시 : 서호용정(西湖龍井)
서호용정의 산지는 절강성 항주시 사봉산(狮峰山) 일대가 가장 유명합니다. 초청녹차(炒青綠茶)로서 외형은 편평하고 곧으면서 못인 완정(碗釘)의 모양 비슷하고, 색택은 짙은 녹색을 띠 취록형입니다.

5 양손으로 차하를 수평으로 가슴 높이 든 채로 자신이 우릴 차의 특성에 대하여 구두로 설명해야 한다.

6 다시 차하를 차건 위로 내려놓는다.

8 투차 (投茶)(던질 투, 차 차)

: 차하에 담긴 찻잎을 유리잔에 넣기

1 왼손으로 차통에서 차시(茶匙)를 꺼내 오른손으로 옮겨 쥔다. 차하를 왼손으로 쥐고 유리잔 입구로 가져간다.

2 왼손에 든 차하에서 건조 찻잎을 차시로 조심스레 2~3회에 걸쳐 쓸어내리듯하여 왼쪽 유리잔부터 넣는다.

3 오른쪽 유리잔에도 마찬가지로 건조 찻잎을 2~3회 쓸어내리듯이 붓는다. (* 주의 : 양쪽 유리잔에 찻잎을 고르게 넣는다.)

4 빈 차하는 제자리에 다시 놓고, 오른손에 있던 차시를 왼손으로 옮긴 후 차통에 넣는다.

9 충포 (沖泡)(부딪칠 충, 물에 담글 포)

: 서호용정의 녹차를 '하투법(下投法)*'으로 우리기

* **하투법**(下投法) : 하투법은 찻잔에 찻잎을 넣고, 소량의 더운물을 찻잎이 잠길 만큼 부은 뒤, 찻잔을 돌려서 찻잎을 적신다. 이어 찻잎이 펼쳐지면 다시 찻잔의 7할까지 물을 부어 우리는 방식이다

1 주전자를 양손으로 들어 뜨거운 물을 왼쪽부터 각 유리잔에 3할 정도 붓는다.

2 각 유리잔을 비스듬히 뉘어 시계방향으로 천천히 돌리면서 찻잎을 적신다.

3 주전자를 높이 치들어 왼쪽 유리잔에 물을 내리붓고 다시 낮게 붓기를 세 번 반복하는 '봉황삼점두(鳳凰三點頭)*' 방식으로 유리잔의 7할까지 따른다.

4 주전자를 제자리에 놓고 양손을 모아서 차건 위에 살며시 놓는다.

---

* **봉황삼점두**(鳳凰三點頭)(봉황 봉, 봉황 황, 셋 삼, 점 점, 머리 두)
  녹차를 우릴 때는 '물을 높게 부어야' 한다. 즉 주전자를 높이 들어 유리잔에 물을 내리붓고 다시 낮게 붓기를 세 번 반복하는데, 마치 봉황이 손님에게 머리를 조아리며 세 번 인사를 하는 듯하다. 이러한 모습을 표현한 것이 바로 '봉황삼점두(鳳凰三點頭)'이다. 손님에게 세 번 허리를 굽혀 절을 함으로써 환영을 표하고, 손님과 차에 대해 경의를 표한다는 의미가 있다

10 경차 (敬茶)(공경할 경, 차 차)

: 우린 차로 선생님에게 공경의 뜻을 표하는 작업

1 양손으로 유리잔을 쥐고 몸쪽 차건 위에 잠시 내려놓는다.

2 양손으로 유리잔을 가지런히 쥐고 눈 높이까지 수평으로 들어 올린다.

3 상체를 굽혀 인사를 1회 올린다.

4 인사를 마치면 유리잔을 수직으로 차건 위로 잠시 내려놓는다.

5 나무 쟁반 한쪽에 심사위원들에게 **봉차**(奉茶)를 하기 위하여 유리잔을 가지런히 놓는다.

6 남아 있는 유리잔은 나의 시음을 위한 품명(品茗)을 위해 테이블 오른쪽 위에 올려놓는다.

11 봉차 (奉茶)(바칠 봉, 차 차)

: 선생님에게 우린 차를 올리는 과정

1 오른손을 왼손 위로 포갠 채 양손을 배꼽 높이로 모으고 일어서 유리잔이 놓은 쟁반을 양손으로 들어 심사위원들쪽으로 가서 봉차한다.

2 봉차 후 왼손 위로 오른손을 포갠 채 본래의 자리에 앉는다.

12 품명 (品茗)(품평할 품, 차 싹 명)

: 우린 차의 품질을 시음하는 과정

1 유리잔을 양손으로 들어 잠시 차건 위에 내려놓는다.

2 유리잔을 양손으로 쥐고 코끝 가까이 들어올려 향을 깊게 마신다.

3 왼손으로 유리잔을 받치고, 오른손으로 유리잔을 쥔 채로 찻물을 마시면서 맛을 시음한다.

4 찻물을 시음한 뒤 유리잔은 테이블 한 켠에 가지런히 놓는다.

5 오른손을 왼손 위로 포갠 채 가지런히 앉는다. 그리고 차의 향과 자미에 대해 설명한다.

● 예시 : **서호용정**(西湖龍井)
　서호용정은 향이 은은하면서 왕성하여 오래 지속되고, 자미는 신선하고 상쾌하면서 달콤하여 '선상회감(鮮爽回甘)'이 있습니다.

13 수구 (收具)(정리할 수, 다구 구)

: 다구 정리하기

1 나무 쟁반을 수평으로 허리 높이까지 든 뒤 선생님에게 "선생님, 다구를 수거해도 되겠습니까"라고 문의한다. 승낙하면 심사용 유리잔을 나무 쟁반에 올려놓고 양손으로 든 채 한 걸음 물러나 인사를 가볍게 올리고 퇴장한다.

2 나무 쟁반을 테이블에 놓고 다구들을 나무 쟁반으로 옮겨서 정리한다.

3 차건으로 차반 윗면을 청결하게 닦는다.

4 차첨으로 뽑은 차 표지도 쟁반에 담는다.

---

14 치사이장 (致謝離場)(내줄 치, 사례 사, 떠날 이, 장소 장)

: 마지막 인사의 말과 선생님들에게 감사의 뜻을 전하는 단계

1 다구가 잘 정돈된 모습인지 확인한 뒤 양손을 허리춤에 공손히 모으고 몸을 곧게 세운 자세로 선생님에게 인사말을 한다.

2 자신의 신분을 다시 밝힌다.
예시) "선생님, 안녕하십니까?, ○○○○(수험번호) 응시생 ○○○(이름)입니다."

3 마지막 인사말을 올린다.
예시) "서호용정의 충포를 완료하였습니다. 자리를 떠나도 되겠습니까?"

4 양손을 공손히 허리춤에 붙인 채로 허리를 굽혀 인사를 올린다.

5 양손으로 쟁반을 허리 높이로 수평으로 든 뒤 몸을 세워 선다.

6 퇴장한다.

제 9 장

백차 (白茶)의 다예표연 (茶藝表演)

백차의 산지, 복정시(福鼎市) 점두촌(點頭村)

복정 백림의 옥림노가(玉琳老街)

백아차(白芽茶)인 백호은침의 건조 찻잎

백엽차(白葉茶)인 백모단의 건조 찻잎

🍵 중국 백차 (白茶)의 이해

중국 백차의 기원에 대해서는 확실한 것이 없다. 그러나 그에 대한 기록은 많이 남아 있는 편이다. 약 1000년 전 송나라의 문인인 송자안(宋子安)이 저술한 『동계시차록(東溪試茶錄)』에는 "백차로 추정되는 차를 투차(鬪茶)에 사용했다"는 기록이 있다. 이 당시의 백차는 오늘날 차나무 품종으로 만든 것이 아니다. **오늘날 잘 알려진 백차는 1796년 복건성 지역의 한 차농이 복정백호(福鼎白毫) 품종의 차나무에서 새싹을 따서 은침(銀針)을 만든 것이 시초이다.**

이어 1875년 복건성에서 우연히 싹과 찻잎에 하얀 잔털이 매우 많은 **복정대백차(福鼎大白茶)**, **정화대백차(政和大白茶)** 등의 품종이 발견됨으로써 1885년부터 그 대백차의 연한 새싹으로 '**백호은침(白毫銀針)**'을 생산하기 시작하였다. 그러나 생산량이 너무도 적어 일반 대중들을 위하여 1922년 일아이엽의 연한 끝눈으로 가공하기 시작한 것이 **백모단(白牡丹)**이다. 중국 백차의 대표적인 산지로는 복건성 복정시(福鼎市), 정화현(政和縣), 건양시(建陽市), 송계현(松溪縣) 등이 있다. **대표적인 백차로는 '백호은침(白毫銀針)', '백모단(白牡丹)', '공미(貢眉)' 등이 있다.**

1. 품종과 채엽 기준에 따른 백차의 종류

백차는 제다 과정에 사용되는 차나무의 품종과 찻잎을 따는 기준에 따라 크게 '백아차(白芽茶)'와 '백엽차(白葉茶)'로 나뉜다.

1) '백아차(白芽茶)' *
백아차는 대백차(大白茶)나 백호가 많은 품종의 차나무에서 딴 튼실한 새싹으로 만든 차이다. 대표적인 차로는 백호은침(白毫銀針)이 있다.

2) '백엽차(白葉茶)' *
백엽차는 싹과 잎에 백호가 많은 품종에서 일아이엽(一芽二葉), 삼엽(三葉) 등을 채엽해 만든 차이다. 대표적인 차로는 백모단(白牡丹), 공미(貢眉), 수미(壽眉)가 있다.

2. 백차의 가공 방식

현대 백차 가공 방식의 시초는 청대(清代) 가경제(嘉慶帝, 1760~1820) 시대인 1796년 복건성 북부 복정 지역의 고장에서 초봄에 수확한 찻잎을 며칠간 실외에서 햇빛에 말린 뒤 실내로 들여와 건조 과정을 통해 남아있는 수분들을 제거하여 찻잎이 저장되는 동안 상하지 않도록 한 것이다. 이 당시는 백차의 대표적인 특징인 백호도 없었다고 전해진다. 이는 6대 차의 분류 중에서도 가공 방식이 가장 단순한 차이다. 즉 위조와 건조 과정을 통해 자연의 향미를 최대한 담고 있다. 이러한 백차는 오늘날 차나무의 품종들이 많아지고, 가공 방식도 매우 정교하게 발달하면서 최고급 차로 생산되고 있다.

백차 가공의 핵심 공정인 위조(萎凋)

* **백아차**(白芽茶) : 흰 백(白)/새싹 아(芽)/차, 차나무 차(茶)

* **백엽차**(白葉茶) : 흰 백(白)/잎 엽(葉)/차, 차나무 차(茶)

1) 채엽 (採葉)

백차의 춘차를 채엽하는 시기는 산지와 차나무의 품종에 따라 다르다. **보통 복정시 지역이 정화현보다 이르고, 백호은침이 백모단(白牡丹)이나 공미(貢眉)보다 이르다.** 춘차는 보통 청명(清明) 전후에 채엽하고, 5월 초순까지 채엽할 수 있다. 6월 초순부터 7월 초순까지는 하차(夏茶)를, 7월 하순부터 8월 하순까지는 추차(秋茶)를 채엽한다.

2) 위조 (萎凋)

찻잎의 잎을 시들게 하는 위조는 기후와 날씨에 맞춰 진행하는 '실내(室內) 위조'와 '실외(室外) 위조'의 두 종류가 있다. 백차의 가공 과정이 위조, 건조 과정밖에 없는 점에서 다른 차의 가공에 비하여 맛과 향을 내는 데 차지하는 비중이 높다. **찻잎 내 산화효소(酸化酵素)의 활성을 방해하지 않아 찻잎 본연의 자연적인 향과 신선하고 청량한 맛이 생성된다.**

3) 건조 (乾燥)

찻잎 내의 잔여 수분과 쓴맛과 떫은맛을 없애는 과정이다. 이 과정을 통해 차의 향을 높이고 순수하고 진한 맛을 갖게 한다.

4) 분류 (分類)

중국 정통 방식에서는 손으로 찻잎의 등급을 분류하지만, 오늘날에는 기계로도 분류하고 있다. 이후 포장 작업을 거치면 상품으로서 완성된다.

3. 대표적인 중국 백차

중국에서 백차는 '차중미녀(茶中美女)', '차왕(茶王)'이라고 불리던 차이다. **열을 내리는 작용이 있어 민간에서는 해열제로 대용해 왔다.** 또한 새싹에 난 하얀 잔털인 백호의 향미와 사람의 인위적인 과정이 억제되고 자연 기후에 최대한 영향을 받아 생산되는 만큼 그 생산량이 적어 가격이 매우 비싸다. 더욱이 최근에는 **백차도 오랫동안 숙성시킨 '진차(陳茶)'가 유행하고 있다.** 여기서는 백차에서도 최고의 품질을 자랑하는 백호은침을 비롯하여 백모단, 공미 등에 대하여 간략히 소개한다.

1) 백호은침 (白毫銀針)*

백호은침(白毫銀針)은 백차 중에서 최상품에 속하는 것으로 주로 복정시와 정화현에서 생산된다. 최상급 백호은침은 바늘처럼 곧고 튼실하고 백호가 많은데, 은빛을 띠는 새싹만 사용하여 만들기 때문이다. 따라서 백호가 많을수록 품질이 더 좋다. 백호은침에는 두 종류가 있는데, 복정시에서 '복정대백차(福鼎大白茶)'의 품종으로 생산한 '북로은침(北路銀針)'과 정화현에서 '정화대백차(政和大白茶)'의 품종으로 생산한 '남로은침(南路銀針)'이다.

차이점이 있다면 북로은침은 싹의 백호가 굵고 흰색을 띠며 윤기가 돈다. 찻빛은 옅은 살구빛을 띠고, 맛은 신선하고 청량하다. 남로은침은 외형이 굵고 튼실하며, 싹이 길면서 백호가 약간 가늘다. 맛은 순수하고 농후하면서, 향이 맑고 향기롭다.

2) 백모단 (白牡丹)*

백모단(白牡丹)의 대표적인 원산지는 복건성의 복정시, 정화현, 송계현, 건양시 등이다. 정화대백차, 복정대백차, 수선(水仙) 등의 차나무 품종으로부터 튼실하고 백호가 있는 새싹과 그것을 에워싼 두 찻잎, 즉 '일아이엽(一芽二葉)'을 따서 만든다. 다만 가공 과정은 백호은침과 동일한 위조와 건조의 과정을 거쳐 생산한다. 유럽에서는 '화이트 피오니White Peony'로 더 잘 알려져 있다.

3) 공미 (貢眉)*

공미의 대표적인 원산지는 복건성 남평시(南平市)이며, 그 밖의 건양구, 정화현, 포성현(浦城縣), 건구시(建甌市) 등에서도 생산된다. **공미의 생산**

백호은침(白毫銀針)

* **백호은침**(白毫銀針) : 흰 백(白)/털 호 (毫)/은 은(銀)/바늘 침(針)

* **백모단**(白牡丹) : 흰 백(白)/수컷 모(牡)/ 붉은 단(丹)

백모단(白牡丹)

* **공미**(貢眉) : 바칠 공(貢)/눈썹 미(眉)

공미(貢眉)

량은 백차 총생산량의 절반 이상을 차지할 정도로 많다. 보통 '수미(壽眉)'라고도 한다.

공미는 산지에서 자생하는 채차(菜茶) 품종의 차나무에서 새싹과 잎을 따서 만든다. 이 채차의 새싹과 잎으로 만든 1차 가공차인 모차(毛茶)는 '소백(小白)'이라고 한다. 반면 복정대백차나 정화대백차 품종의 싹과 잎으로 만든 모차는 '대백(大白)'이라고 한다. 일반적으로 소백으로 만든 공미도 고급 차로 평가한다.

* **수미**(壽眉) : 목숨 수(壽)/눈썹 미(眉)

4. 중국 백차를 우리기에 적당한 다구

중국 백차는 유리잔이나 백자 찻잔에 우리는 것이 좋다. 살청이나 유념 과정을 거치지 않아 자연 그대로의 모습을 간직한 찻잎의 움직임을 감상할 수 있기 때문이다. 특히 백차는 하얀 잔털인 백호가 풍부하여 뜨거운 물로 우리면 우아한 모습으로 떠오른다. 이러한 아름다움을 감상하려면 투명한 유리잔이나 백자 찻잔이 적당하다.

백차를 유리잔에 우린 모습

5. 중국 백차를 우리는 적당한 온도

백차는 백호은침의 경우 여린 새싹만으로, 백모단과 공미의 경우 일아이엽으로 만들기 때문에 엽육이 비교적 연질이다. 따라서 **녹차와 마찬가지로 끓는 물이나 고온으로 우리면 안 된다.** 보통 물의 온도는 80도 정도가 적당하다. 찻잎이 여리고 약할수록 물의 온도를 낮게 잡는다. 적당한 온도로 우려내야 백차 고유의 밝고 투명한 연녹색의 찻빛과 신선하고 청량한 맛을 즐길 수 있다.

6. 중국 백차를 우리는 횟수

중국 백차는 유념 과정을 거치지 않아 찻잎에서 유효 성분이 침출되는 시간이 녹차나 다른 차에 비하여 느리다. 적어도 3분 이상이 지나야 향미를 제대로 즐길 수 있다. 이같이 침출 속도가 느리기 때문에 백차는 취향에 따라 녹차보다 우려내는 횟수를 더 늘려도 된다. 또한 백차는 백호가 있어 수면에 떠오르기 때문에 침출의 효율 면에서 잔의 3분의 1 정도로 뜨거운 물을 넣어 어느 정도 우린 뒤 뜨거운 물을 다시 채우는 **중투법**(中投法)으로 우리는 것이 좋다.

◎ 백차 (白茶) 다예표연 (茶藝表演) 실습

- ● **차의 종류** : 백모단(白牧丹)
- ● **다기** : 개완

* 여기서 오른쪽, 왼쪽으로 표현한 방향은 다예사 입장이다.

1 행례 (行禮)(들어갈 행, 예절 예)/입장 (立場) (들어갈 입, 장소 장)

: 인사의 예를 행하다

1 수험번호 "○○○○"와 이름 "○○○"을 밝히며 인사한다.
2 "이것은 나의 교육 증명서입니다"라고 말하면서 증명서를 양손으로 공손히 들어 선생님(감독관)에게 정면으로 보이도록 한다.
3 "선생님, 사실 확인을 요청합니다"라고 말하고, 테이블 위에 교육 증명서를 선생님에게 바로 보이도록 놓는다.
4 오른손을 왼손 위로(남자는 왼손을 오른손 위로) 양손을 겹쳐서 모은 뒤 예를 갖추며 뒤로 한 발짝 물러선 뒤 양손을 모은 상태로 허리를 살짝 굽혀 인사한다.

2 추취차양 (抽取茶樣) (뽑을 추, 취할 취, 차 차, 견본 양)

: 차의 견본을 제비뽑기로 뽑는다

1 "선생님, 제가 차첨(茶籤)(차 제비뽑기)을 해도 되겠습니까"라고 문의한다.
2 차첨을 진행한 뒤에 차 표지를 두 손으로 집어 그곳에 적힌 차의 이름이 선생님에게 정면으로 보이도록 한다.
3 오른손으로는 해당 차의 건조 찻잎을 담은 차하(茶荷)를, 왼손으로는 차 표지를 든 채로 "이것은 제가 뽑은 '○○○○'(예, 백모단)입니다"라고 말하면서 차의 이름을 밝힌다.
4 "선생님, 차의 평가를 요청합니다"라고 말한 뒤, 오른손으로는 해당 차의 건조 찻잎을 담은 차하(茶荷)를, 왼손으로는 차 표지를 든 채로 앞으로 다가와서, 선생님들이 잘 보이도록 왼쪽에서 오른쪽으로 이동하며 건조 찻잎을 보인다.
5 건조 찻잎을 보이고 나면 뒤쪽의 오른쪽 한 곁으로 물러선 뒤 "선생님, 제가 이와 같이 진행하는 것을 허락해 주시겠습니까"라고 잠시 여쭙는다.
6 허락이 나면 허리를 살짝 굽혀 인사를 올리고 다예표연을 위한 다구를 가지러 간다.

3 비구 (備具)(갖출 비, 도구 구)

: 다구 준비

1 "다구의 준비에 앞서 테이블에는 다예표연을 위한 차의 표지를 오른쪽에, 건조 찻잎이 담긴 차하는 차반(茶盤)의 왼쪽에 배치해 둔다. 물을 끓이기 위한 전기포트는 테이블 오른쪽에 배치한다.
2 다구가 담긴 쟁반을 조심스레 들고나와 테이블 왼쪽에 놓은 뒤 각 다구들을 다음의 순서대로 배치한다.
  ❶ 쟁반에 놓인 개완(蓋碗)을 양손으로 들어 차반(茶盤) 위의 오른쪽에 놓는다.
  ❷ 쟁반에 놓인 차협(茶夾)으로 품명배(品茗杯)를 집어 하나씩 오른쪽에서부터 왼쪽으로 적당한 간격으로 테이블에 배치한다.
  ❸ 쟁반에 놓인 차도육용(茶道六用)이 담긴 차통(茶筒)을 테이블에서 품명배 왼쪽에 놓는다.
  ❹ 쟁반에 놓인 공도배(公道杯)를 개완 왼쪽의 차반에 놓는다.
  ❺ 쟁반에 놓인 차건(茶巾)을 몸쪽 가까운 곳에 차반 밑에 놓는다.
  ❻ 쟁반에 놓인 품명배의 잔 받침인 배탁(杯托)을 차하 뒤쪽에 놓는다.

4 입점조정세절 (入店調整細節)(들 입, 가게 점, 고를 조, 정돈 정, 세부 세, 절차 절)

: 다구 배치 확인하기

1 구용(九容)(28쪽 참조)에 맞게 의자에 앉는다. 이때 상체는 곧게 펴고 머리도 세운다.
2 다구가 잘 배치되었는지 확인한 뒤 오른손을 왼손 위로 겹쳐 모으고 허리 쪽으로 붙인 뒤 의자 곁으로 일어서서 허리를 굽혀 인사를 올린다. 이때 시선은 약간 아래쪽으로 향한다.
3 인사를 마치면 양손을 공손히 모은 채로 서서 반드시 다음의 절차를 진행해야 한다.
 ❶ "선생님, 안녕하십니까"라고 공손히 인사말을 한다.
 ❷ "저는 수험번호 'ㅇㅇㅇㅇ'인 응시생 'ㅇㅇㅇ'입니다"라고 자신을 소개한다.
 ❸ "다구의 준비가 완료되었습니다"라고 말을 올린다.
 ❹ "지금 'ㅇㅇㅇ'(우릴 차: 백모단) 충포(沖泡)의 허락을 요청합니다"
4 허락이 나면 의자에 다소곳이 앉은 뒤 양손을 겹쳐서 테이블 위에 놓는다.

5 다구의 소개

1 테이블 위에 놓인 다예표연에 사용할 다구에 대하여 구두로 소개해야 한다. 여기서는 하나의 예시로서 개완에 대해 소개하였지만, 다른 다구를 사용할 경우에는 그 다기의 특성에 대하여 소개해야 한다.

● 예시 : 개완
 'ㅇㅇㅇㅇ'(우릴 차: 백모단)에 적합한 다기인 자기 재질의 개완(우리는 다기)입니다. 자기 재질의 개완은 질감이 섬세하고 매끄러우면서 밝고 깨끗하여 차탕의 아름다움을 충분히 살릴 수 있습니다. 개완은 흔히 '삼재배(三才杯)'라고도 합니다. 뚜껑(蓋)은 하늘(天), 탁(托)(잔 받침)은 땅(地), 완(碗)은 사람(人)으로 비유하기 때문입니다. 이는 하늘과 땅을 사이 두고 사람을 길러 내는 것이 천지인(天地人)이 화합하는 통일적인 도리임을 가리킵니다.

6 온배결구 (溫杯洁具)(따뜻할 온, 잔 배, 깨끗할 결, 다구 구)

: 뜨거운 물로 개완을 데우면서 깨끗이 세척하기
 다구에 대한 설명이 모두 끝나면 다예표연을 위한 다음의 순서대로 절차에 들어간다.

1 뚜껑을 약간 비켜서 뒤집힌 상태로 준비된 개완에 주전자의 뜨거운 물을 위로 붓고 개완을 예열한다.

2 왼손으로 차침을 꺼내 오른손에 옮긴 후 차침(茶針)으로 뚜껑을 살짝 한 쪽을 내리누르고 왼손으로 뚜껑을 받쳐서 뒤집는다. 이때 뜨거운 열기가 나갈 수 있도록 뚜껑을 약간 비스듬히 놓는다.

3 차침을 차통에 넣는다. 참고로 차통에 넣어 두는 차도육용은 매번 사용한 뒤 차통에 넣는다.

4 개완이 어느 정도 데워지면, 오른손의 검지로 뚜껑의 꼭지를 누르고 나머지 손가락은 완(碗)을 감싸듯이 쥐고 팽이 돌리듯이 반시계 방향으로 돌린다.

5 개완 내부의 물을 공도배에 붓는다.

6 다 붓고 나면 개완 받침에 올려놓는다.

7 분온배수 (分溫杯水)(나눌 분, 따뜻할 온, 잔 배, 물 수)

: 품명배를 골고루 예열하는 과정

1 공도배에 담긴 뜨거운 물을 왼손으로 쥐고 오른쪽에서 왼쪽 순서로 품명배에 고르게 분배해 붓는다.

2 남은 물은 차반에 쏟는다.

3 공도배는 차반의 본래 위치에 놓는다.

4 차협을 오른손에 쥐고 왼쪽 품명배를 집어 반시계 방향으로 2~3회 돌린 뒤 예열한다.

5 품명배에 든 물을 차반에 쏟고 제자리에 놓는다. 남이 있는 3잔 모두 동일하게 반복한다.

6 오른손의 차협을 왼손으로 옮긴 후 차통에 넣는다.

---

8 상차 (賞茶)(감상할 상, 차 차)

: 차의 소개 및 평가 신청하기

1 개완의 뚜껑을 열고 개완 받침에 걸쳐 놓는다.

2 건조 찻잎이 든 차하를 양손으로 쥐고 수평으로 들어서 코로 가져가 향을 맡고 건조 찻잎의 색상 등 품질을 눈으로 확인한다. 상체는 곧게 유지하고, 찻잎을 확인한 뒤에 양손으로 차하를 든 상태로 "제가 우려야 할 찻잎은 백차 백모단입니다. 선생님, 상차를 요청합니다"라고 말을 올린다.

3 양손에 쥔 차하를 약간 비스듬히 앞쪽으로 눕혀 왼쪽에서 오른쪽으로 움직이면서 보여 준다.

4 이때 건조 찻잎의 색상과 조색이 선생님들이 잘 보이도록 한다.

5 양손으로 차하를 수평으로 가슴 높이 든 채로 자신이 우릴 차의 특성에 대하여 구두로 설명해야 한다.

● 예시 : 백모단(白牧丹)
백모단의 산지는 복건성(福建省) 진하(鎭河), 건양(建陽) 등입니다. 외형은 살청과 유념(揉捻) 과정을 거치지 않아 건조 찻잎의 색택(色澤)이 백호(白毫)로 인해 회록색(灰綠色)입니다.

6 차하를 몸쪽의 제자리인 차건 위로 내려놓는다.

9 투차 (投茶)(던질 투, 차 차) : 차하에 담긴 찻잎을 개완에 넣기

1 왼손으로 차통에서 차시(茶匙)를 꺼내 오른손에 쥔다.

2 왼손에 든 차하에서 건조 찻잎을 차시로 조심스레 2~3회에 걸쳐 쓸어내리듯이 하여 개완에 넣는다.

3 오른속에 있던 차시를 왼손으로 옮긴 후 차통에 넣는다.

4 빈 차하는 테이블 한켠의 제자리에 다시 놓는다.

---

10 괄말윤차 (刮沫潤茶)(긁을 괄, 거품 말, 물에 불릴 윤, 차 차) : 찻잎이 잘 우러나도록 하고, 이물질을 제거하는 작업

1 양손으로 주전자를 쥐고 개완에 뜨거운 물을 반시계 방향으로 3회 정도 돌리면서 붓는다.

2 주전자를 제자리에 내려놓는다.

---

11 출윤차수 (出潤茶水)(나갈 출, 물에 불릴 윤, 차 차, 물 수) : 개완에 윤차한 찻물을 차반에 붓는다

1 오른손으로 개완 뚜껑을 쥐고 바깥으로 휘감듯이 우아하게 움직여 비스듬히 덮는다.

2 개완을 몸쪽 차건에 잠시 놓는다.

3 오른손 검지로 뚜껑을 누르고, 중지, 약지, 소지로 개완을 휘감아 쥔 채 윤차한 물을 차반에 쏟는다.
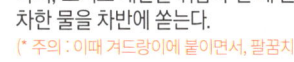
(* 주의 : 이때 겨드랑이에 붙이면서, 팔꿈치가 들리지 않게 한다.)

4 윤차한 물을 완전히 쏟은 뒤 차건에 잠시 놓았다고 개완 받침에 개완을 놓는다.

---

12 충포 (沖泡)(부딪칠 충, 물에 담글 포) : 뜨거운 물로 찻잎 우리기

1 오른손으로 개완 뚜껑을 우아하게 돌리면서 개완 받침에 걸쳐 놓는다.

2 양손으로 주전자를 높이 들어 붓고 낮게 붓기를 3회 반복하여 붓는다(봉황삼점두).

3 주전자를 제자리에 다시 놓는다.

4 개완의 뚜껑을 우아하게 돌리면서 덮고, 차가 우러나기를 기다린다.

13 출탕 (出湯)(나갈 출, 뜨거운 물 탕) : 찻물을 공도배에 담기

1 오른손으로 개완 뚜껑을 쥐고 찻물 수면의 거품을 걷어 낸다.

2 검지로 뚜껑 꼭지를 누르고 나머지 손가락으로 뚜껑을 감싸 쥐면서 찻물을 공도배에 완전히 따른다.
(* 주의 : 이때 겨드랑이에 붙이면서, 팔꿈치가 들리지 않게 한다.)

3 개완을 제자리에 놓는다.

14 상탕 (賞汤)(감상할 상, 뜨거운 물 탕) : 찻물의 평가

1 공도배의 손잡이를 왼손으로 쥐고, 오른손으로는 검지, 중지, 약지를 붙인 뒤 아래쪽을 살짝 받쳐 눈높이까지 올려 수평으로 들어 탕색을 살핀다. 그리고 우린 찻물의 탕색에 대해 설명한다.

● 예시) 서호용정의 탕색은 벽록명량 (碧綠明亮)입니다.

2 공도배의 손잡이를 잡고 가슴팍까지 내렸다가 멈춘 뒤 왼손으로 쥐고 곧바로 분탕에 들어간다.

15 분탕 (分汤)(나눌 분, 뜨거운 물 탕) : 찻물을 품명배에 골고루 나눠 붓기

1 왼손에 든 공도배의 찻물을 나의 오른쪽에서부터 왼쪽 순서로 품명배에 각각 3분의 2의 높이로 고르게 따른다.

2 찻물을 다 따르고 난 뒤 공도배를 다시 차반의 제자리에 놓는다.

16 경차 (敬茶)(공경할 공, 차 차) : 우린 차로 선생님에게 공경의 뜻을 표하는 과정

1 차반 왼쪽 테이블에 놓인 배탁(杯托)에 양손으로 찻물이 든 제일 왼쪽 품명배를 들어서 놓는다.

2 품명배가 놓은 배탁을 양손으로 공손히 쥐고 눈높이까지 들어올린다.

3 차탁을 수평으로 든 채 상체를 굽혀서 인사를 1회 올린다.

4 인사를 마치면 나무 쟁반 한쪽에 품명배를 가지런히 놓는다.

5 세번째 품명배까지 1~4까지의 과정을 반복한다.

6 마지막 품명배는 내가 마셔야 할 품명을 위해 배탁 위에 올려둔다. 이때 양손으로 받쳐 들고 올리는 인사는 생략한다.

17 봉차 (奉茶)(받들 봉, 차 차) : 선생님에게 우린 차를 올리는 과정

1 오른손을 왼손 위로 포갠 채 양손을 배꼽 높이로 모은 채 일어서 쟁반을 양손으로 들어 봉차를 위해 나간다.
(3잔은 선생님들에게 드린다)

18 품명 (品茗)(품평할 품, 차 싹 명) : 우린 차의 품질을 시음하는 과정

1 오른손을 왼손 위로 포갠 채 공손히 모아서 자리에 앉는다.

2 왼쪽 앞에 놓인 품명배를 오른손으로 쥐고 들어 올려 먼저 향을 맡는다.

3 품명배에 든 찻물을 두 모금 정도 입에 머금는다.

4 입안에서 찻물을 굴리면서 맛과 향을 시음한다.

5 품명배를 배탁에 내려놓는다.

6 양손을 가지런히 모으고 앉아서 차의 향미에 대하여 설명한다.

● 예시 : 백모단(白牧丹)
백모단을 우린 차는 향이 매우 향긋하고, 자미는 선순(鮮醇)합니다.
＊ 선순(鮮醇) : 신선하고 순수하다.

19 수구 (收具)(정리할 수, 다구 구) : 다구 정리하기

1 쟁반을 수평으로 허리 높이까지 든 뒤 선생님에게 "선생님, 다구를 수거해도 되겠습니까"라고 문의한다.
2 허락이 나면 심사 평가를 위해 사용된 테이블 위에서 찻물이 든 유리잔들과 차하, 차통의 순서로 쟁반에 올려놓는다.
3 테이블에 쟁반을 놓고 개완, 차통, 차하를 담는다.
4 차건으로 차반 윗면을 청결하게 닦는다.
5 차첨으로 뽑은 차 표지도 쟁반에 담는다.

20 치사이장 (致謝離場)(내줄 치, 사례 사, 떠날 이, 장소 장) : 마지막 인사말과 선생님에게 감사의 뜻 전하는 과정

1 양손을 허리춤에 공손히 모으고 몸을 곧게 세운 뒤 가볍게 고개를 숙여 인사를 올린다.
2 자신의 신분을 다시 밝힌다.

● 예시) "선생님, 안녕하십니까?" "○○○○(수험번호) 응시생 ○○○(이름)입니다."

3 마지막 인사말을 올린다.

● 예시) "백모단의 충포를 완료하였습니다. 자리를 떠나도 되겠습니까?"

4 양손을 공손히 허리춤에 붙인 채로 허리를 굽혀 인사를 올린다.
5 양손으로 쟁반을 허리 높이로 수평으로 든 뒤 몸을 세워 선다.
6 퇴장한다.

제 10 장

우롱차 (烏龍茶)의 다예 표연 (茶藝表演)

문향배로 향을 맡고 품명배로 맛을 시음 하는 중국 우롱차

* **용단봉병**(龍團鳳餠) : 용 용(龍)/둥글, 경단 단(團)/봉황 봉(鳳)/떡 병(餠)

* **암차**(岩茶) : 바위 암(岩)/차, 차나무 차(茶)

* **엄차**(釅茶) : 진할 엄(釅)/차, 차나무 차(茶)

* **무이차**(武夷茶) : 호반 무(武)/오랑캐 이(夷)/ 차, 차나무 차(茶)

* **우롱**(烏龍) : 검을 오(烏)/용 용(龍)

북원 소용봉단차의 창시자, 채양(蔡襄, 1012~1067)

* **녹엽홍상변**(綠葉紅鑲邊) : 푸를 녹(綠)/ 잎 엽(葉)/붉은 홍(紅)/테두리 상(鑲)/가장 자리 변(邊)

🍵 중국의 우롱차 (烏龍茶)의 이해

우롱차(烏龍茶)는 중국에서 '청차(靑茶)'를 부르는 다른 이름이다. 중국 우롱차는 그 역사가 당나라 말기에서 송나라 초기에 이르는 기간인 오대(五代, 907~960) 시대로까지 거슬러 올라간다. 오늘날 복건성 지역인 당시 민(閩) 나라에는 '북원연고차(北苑研膏茶)'가 있었다.

송나라 태종(太宗)의 태평흥국(太平興國) 2년(977년)에는 기존의 북원연고차를 '용봉차(龍鳳茶)'로 바꾸어 가공하였고, 진종(眞宗, 968~1022) 이후에는 소단차(小團茶)로 가공하였다. 이것이 훗날 널리 명성을 떨친 '용단봉병(龍團鳳餠)*'이 되었다.

이 용단봉병은 가공 과정이 정밀하여 노동력이 많이 들어가 폐단이 심하여 명대 홍무(洪武) 24년(1391년)에 용단(龍團)의 생산을 중단하고 산차(散茶)로 만들었다. 이 산차를 '암차(岩茶)*' 또는 '엄차(釅茶)*'라고 불렀고, 그 가공 방식도 바뀌었다. 용단을 산차로 가공해 햇볕에 쬐이고, 덖고, 건조시키는 과정을 거치면서 찻잎의 색상은 진한 흑색을 띠고, 외형은 물고기(또는 용)의 형태와 비슷하게 되었다. 상인들은 무이차(武夷茶)*의 진귀함을 표하고자 '우롱(烏龍)*'이라 불렀다고 한다. 즉 **중국 우롱차의 기원은 민북우롱차(閩北烏龍茶)였던 셈이다.** 이러한 중국 우롱차는 오늘날 크게 '민북우롱차', '민남우롱차', '광동우롱차', '대만우롱차'로 나뉜다. 여기서는 민북, 민남 지방의 우롱차에 대하여 간략히 소개한다.

1. 우롱차의 가공 과정

우롱차는 부분 산화차로서 가공 과정이 중국 6대 분류의 차 중에서 가장 복잡하다. 산화도가 비산화차인 녹차와 완전 산화차인 홍차에 중간에 해당하여 양쪽 차의 성질을 동시에 모두 갖춤으로서 향미가 훨씬 더 폭넓고 복합적이다. 시장에서는 산화도가 낮아 녹차에 가까운 것을 '그린우롱차 Green Oolong', 산화도가 높아 홍차에 가까운 것을 '블랙우롱차 Black Oolong'라고도 한다. 또한 **다른 차의 가공 과정에서는 볼 수 없는 독특한 절차인 '요청(搖靑)'과 '정치(靜置)'를 포함하는 '주청(做靑)' 과정이 있어 찻잎이 중앙부는 녹색, 가장자리는 붉은색을 띠는 '녹엽홍상변(綠葉紅鑲邊)'이라는 매우 독특한 성질을 띤다.** 우롱차의 가공 과정은 민북, 민남, 광동, 대만 등 지역에 따라서, 그리고 고장 사람들의 식습관, 기호에 따라서 약간씩 다르다. 여기서는 그중 중국 우롱차의 일반적인 가공 과정을 소개한다.

1) 채엽 (採葉)*

우롱차를 만들 찻잎은 성숙한 새싹과 찻잎, 그리고 잎자루도 적당히 있는 일아이엽(一芽二葉)*으로 채취한다. 이러한 상태를 '아엽성숙(芽葉成熟)*'이라고 한다. 이렇게 잎이 완전히 벌어진 것을 채엽한다고 하여 '개면채(開面採)*'라고도 한다. **잎자루가 적당히 있는 것을 채엽하는 이유는 상당량의 방향성 물질과 유효 성분이 함유되어 있기 때문이다.** 이 성분이 우롱차의 향후 가공 과정을 통해서 순수하고 진한 독특한 향미로 발전하는 것이다. 즉 우롱차도 다른 차와 마찬가지로 채엽이 품질에 큰 영향을 준다.

차밭에서 찻잎을 따는 모습

2) 위조 (萎凋)*

찻잎의 수분을 증발시켜 시들게 만드는 과정이다. 우롱차의 위조 과정에는 네 가지의 방식이 있다. **좋은 날씨에 햇볕에 말리는 '쇄청(曬青)', 실내에서 서늘하게 자연 건조시키는 '양청(涼青)', 불의 열기로 적당히, 그리고 서서히 건조시키는 '홍청(紅青)', 기계에 넣어 인위적으로 말리는 '인공 위조(人工萎凋)'이다.** 가장 많이 사용되는 방식은 실내에서 자연 건조하는 '양청(涼青)'이다. 이렇게 찻잎을 시들게 하는 데는 수분을 일정하게 증발시켜 엽육을 부드럽게 하고, 찻잎의 산화 효소를 활성화하여 성분의 변화를 촉진하면서 산화도가 적정 수준에 도달하도록 하기 위함이다.

찻잎의 위조 과정 모습

3) 요청 (搖青)*

위조 과정을 거친 찻잎을 적당히 흔들어서 찻잎끼리 부딪치게 하여 가장자리에 생채기를 내 세포를 파괴하면서 산화 과정을 진행시키는 작업이다. 이때 흔드는 횟수와 방식은 우롱차 장인의 경험과 기술에 의존하는 경우가 많다. 이 과정에서 **찻잎의 중앙부는 녹색을 띠지만, 가장자리는 산화되어 붉은색의 테두리를 보이면서** '녹엽홍상변(綠葉紅鑲邊)'의 독특한 모습을 보이기 시작한다.

4) 주청 (做青)*

요청 작업을 거친 찻잎은 실내의 장소에 일종 기간 늘어놓는다. 이를

* **채엽**(採葉) : 캘 채(採)/잎 엽(葉)

* **일아이엽**(一芽二葉) : 하나 일(一)/새싹 아(芽)/둘 이(二)/잎 엽(葉)

* **아엽성숙**(芽葉成熟) : 새싹 아(芽)/잎 엽(葉)/성숙할 성(成)/익을 숙(熟)

* **개면채**(開面採) : 열 개(開)/모습 면(面)/캘 채(採)

* **위조**(萎凋) : 시들 위(萎)/시들 조(凋)

* **요청**(搖青) : 흔들 요(搖)/푸를 청(青)

* **주청**(做青) : 만들 주(做)/푸를 청(青)

주청 과정을 진행 중인 찻잎 모습

민북우롱차의 대표적인 산지인 무이산(武夷山)

'정치(靜置)*'라고 한다. 이 정치를 통하여 찻잎의 산화 속도가 늦춰지면서 줄기와 잎맥의 수분이 엽육으로 확산되고 잎이 팽창하면서 탄력을 회복한다. 이어 **다시 앞 단계로 돌아가 요청, 정치 작업을 순환 반복하여 적정한 산화도를 유지하여 향미를 형성시킨다.** 이러한 일련의 반복 과정을 '주청(做靑)'이라고 한다. **이 주청 과정에서는 요청으로 생기기 시작한 '녹엽홍상변'이 더욱더 뚜렷하게 된다.**

5) 살청 (殺靑)

주청을 통하여 적당한 산화도에 이르면 산화를 억제하는 '살청(殺靑)' 과정에 들어간다. 살청 과정에는 뜨거운 가마솥에 넣어 덖는 '초청(炒靑)*'과 뜨거운 증기로 찌는 '증청(蒸靑)*'이 있는데, 중국 우롱차의 경우에는 '초청'이 일반적이다.

6) 유념 (揉捻)

유념은 찻잎을 천으로 덮어 힘을 가해 비비고 뭉치는 작업을 반복하여 찻잎 조직을 파괴함으로써 함유 성분이 겉으로 배어 나오도록 한 결과, 뜨거운 물에 우릴 때 향미의 성분이 잘 우러나도록 한다. 그리고 가느다랗고 기다랗거나 둥근 형태로 만들어서 모양을 만드는 성형 기능도 있다.

7) 건조 (乾燥)/홍배 (烘焙)

우롱차의 대표적인 건조 방식은 '홍배(烘焙)'이다. 이 홍배는 앞서 설명한 대로 불의 열기로 서서히 건조하는 방식이다. 찻잎 속의 수분을 최대한으로 낮춰 유통 기간에 발생할지 모를 산화나 변질을 방지하고, 열화학 반응을 일으켜 쓴맛과 떫은맛을 줄이면서 최종 향미를 고정하는 작업이다.

🫖 민북우롱차 (閩北烏龍茶)

민북우롱차는 복건성에서도 민강(閩江) 이북인 민북 지방에서 생산되는 우롱차를 가리키는 이름이다. 무이산맥(武夷山脈)의 무이산(武夷山) 계곡, 암괴, 산간 분지, 단층 분지의 절묘한 자연환경에서 자라는 차나무로부터 생산된 차들은 대부분 암괴의 강한 기운을 받아 향미가 중후하면서 짙어 '농향(濃香)*'에 매우 가까운 '암운후중(岩韵厚重)*', '암골화향(岩骨花香)*'의 특징을 보인다. 이러한 차들을 총칭하여 '무이암차(武夷岩茶)*'라고 한다. 이 무이암차는 민북 지방을 대표하는 우롱차이다.

무이암차의 독특한 향미와 암운(岩韵)을 잘 살리는 일은 가공 과정 중에서도 불의 열기로 찻잎을 서서히 말리는 배화(焙火), 즉 전문 용어로 '홍배(烘焙)'가 중요한 역할을 한다. 보통 암차는 매우 성숙한 찻잎을 사용하기 때문에 체를 흔들어 찻잎에 상처를 주고(요청), 실내에서 일정 시간 두면서 산화를 촉진하는 과정인 '주청(做靑)'을 충분하게 한다. 이때 산화도는 대표적인 민남우롱차인 안계철관음(安溪鐵觀音)보다 더 높다. 그 다음 과정인 홍배는 '약한 불', '중간 불', '강한 불'로 쬐는 세 가지의 방법이 있는데, 불의 세기에 따라서 향미가 미묘하게 갈린다. 이러한 홍배의 불의 세기에 따라서 맛이 미묘하게 달라지기 때문에 민북우롱차의 제다인들은 홍배에 대한 풍부한 경험과 정교한 기술을 갖추고 있다.

찻빛이 아름다운 민북우롱차

민북우롱차를 자사호로 우리는 모습

* 대홍포(大紅袍) : 클 대(大紅袍)/붉을 홍(紅)/도포 포(袍)

1. 대표적인 민북우롱차

암차를 대표하는 민북우롱차로는 중국 동남부에서 최고의 명산인 무이산의 무이수선(武夷水仙)을 비롯해 대홍포(大紅袍), 백계관(白鷄冠), 수금귀(水金龜), 철라한(鐵羅漢), 무이육계(武夷肉桂) 등이 있다. 이중 대홍포(大紅袍)는 암운을 최대한으로 살려 품질이 월등하여 '차왕(茶王)'이라는 별칭도 갖고 있다. 여기서는 민북 지방을 대표하는 암차들을 몇 가지 소개한다.

1) 대홍포 (大紅袍)*
차나무의 품종명이기도 한 대홍포(大紅袍)는 복건성 무이암차 중에서 가장 품질이 우수한 차로 평가된다. 대홍포 품종의 차나무는 무이산 계곡 구룡과(九龍窠)의 기암 절벽에서 자생한다. 이 지역은 일조 시간이 짧고, 반사광이 많으며, 일교차가 크고, 절벽의 정상에서 연중 샘물이 흘러내린다.

현재 대홍포 모수 차나무는 총 6그루가 있다. 모두 관목형이고, 엽질이 비교적 두껍고, 새싹은 약간 붉은색을 띤다. 차나무와 암석에 햇빛이 내리쬐면 암석에서 빛이 반사되어 붉은빛이 더욱더 뚜렷하게 보인다. 오늘날 시장에서 유통되는 대홍포는 모수(母樹)에서 무성번식시킨 차나무에서 생산한 것으로서 그 품질이 모수로부터 만든 차와 거의 동일하다. 대홍포의 가장 큰 특징은 향이 높고 진하며, 난화향(蘭花香)이 오래

대홍포(大紅袍)

복건성 대홍포 모수 6그루

지속되고, '**암운(岩韵)**'이 뚜렷하다는 점이다. 대홍포는 특히 내포성이 강해 예닐곱 번을 우려내도 그 향이 여전하다. 대홍포는 작은 차호와 작은 차배를 사용해 '공부차(工夫茶)'의 방식으로 우려내야 암차 최고의 암운을 음미할 수 있다.

2) 무이육계 (武夷肉桂)*

무이육계(武夷肉桂)는 향과 맛이 계피향과 비슷해 보통 '육계(肉桂)'라고 한다. 육계는 계수나무의 목피를 한방에서 이르는 말이다. **무이육계는 무이암차 명총(名叢)(유명한 차나무) 중 하나로, 암차 특유의 암운이 있으며, 회미(뒷맛)가 깊고 오랫동안 지속된다.** 무이육계는 맵고 예리하게 지속되는 특유의 향으로 인해 사람들에게 더욱 선호된다. **계피향이 뚜렷하고, 오랫동안 우려내도 향이 변함이 없고, 6~7회 우려내도 암운의 육계향이 여전하여 품질이 높다.**

3) 철라한 (鐵羅漢)*

철라한(鐵羅漢) 품종의 차나무는 무이산 혜원암(慧苑岩)의 귀동(鬼洞)에 자생하는 천년고목으로 매우 진귀하다. **이 품종의 차나무는 현재 오직 4그루만 존재하는데, 암반에서 흘러나온 샘물로 성장하고 있으며, 수령이 1000년에 달한다. 무이암차 중에서 최초의 명총인 철라한은 당대(唐代)부터 차나무가 재배되었고, 송대에는 황실의 공차(貢茶)로 지정되었다.**

원대(元代)에는 황실에 공납할 철라한을 채엽 및 생산하였고, 명대(明代) 말기에서 청대(淸代) 초기에는 '우롱철라한(烏龍鐵羅漢)'이 창제되었다. 철라한은 매년 5월 중순에 채엽을 시작하고, 이엽(二葉)이나 삼엽(三葉)을 위주로 수확한다. **색상은 녹색에 붉은빛이 돌고, 맛은 청아하며, 향은 매우 순수하면서 입안을 감돈다.**

4) 무이수선 (武夷水仙)*

무이수선(武夷水仙)은 약 100년 전에 복건성 북부인 건양현(建陽縣) 수길향(水吉鄕) 대호촌(大湖村) 일대에서 생산되었지만, 현재는 주로 남평시(南平市)의 건구(建甌)와 건양(建陽) 지역에서 생산된다. 산천의 정기를 받아 차의 속성이 깊고 아름다우며 품질이 탁월하다. **향미의 감미로움과 신선함이 선명하고, 매끄럽고 청량하다. 그 향미는 입안에서 상당히 오랫동안 유지된다.** 현재 무이수선의 생산량은 민북우롱차 전체 생산량의 60~70%를 차지한다.

무이육계(武夷肉桂)

* **무이육계**(武夷肉桂) : 호반 무(武)/오랑캐 이(夷)/고기 육(肉)/계수나무 계(桂)

철라한(鐵羅漢)

* **철라한**(鐵羅漢) : 쇠 철(鐵)/그물 라(羅)/한나라 한(漢)

무이수선(武夷水仙)

* **무이수선**(武夷水仙) : 호반 무(武)/오랑캐 이(夷)/물 수(水)/신선 선(仙)

🫖 민남우롱차(閩南烏龍茶)

안계철관음(安溪鐵觀音)

* 안계철관음(安溪鐵觀音) : 편안할 안(安)/
시내 계(溪)/쇠 철(鐵)/볼 관(觀)/소리 음(音)

민북우롱차를 대표하는 차가 '무이암차(武夷岩茶)**'라면, 민남우롱차를
대표하는 차는 '안계철관음**(安溪鐵觀音)**'을 들 수 있다.** 철관음은 상품
차의 이름이기도 하지만, 동시에 차나무의 품종명이다. 재배인들 사이
에서는 순수 품종인 철관음을 다른 품종과 구분하기 위하여 '홍심철
관음(紅心鐵觀音)', '홍심왜미도(紅心歪尾桃)'라고도 한다.

　민남우롱차의 대표적인 산지는 차인에게도 잘 알려진 안계현(安溪縣)
이다. 이 안계현은 차의 산지에서 다시 '내안계(內安溪)'와 '외안계(外安溪)'
로 구분된다. 이중 **내안계의 고지대인 감덕진**(感德鎭), **상화향**(祥華鄉) **등
의 지역에서 생산된 철관음이 특히 품질이 좋다.** 그런데 철관음 품종은
중국 내에서 안계현 외에 다른 지역과 대만에서도 재배되고 있어 인식
의 구분을 위하여 산지명을 붙여 **'안계철관음**(安溪鐵觀音)**'이라고 한다.**

　한편, 민남 지방에서는 철관음 우롱차를 매우 다양한 품종의 차나무
로 생산한다. 그러한 품종으로는 철관음 순수 품종인 홍심철관음, 황
금계(黃金桂), 본산(本山), 모해(毛蟹) 등이 있다.

1. 대표적인 민남우롱차

대표적인 민남우롱차로는 안계현의 안계철관음(鐵觀音), **황금계**(黃金桂),
본산(本山), **모해**(毛蟹), **영춘불수**(永春佛手) **등이 있다.** 이중에서도 순수
품종인 홍심철관음으로 만든 안계철관음을 최고로 친다. 여기서는 안
계철관음을 비롯해 민남우롱차 몇 가지를 소개한다.

1) 안계철관음 (安溪鐵觀音)*
안계철관음의 정통 원산지는 복건성 민강 이남의 차의 고장 안계현(安
溪縣)에서 생산된다. 안계현은 당나라 시대부터 차를 생산하기 시작했

안계철관음(安溪鐵觀音)

황금계(黃金桂)

* **황금계**(黃金桂) : 누를 황(黃)/쇠 금(金)/
계수나무 계(桂)

영춘불수(永春佛手)

* **영춘불수**(永春佛手) : 길 영(永)/봄 춘
(春)/부처 불(佛)/손 수(手)

고, 명나라 시대에는 차의 생산이 늘었다. 안계철관음은 민남우롱차(閩
南烏龍茶)의 풍격을 대표하여 '차왕(茶王)'이라고도 한다. **고품질의 안계
철관음에서는 천연적으로 진한 난화향이 오래 지속된다. 왜냐하면 철
관음 품종의 차나무가 자생하는 차산**(茶山)**에는 난꽃도 함께 자생해 찻
잎이 난꽃의 향을 흡수하기 때문이다.** 차를 우리면 찻빛이 황금색을
띠고, 찻빛이 선명하고 투명하다. **자미는 진하고 감칠맛이 나고 입속에
서는 꿀 맛이 난다.** 또한 일곱 번이나 차를 우려내도 향이 남아 있다는
뜻의 '칠포유여향(七泡有餘香)*'이라는 별칭이 있을 정도로 향이 높고 오
래 지속된다

2) 황금계 (黃金桂)*
복건성의 차 고장 안계현은 황금계(黃金桂)의 정통 원산지이기도 하다.
황금계는 '황금귀(黃金貴)' 또는 '투천향(透天香)'이라고 한다. 본래 복건
성 안계현 호구진(虎邱鎭) 미장촌(美莊村) 조갱(竈坑) 지역의 변두리에서
생산되었다. 이 황금계는 황단(黃旦)(또는 황금계) 품종 차나무의 찻잎으
로 생산된다. **찻빛이 황금색을 띠고 계화와 비슷한 향이 있어 '황금계
(黃金桂)'라고 한다.** 맛을 보기도 전에 향이 먼저 하늘을 찌를 듯할 정도
로 강하다고 하여, '투천향(透天香)'이라고 불리면서 시장에서의 가격도
매우 비싸 '황금귀(黃金貴)'라고 한다.

황단(황금계) 품종은 조생종으로서 싹이 매우 일찍 트기 때문에 찻잎
의 수확이 일찍 시작되어, 시장의 출시도 다른 차에 비해 훨씬 이르다.
건조 찻잎의 외형은 가늘고 길지만 모양과 크기가 균일하다. **색상은 밝
은 황록색을 띤다. 내질**(內質)**은 향이 높고 맛이 진하며, 독특하고도 우
아하다.**

3) 영춘불수 (永春佛手)*
북송 시대부터 생산되기 시작한 영춘불수(永春佛手)의 정통 원산지는
복건성 천주시(泉州市)의 영춘현(永春縣)이다. **찻잎이 불수귤나무의 잎
과 비슷하게 생겼고, 우린 뒤에도 불수귤만의 독특한 향이 퍼져 나오기
때문에 '불수**(佛手)**'라는 이름이 붙었다.** 영춘불수는 혈압을 낮추고 혈
중 지질 농도를 낮춰 주며, 혈관을 이완시키는 효능이 있다. 또한 다이
어트, 갈증 해소, 소화 촉진, 거담 작용, 시력 회복 등의 효능이 있다.

2. 민북/민남 우롱차를 우리기에 적당한 다구

민북 지방 무이암차의 암운에서부터 민남 지방 안계철관음의 난화향에 이르기까지 우롱차는 차마다 향이 미묘하고 복합적이다. 그러한 향을 제대로 즐기려면 차를 우릴 때 향의 유지와 함께 향을 맡는 데 도움이 되는 자사(紫砂)나 백자(白瓷) 다구를 사용하는 것이 좋다. 물론 보다 **전문적으로 향미를 즐기려면 문향배(聞香杯)와 미묘한 맛을 볼 수 있는 품명배(品茗杯)를 사용해야 한다.** 특히 민남우롱차에서 '칠포유여향(七泡有餘香)'이라는 별명이 있을 정도로 향이 높고 오래가는 안계철관음을 시음할 경우에는 품명배보다 더 작은 찻잔인 '향연소배(香櫞小杯)'를 적극 추천한다. 그리고 안계철관음 다예에서 사용되는 차시(茶匙), 차두(茶斗)(차루의 또 다른 이름), 차협(茶夾), 차통(茶通) 등은 대나무로 만든 것을 많이 사용한다.

문향배와 품명배를 사용하여 우리는 것이 좋은 민북, 민남 우롱차

3. 민북/민남 우롱차를 우리는 적당한 온도

민북우롱차는 다른 차와 달리 비교적 성숙한 찻잎인 이엽(二葉), 삼엽(三葉)으로 제다하는 경우가 많다. 따라서 **차를 본격적으로 우리기에 앞서 건조 찻잎을 먼저 풀어 주어 맛과 향이 잘 우러나오도록 뜨거운 물로 윤차(潤茶)를 진행하는 것이 좋다.** 일반적으로 우롱차를 우릴 경우, **첫 번째 우릴 때는 물에 1분 내외로 우린 뒤 차와 찻물을 분리하고, 두 번째 우릴 때는 우리는 시간을 75초로 증가시킨다.** 그 뒤 약 95~100도의 끓는 물로 차를 우린다. 이는 성숙한 찻잎에 내포된 방향성 물질이 잘 우러나오도록 하기 위한 것이다. 물론 이 온도는 차의 종류마다 약간씩 달라질 수 있다.

간단한 간식과 함께 아침에 먹는 광동성의 조차(早茶)

조주시(潮州市)에서 재배하는 봉황단총의 차나무

봉황단총의 건조 찻잎, 탕, 그리고 엽저의 모습

봉황단총 건조 찻잎

🫖 광동우롱차 (廣東烏龍茶)

광동우롱차(廣東烏龍茶)를 대표하는 차 산지로는 조주시(潮州市), 산두시(汕頭市), 매주시(梅州市) 등이 있다. **광동성 지방은 봉황수선(鳳凰水仙) 품종으로부터 '단총차(單叢茶)', '단주차(單株茶)'를 생산하는 곳으로 유명하다.** 단주차(單株茶)는 차나무 한 그루, 즉 '단주(單株)'의 단위로 재배, 채엽, 가공해 포장하고, 가격을 차마다 매겨 판매하기 때문에 그러한 이름이 붙었다. 따라서 단주차들은 각각의 차나무마다 형태와 풍격이 특색이 있으면서 하나의 계열을 이룬다. 또한 **단총차(單叢茶)는 차 이름의 일종으로서 특정 품종에서 선별한 우량 개체의 차나무로부터 생산한 차들을 가리킨다.** 대표적인 것이 '봉황단총(鳳凰單叢)'이다.

1. 대표적인 광동우롱차

광동우롱차를 대표하는 차로는 봉황수선군체(鳳凰水仙群体) 품종 중에서 엄선한 우량 개체의 차나무로부터 생산한 봉황단총(鳳凰單叢)과 영두단총(嶺頭單欉), 석고평우롱(石古坪烏龍) 등이 있다. 이중 **봉황단총과 영두단총은 광동성의 '2대 단총차'로 불린다.**

1) 봉황단총 (鳳凰單叢)*
봉황단총은 같은 차나무 품종이라도 단주(單株)마다 맛과 향이 개별적으로 다르게 나타난다. 특히 **수령이 오래된 단주에서 생산된 봉황단총은 차의 맛이 농후하면서 청아하고 오랫동안 지속되는 가운데 미묘한 변화를 보여 가격이 매우 비싸다.** 조주시 봉황진(鳳凰鎭)의 오동산(烏東山)에는 수령이 약 206년이나 되는 단총차(봉황단총)의 단주가 3000여 그루나 자라며, 가장 오래된 단주인 '송차(宋茶)'는 수령이 약 700여 년에 이른다. 송차로 만든 봉황단총은 가격이 매우 높다.

　　봉황단총에서 품질이 우수한 것은 색상이 밝은 황갈색이다. 봄의 춘차(春茶)와 겨울의 동차(冬茶)가 품질이 가장 좋다. 특히 춘차는 엽저가 연하고 가늘며 매끄럽고 향도 진하여 가장 좋다. 하차와 추차는 그보다 품질이 낮다.

2) 봉황단총차를 우리기에 적당한 찻잔
광동성을 대표하는 봉황단총은 난화향(蘭花香)과 밀향(蜜香)이 진하고

미묘하기로 유명하다. 따라서 향을 제대로 즐기기 위해서는 민남우롱 차인 안계철관음과 마찬가지로 작은 찻잔에 조금씩 세밀하게 마신다. 이렇게 향을 제대로 즐기기 위하여 작은 찻잔에 조금씩 마시는 음다 방식을 광동성에서는 '**철차**(啜茶)'라고 한다. 물론 광동성의 공부차 방식으로 문향배나 품명배를 사용하면 그 미묘한 향미를 더욱더 잘 감상할 수 있다.

봉황단총을 우려내 작은 찻잔에 담은 모습

3) 봉황단총차를 우리는 적당한 온도

봉황단총차는 특히 향을 중요시하면서 그 회미(뒷맛)가 미묘하여 적당한 온도로 우려야 한다. 유효 성분보다 어쩌면 그 향미를 즐기는 차라고 할 수 있다. 그런데 **너무 뜨거운 물로 우리면 찻잎의 미묘한 맛을 제대로 느낄 수 없기 때문에** 약 70도의 물이 적당하다.

4) 영두단총 (嶺頭單叢)*

광동성의 2대 단총차는 영두단총이다. 원산지는 광동성 요평현(饒平縣) 부빈진(浮濱鎭) 영두촌(嶺頭村)의 해발고도 1032m인 쌍계낭산(雙髻娘山)이다. 1961년 영두촌 사람들이 야생 수선 품종의 차나무에서 우량 개체를 선별하여 육종한 뒤 중국 전역의 성, 시, 현으로 보급하였다. 1981년 광동성 차나무품종회에서 단독 품종으로 지정된 뒤 1988년 광동성 작물품종승인위원회에서 차나무로 공식 승인하였다. 그 뒤 국가농업부에서 지금의 '영두단총(嶺頭單叢)'으로 공식 명명하고 인증서를 발급하여 2001년까지 전국 차나무 개량 품종 시배 작업을 통하여 개량되었다. 2004년에는 전국작물품종승인위원회에서 국가급 우량종 차나무로 공인되었다.

영두단총의 건조 찻잎

* **봉황단총**(鳳凰單叢) : 봉황 봉(鳳)/봉황 황(凰)/홀 단(單)/떨기 총(叢)

* **영두단총**(嶺頭單欉) : 고개 영(嶺)/머리 두(頭)/홀 단(單)/떨기 총(叢)

* **밀운**(蜜韵) : 꿀 밀(蜜)/운치 운(韵)

5) 영두단총의 품질

영두단총의 찻잎은 품질이 안정적이다. 건조 찻잎의 조색은 긴결하고 튼실하다. 색택은 '황갈유윤(黃褐油潤)'이다. **향은 화밀향**(花蜜香)**이 높고 예리하면서 오랫동안 지속되고, 자미는 농순**(濃醇)**하고 달콤하면서 상쾌하다. 회감이 대단히 강하면서 독특하여 '미화농밀**(微花濃蜜)**'의 특징이 있다.** 이를 속칭 '밀운(蜜韵)*'이라고 한다. 탕색은 등황색으로 밝고 맑으며, 엽저는 황록색인데, 일부 붉은색을 보인다. 오늘날 영두단총은 〈영두단총차종합표준〉의 엄격한 규정에 따라 생산, 가공되고 있어 품질이 매우 높다.

* **동정우롱**(凍頂烏龍) : 얼음 동(凍)/꼭대기 정(頂)/검을 오(烏)/용 용(龍)

* **동방미인**(東方美人) : 동쪽 동(東)/방위 방(方)/아름다울 미(美)/사람 인(人)

* **백호우롱**(白毫烏龍) : 흰 백(白)/털 호(毫)/검을 오(烏)/용 용(龍)

* **문산포종**(文山包鍾) : 글 문(文)/산 산(山)/감쌀 포(包)/종 종(鍾)

동정우롱차(凍頂烏龍茶)를 우린 모습

대만 고산차의 산지 아리산(阿里山)

동정우롱(凍頂烏龍)를 우린 모습

6) 영두단총 우리기에 적당한 다기

영두단총은 향의 밀운(蜜韵)**이 오래 지속되고 회감이 매우 강하다.** 이 차의 향미를 제대로 즐기려면 뚜껑이 있는 개완이나 자사호를 사용하는 것이 좋다.

7) 영두단총차를 우리는 적당한 온도

영두단총은 물을 100도까지 끓인 뒤 보온통에 보관하여 80도~90도로 낮아졌을 때 사용하는 것이 가장 좋다. 찻잎을 우리는 시간은 찻잎의 품질, 수확기, 품종, 취향에 따라 탄력적으로 약간씩 조절할 수 있다.

🫖 대만 우롱차

1. 대만의 대표적인 산지

대만은 우롱차가 가장 발달한 나라이다. 오래전 복건성의 이주민들이 철관음 품종의 차나무를 들여와 대만에서 재배하면서 오늘날에는 사과, 배 등 과일 향, 꽃 향 등의 우롱차들이 생산되고 있다. **대만 우롱차의 대표적인 산지로는 중부의 남투현**(南投縣)**의 동정산**(凍頂山)**, 삼림계**(杉林溪)**, 대북현**(臺北縣)**의 평림향**(坪林鄉)**, 신죽현**(新竹縣)**, 가의현**(嘉義縣)**의 아리산**(阿里山)**, 대동현**(臺東縣) **등이 있다.** 그곳에서 재배되는 차나무의 품종들로는 청심(青心), 취옥(翠玉), 금훤(金萱), 철관음(鐵觀音) 등이 있다.

2. 대표적인 대만 우롱차

오늘날 대만을 대표하는 우롱차로는 **동정우롱**(凍頂烏龍)**과 '동방미인**(東方美人)**'으로 유명한 백호우롱**(白毫烏龍)**, 금훤**(金萱)**, 아리산고산차**(阿里山高山茶)**, 그리고 문산포종**(文山包鍾) **등이 있다.** 여기서는 시장에서 대만을 대표하는 우롱차 몇 가지들에 대해 간략히 소개한다.

1) 동정우롱 (凍頂烏龍)*
동정우롱은 대만에서도 가장 유명한 우롱차이다. 대만차 중에서 최고라는 뜻으로 '대만차중지성(臺灣茶中之聖)'이라고 한다. 남투현(南投縣) 녹곡향(鹿谷鄉) 봉황산(鳳凰山)의 지맥인 **동정산**(凍頂山)**에서 생산된다. 외형은 단단하고 둥글게 휘말린 반구형이다.** 향이 높고 맛이 진하며,

찻빛은 등황색이다. 품질에 따라 높은 것은 '본산동정우롱(本山凍頂烏龍)', 낮은 것은 '동정우롱(凍頂烏龍)'으로 구분하기도 한다.

2) 백호우롱 (白毫烏龍)/동방미인 (東方美人)*

백호우롱(白毫烏龍)은 약 100년 전 영국 황실에 전해졌을 때, 빅토리아 여왕(Queen Victoria, 1819~1901)이 차의 맛과 찻잎이 우아한 모습을 보고 '동방미인(東方美人)'이라 칭한 우롱차이다. '**팽풍차(膨風茶)**'라고도 한다. 신죽현(新竹縣)과 묘율현(苗栗縣)에서 생산된다. **백호우롱은 어리고 연한 싹과 잎으로 가공하여 아미노산이 풍부하고, 찻물의 맛이 전체적으로 달고 감미로우면서 입안을 촉촉히 해 준다. 고품질의 백호우롱은 천연적으로 잘 익은** 과일 향**과** 벌꿀**과 같은** 단맛이 뚜렷하고**, 입에 머금으면 맑고 달콤하여 향긋한 정취가 입안 가득히 느껴진다.**

3) 문산포종 (文山包種)*

문산포종(文山包種)은 대북시(台北市) 인근 문산(文山)에서 생산되는 포종차이다. **문산포종이 귀한 이유는 입안에서 질감이 감미로우면서 매끄럽고, 찻물의 향은 청아하고 순수하면서 오래 지속되어, 향(香), 농(濃), 순(醇), 운(韻), 미(美)의 다섯 가지 특색을 보이기 때문이다.** 그 풍미가 매우 독특해 이슬이 맺힌 향이라 하여 '노응향(露凝香)*', 안개가 자욱한 봄과 같다 하여 '무응춘(霧凝春)*'으로 칭송된다.

3. 대만 우롱차를 우리기에 적당한 다구

대만 우롱차는 향**이 산뜻하면서 미묘하고 복합적이어서** 향**이 매우 중요시된다.** 따라서 향을 맡는 문향배와 맛을 시음하는 품명배, 그리고 공도배를 다구를 주로 사용한다. 특이한 점은 대만에서는 문향배에 먼저 차를 따르고, 품명배를 그 위로 덮어 준다. 약 15초~30초가 정도 지나면 거꾸로 뒤집어 놓는다. 그리고 문향배를 들어 향을 음미한 뒤 찻물을 공도배에 부어 농도를 고르게 하여 다시 품명배에 나눠 붓는다.

4. 대만 우롱차를 우리는 적당한 온도

대만 우롱차는 보통 이엽(二葉), 삼엽(三葉)을 기본 찻잎으로 수확하여 만들기 때문에 성숙한 찻잎에서 방향성 성분들이 충분히 침출되도록 하려면 약 100도의 끓는 물을 부어 우려야 제대로 향미를 즐길 수 있다.

동정우롱(凍頂烏龍)

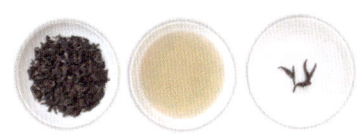

백호우롱(白毫烏龍)/동방미인(東方美人)

문산포종(文山包種)

* **노응향(露凝香)** : 이슬 노(露)/맺힐 응(凝)/향기 향(香)

* **무응춘(霧凝春)** : 안개 무(霧)/맺힐 응(凝)/봄 춘(春)

대만 우롱차, 동방미인(東方美人)을 우린 모습

다예사가 자사호로 동정우롱차(凍頂烏龍茶)를 우리는 모습

🫖 호포(壺泡) 다예

대만 우롱차를 차호로 우리는 호포(壺泡) 다예의 주도 다구로는 자사호(紫砂壺), 문향배(聞香杯), 품명배(品茗杯) 등이 있다.

　자사호(紫砂壺)를 사용할 때는 기공을 막지 않도록 주의하고, 사용한 뒤에는 내부에 습기가 남지 않도록 잘 건조시켜야 한다. 또한 **하나의 자사호에 여러 종류의 차를 우리지 말고, 차의 종류에 따라 특정한 자사호를 사용하는 것이 이상적이다.** 세제나 화학 제품으로 자사호를 세척하면 차의 맛이 씻겨 나가고, 표면의 광택도 사라지므로 절대로 사용하지 않도록 주의한다. 품명배(品茗杯)와 문향배(聞香杯)를 사용할 때는 안전과 위생적인 측면을 고려하여 차협(茶夾)을 사용하여 옮기는 것이 좋다. 여기서는 호포 다예의 필수 다구인 자사호, 품명배, 문향배에 대해 간략히 소개한다.

1. 호포 (壺泡) 다예의 주요 세 다구

1) 자사호 (紫砂壺)

자사호(紫砂壺)

대만 우롱차를 우리는 대표적인 차호(茶壺)로는 자사호(紫砂壺)가 있다. 자사호를 사용하면, 찻잎 본연의 순수하면서도 진한 향미를 느낄 수 있다. 더욱이 자사호는 오래 사용하면 차의 향을 흡수하고, 윤기가 흐르는 광택이 생기며, 그 외관도 더욱 아름다워진다. 그리고 오랫동안 보양한 자사호에는 뜨거운 물만 부어도 찻잎의 향미가 느껴진다고 할 정도이다. 자사호는 이러한 훌륭한 특성으로 인하여 복건성(福建省)과 대만(臺灣)에서는 전통적으로 우롱차를 우릴 때 즐겨 사용하며, 특히 오늘날에는 보이차를 우리는 필수 다구로도 자리를 잡았다.

2) 품명배 (品茗杯)

품명배(品茗杯)

차의 맛을 시음하는 품명배(品茗杯)는 보통 동일한 재질의 문향배(聞香杯)와 한 세트로 사용한다. 좋은 품명배는 '소(少)*, 천(淺)*, 박(薄)*, 백(白)*'의 네 기준에 부합해야 한다.

　(1) 소(少) : 찻물을 한 입에 마실 수 있을 정도의 크기여야 한다.

　(2) 천(淺) : 잔의 바닥에 물이 남지 않아야 한다.

　(3) 박(薄) : 향이 잘 확산될 정도로 얇은 것이어야 한다.

　(4) 백(白) : 탕색(찻빛)이 돋보이도록 깨끗한 색상이어야 한다.

이외에도 손으로 들었을 때 안정감이 있어야 하고, 마실 때 입에 닿는 느낌도 편해야 한다.

3) 문향배 (聞香杯)

문향배는 미묘하고 섬세한 향을 밀도 있게 맡을 수 있는 다구이다. 양손으로 굴리면서 향을 확산시켜 집중적으로 맡는다. 이 문향배는 일반적으로 자기(瓷器) 소재를 사용하는 것이 향을 맡기에 가장 적합하다. 그리고 속이 깊은 원통형이 많다.

문향배(聞香杯)

* **소**(少) : 적을 소(少)

* **천**(淺) : 얕을 천(淺)

* **박**(薄) : 엷을 박(薄)

* **백**(白) : 흰 백(白)

2. 호포 다예에 사용되는 다구들

(1) **자사호**(紫砂壺)

(2) **차도육용**(茶道六用)

(3) **수수포**(隨手泡)(주전자)

(4) **공도배**(公道杯)

(5) **차엽관**(茶葉罐)

(6) **수우**(水盂)

(7) **거름망**

(8) **차하**(茶荷)

(9) **차건**(茶巾)

(10) **차반**(茶盤)

(11) **품명배**(品茗杯)

(12) **문향배**(聞香杯)

(13) **배탁**(杯托)(잔 받침)

◎ 우롱차 다예표연 (茶藝表演) 실습

● **차의 종류 : 철관음**(鐵觀音)
● **다기 : 자사호**

---

* 여기서 오른쪽, 왼쪽으로 표현한 방향은 다예사 입장이다.

1 행례 (行禮)(들어갈 행, 예절 예)/입장 (立場)(들어갈 입, 장소 장)

: 인사의 예를 행하다

1 수험번호 "○○○○"와 이름 "○○○"을 밝히며 인사한다.
2 "이것은 나의 교육 증명서입니다"라고 말하면서 증명서를 양손으로 공손히 들어 선생님(감독관)에게 정면으로 보이도록 한다.
3 "선생님, 사실 확인을 요청합니다"라고 말하고, 테이블 위에 교육 증명서를 선생님에게 바로 보이도록 놓는다.
4 오른손을 왼손 위로(남자는 왼손을 오른손 위로)양손을 겹쳐서 모은 뒤 예를 갖추며 뒤로 한 발짝 물러선 뒤 양손을 모은 상태로 허리를 살짝 굽혀 인사한다.

❤

---

2 추취차양 (抽取茶樣) (뽑을 추, 취할 취, 차 차, 견본 양)

: 차의 견본을 제비뽑기로 뽑는다

1 "선생님, 제가 차첨(茶籤)(차 제비뽑기)을 해도 되겠습니까"라고 문의한다.
2 차첨을 진행한 뒤에 차 표지를 두 손으로 집어 그곳에 적힌 차의 이름이 선생님에게 정면으로 보이도록 한다.
3 오른손으로는 해당 차의 건조 찻잎을 담은 차하(茶荷)를, 왼손으로는 차 표지를 든 채로 "이것은 제가 뽑은 '○○○'(예, 철관음)입니다"라고 말하면서 차의 이름을 밝힌다.
4 "선생님, 차의 평가를 요청합니다"라고 말한 뒤, 오른손으로는 해당 차의 건조 찻잎을 담은 차하(茶荷)를, 왼손으로는 차 표지를 든 채로 앞으로 다가와서, 선생님들이 잘 보이도록 왼쪽에서 오른쪽으로 이동하며 건조 찻잎을 보인다.
5 건조 찻잎을 보이고 나면 뒤쪽의 오른쪽 한 곁으로 물러선다.
6 "선생님, 제가 이와 같이 진행하는 것을 허락해 주시겠습니까"라고 잠시 여쭙는다.
7 허락이 나면 허리를 살짝 굽혀 인사를 올리고 다예표연을 위한 다구를 가지러 간다.

❤

---

3 비구 (備具)(갖출 비, 도구 구)

: 다구 준비

1 "다구의 준비에 앞서 테이블에는 다예표연을 위한 **차의 표지를 오른쪽에**, 건조 찻잎이 담긴 차하는 **차반**(茶盤)**의 왼쪽에 배치해 둔다.** 물을 끓이기 위한 전기포트는 테이블 오른쪽에 배치한다.
2 다구가 담긴 쟁반을 조심스레 들고나와 테이블 왼쪽에 놓은 뒤 각 다구들을 다음의 순서대로 배치한다.
❶ 차도육용(茶道六用)이 담긴 **차통**(茶筒)을 테이블에서 차반(茶盤) **왼쪽에 놓는다.**
❷ 공도배(公道杯)를 양손으로 들어 **차반**(茶盤) **위의 왼쪽 놓는다.**
❸ 오른손으로 자사호(紫砂壺)의 손잡이를 쥐고 들어 차반 위의 오른쪽에 놓는다. **이때 손잡이가 오른쪽을 향하도록 한다.**
❹ 차건(茶巾)을 몸쪽 가까운 곳에 차반 밑에 놓는다.
❺ 품명배의 잔 받침인 배탁(杯托)을 차하(杯托) 뒤쪽에 놓는다.
❻ 차협(茶夾)으로 품명배(品茗杯)(4개)를 집어 나의 오른쪽에서부터 왼쪽으로 하나씩 적당한 간격으로 배치한다. 그리고 같은 열로 각각 앞쪽에 문향배(品茗杯) 4개를 배치한다.
❼ 차협은 차통에 다시 넣는다.

---

4 입점조정세절 (入店調整細節)(들 입, 가게 점, 고를 조, 정돈 정, 세부 세, 절차 절)
: 다구 배치 확인하기

1 구용(九容)(28쪽 참조)에 맞게 의자에 앉는다. 이때 상체는 곧게 펴고 머리를 세운다.
2 다구가 잘 배치되었는지 확인한 뒤 오른손을 왼손 위로 겹쳐 모으고 허리 쪽으로 붙인 뒤 의자 곁으로 일어서서 허리를 굽혀 인사를 올린다. 이때 시선은 약간 아래쪽으로 향한다.
3 인사를 마치면 양손을 공손히 모은 채로 일어서서 반드시 다음의 절차를 진행해야 한다.
　❶ "선생님, 안녕하십니까"라고 공손히 인사말을 한다.
　❷ "저는 수험번호 'ㅇㅇㅇㅇ'인 응시생 'ㅇㅇㅇ'입니다"라고 자신을 소개한다.
　❸ "다구의 준비가 완료되었습니다"라고 말을 올린다.
　❹ "현재 'ㅇㅇㅇㅇ'(예 철관음) 충포(沖泡)의 허락을 요청합니다."
4 허락이 나면 의자에 다소곳이 앉은 뒤 양손을 겹쳐서 테이블 위에 놓는다.

5 다구의 소개

1 테이블 위에 놓인 다예표연에 사용할 다구에 대하여 구두로 소개해야 한다. 여기서는 하나의 예시로서 자사호(紫砂壺)에 대해 소개하였지만, 다른 다구를 사용할 경우에는 그 다기의 특성에 대하여 소개해야 한다.

● **예시 : 자사호(紫砂壺)**
'ㅇㅇㅇㅇ'(우릴 차: 철관음)를 우릴 때 적합한 다기는 자사호(우리는 다기)입니다. 자사호는 공기가 잘 통하는 '투기성(透氣性)', 맛을 흡수하는 '흡미성(吸味性)', 온도를 유지하는 '보온성(保溫性)'이 있습니다. 이 세 가지의 성질은 차탕을 자육(滋育)하는 데 도움을 줍니다.
* 자육(滋育) : 기르다.

6 온배결구 (溫杯洁具)(따뜻할 온, 잔 배, 깨끗할 결, 다구 구)
: 뜨거운 물(95℃ 이상)로 자사호를 데우면서 깨끗이 세척하기

1 자사호의 뚜껑(호뉴)을 오른손으로 집어서 차반에 내려놓는다.

2 양손으로 주전자를 들고 자사호에 뜨거운 물을 붓는다.

3 자사호의 뚜껑을 덮고 주전자를 들어서 자사호 개면 위로 돌려 가면서 뜨거운 물을 붓고 호뉴에 난 구멍인 기공(氣孔)에도 뜨거운 물을 붓는다.

4 자사호를 오른손으로 들어 차건 위로 올려서 물기를 제거한 후 다시 들어 공도배에 물을 버린다(공도배 예열). 이때 자사호 안에 물이 남지 않도록 수직으로 세워서 모두 버린다.

 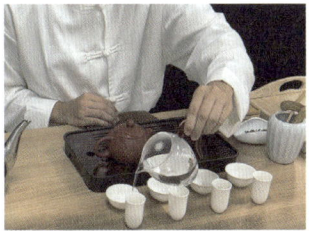  

5 자사호를 차건 위로 잠시 놓았다가 (물기 제거) 다시 차반의 제자리에 내려놓는다.

6 왼손으로 공도배를 차건에 놓았다가 (물기 제거) 맨 오른쪽 문향배부터 순서대로 고르게 물을 붓는다(문향배 예열! 이때 팔꿈치 들리지 않게 한다)

7 문향배에 이어 오른쪽 품명배도 같은 방식으로 물을 붓는다(품명배 예열)

8 공도배에 남아 있던 물을 차반에 버린 후 제자리에 놓는다.

7 상차 (賞茶)(감상할 상, 차 차) : 차의 소개 및 평가 신청하기

1 오른손으로 자사호의 호뉴를 잡고 뚜 껑을 열어 차반에 놓는다.

2 왼손으로 차통에서 차루를 잡아 다 시 오른손으로 옮긴 후 자사호의 개 구부에 놓는다.

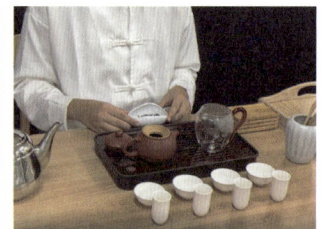

3 왼쪽의 찻잎이 담긴 차하를 들어 차 건 위에 잠시 놓는다.

4 양손으로 차하를 수평으로 쥐고 가 슴 높이로 올린 뒤 "제가 우려야할 찻잎은 철관음입니다. 선생님, 상차 를 요청합니다"라고 요청한다.

5 선생님들이 건조 찻잎을 잘 평가할 수 있도록 양손에 쥔 차하를 약간 비스듬 히 앞쪽으로 눕혀 왼쪽에서 오른쪽으 로 수평으로 움직이면서 보여 준다.

6 차하를 오른쪽으로 이동시키면서 선 생님들에게 건조 찻잎의 색상, 형태 가 잘 보이도록 한다.

7 양손으로 차하를 수평으로 가슴 높 이 든 채로 자신이 우릴 차의 특성에 대하여 구두로 설명해야 한다.

● **예시 : 철관음**(鐵觀音)
중국 철관음의 대표적인 산지는 복건 성(福建省) 안계현(安溪縣)입니다. 외 형은 구부러진 권곡형(捲曲形)으로서 모양이 '청정두(蜻蜓斗)'(잠자리)를 닮 았고, 색택은 사록색(紗綠色)입니다. 잎 의 표면에는 하얀 서리 같은 백상(白霜) 이 있습니다.

8 차하를 차건 위로 내려놓는다.

---

8 투차 (投茶) : 차하에 담긴 찻잎을 자사호에 넣기

1 왼손으로 차통에서 차시를 꺼내 오른 손으로 옮긴 후 왼손으로 차하를 들어 준다.

2 왼손에 든 차하에서 건조 찻잎을 차 시로 조심스레 2~3회에 걸쳐 쓸어내 리듯이 하여 자사호에 넣는다.

3 왼손으로 차하를 차건 위에 내려놓 고, 오른손에 있던 왼손으로 옮긴 후 차통에 차시를 넣어 준다.

4 오른손으로 차루를 잡아 왼손으로 옮 긴 후 차통의 제자리에 걸어 준다.

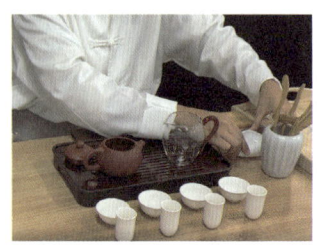

5 양손으로 차하를 쥐고 테이블 왼쪽 의 제자리로 옮긴다.

9 윤차 (潤茶)(물에 불릴 윤, 차 차)/ 괄말임호 (刮沫淋壺)(긁을 괄, 거품 말, 물 뿌릴 임, 병 호)

: 찻잎이 잘 우러나도록 하고, 이물질을 제거하는 작업

1 오른손으로 주전자를 들어 뜨거운 물을 자사호에 가득 차게 붓는다.

2 왼손으로 호뉴를 쥐고 안으로 쓰다듬듯이 거품을 걷어낸다(괄말).

3 자사호 뚜껑에도 뜨거운 물을 부어 씻는다.

4 뚜껑을 덮어서 약간 물이 넘치도록 하여 거품을 완전히 없앤다.

5 자사호 뚜껑에서부터 몸체 전체에 걸쳐 뜨거운 물을 부어 예열한다.

6 주전자를 양손으로 쥔 채 테이블의 제자리에 놓는다.

---

10 출윤차수 (出潤茶水)(나갈 출, 물에 불릴 윤, 차 차, 물 수) : 윤차한 물을 버리기

1 오른손 검지로 호뉴를 누르고 나머지 손가락으로는 손잡이를 쥔 채 들어서 잠시 차건 위에 놓는다(물기 제거).

2 자사호를 수직으로 기울여 윤차한 물을 차반에 완전히 쏟는다.(이때 팔꿈치가 들리지 않게 하며 손목은 수직으로 꺾이게 한다)

3 자사호를 잠시 차건에 놓았다가 차반의 제자리에 놓는다.

---

11 충포임호 (沖泡淋壺)(부딪칠 충, 거품 포, 물 뿌릴 임, 병 호) : 차를 우리고 자사호를 데우기

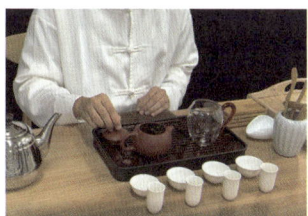   

1 뚜껑을 열어서 자사호 옆의 차반에 놓는다.

2 양손으로 주전자를 높이 들어서 붓기와 낮게 붓기를 3회 반복하는 봉황삼점두 방식으로 따른다.

3 주전자를 테이블의 제자리에 놓는다.

4 뚜껑을 바깥으로 휘감듯이 움직이면서 물이 넘쳐서 거품이 없도록 닫는다.

5 양손으로 주전자를 들어 자사호의 뚜껑에서부터 몸체 전부에 뜨거운 물을 부어 준다.

6 주전자를 테이블의 제자리에 내려놓는다.

12 출온배수 (出溫杯水)(나갈 출, 따뜻할 온, 잔 배, 물 수) : 품명배를 데운 물을 버리기

  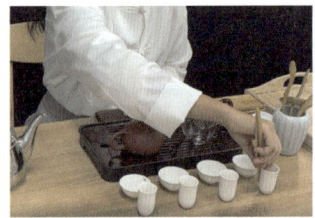 

1 왼손으로 차통에서 차협을 꺼내어 오른손에 쥔다.

2 오른손으로 차협을 조금 앞쪽으로 잡은 뒤 나의 가장 왼쪽 문향배부터 쥐고 반시계 방향으로 돌리면서 문향배를 데운 물을 차반에 쏟는다.

3 문향배의 물을 버린 뒤 물기 제거를 위해 차건 위에 잠시 놓았다가, 나의 오른쪽에서부터 왼쪽 바깥으로 둘러서 제자리에 놓는다. 남아 있는 문향배 3잔도 반복한다.

4 오른손으로 차협을 조금 앞쪽으로 잡은 뒤 가장 왼쪽 품명배부터 3번의 문향배와 같은 방식으로 진행한다.

5 품명배에서 물을 버린 뒤 물기 제거를 위해 차건 위에 잠시 놓았다가, 나의 오른쪽에서 왼쪽 바깥으로 둘러서 4잔 모두 제자리에 놓는다.(가장 왼쪽부터 진행한다)

6 오른손에 있던 차협을 왼손으로 옮긴 후 차통에 넣는다.

13 출탕 (出湯)(나갈 출, 뜨거운 물 탕) : 우린 차를 공도배에 붓기

 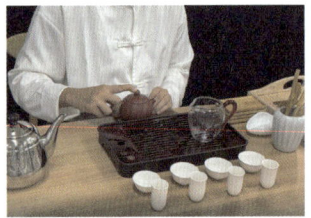  

1 오른손 검지로 호뉴를 누르고 나머지 손가락으로 손잡이를 쥔다.

2 자사호를 출탕에 앞서 잠시 차건에 내려놓는다(물기 제거)

3 자사호를 손목을 꺾어 수직으로 기울여 마지막 한 방울까지 공도배에 쏟는다(이때 팔꿈치가 들리지 않게 주의한다)

4 자사호를 잠시 차건에 놓았다가 다시 차반의 제자리에 놓는다.

14 상탕 (賞湯)(감상할 상, 뜨거운 물 탕) : 찻물의 평가

1 공도배의 손잡이를 왼손으로 쥔 뒤 잠시 차건에 놓았다가 왼손으로는 손잡이를 쥐고, 오른손으로는 검지, 중지, 약지를 붙인 뒤 아래쪽을 살짝 받쳐 눈높이까지 올려 수평으로 든다. 그리고 찻물의 탕색에 대해 설명한다.

● 예시) 철관음의 탕색은 밝은 황금색의 금황명량(金黃明亮)입니다.

2 수평으로 약간 내려 선생님들이 찻물을 잘 감정할 수 있도록 한다.

15 분탕 (分湯)(나눌 분, 뜨거운 물 탕) : 찻물을 문향배에 골고루 나눠 붓기

1 왼손에 든 공도배의 찻물을 나의 오른쪽에서부터 왼쪽으로 문향배에 3분의 2의 높이로 고르게 따른다.(찻물이 넘치지 않게 주의한다)

2 찻물을 4잔의 문향배에 고르게 따르고 난 뒤, 공도배의 물기 제거를 위해 차건에 잠시 올렸다가 제자리에 놓는다.

16 번배 (翻杯)(뒤집을 번, 잔 배) : 품명배를 뒤집어 문향배를 덮기

1 양손으로 나의 왼쪽에 있는 **품명배** 2잔을 바깥에서 감싸쥔다.

2 두 품명배를 **공도배 왼쪽으로 비켜서 이동하여** 차건에 잠시 놓았다가 동시에 손가락으로 받쳐서 든다.

3 두 품명배를 각각 쥐고 공도배 왼쪽으로 비켜 이동시켜 나란히 문향배를 덮어 씌운다.

4 오른쪽 두 품명배도 양손으로 각각 바깥에서 감싸듯이 쥔다.

5 두 품명배를 각각 쥐고 **자사호 오른쪽으로 비켜 이동하여** 잠시 차건에 놓았다가 손가락으로 받쳐서 든다.

6 두 품명배를 각각 쥐고 자사호 오른쪽 비켜 이동시켜 나란히 문향배를 덮어 씌운다.

17 경차 (敬茶)(공경할 경, 차 차) : 우린 차로 선생님에게 공경의 뜻을 표하는 과정

1 양손 엄지로 품명배 바닥을 누르고 양손의 검지로 문향배 바닥쪽을 받친 뒤 들어올린다.

2 품명배와 문향배를 위로 들어 이동시켜 잠시 차건 위에 놓는다(다음 단계를 위해 자세를 바르게 한다).

3 손으로 쥔 자세를 유지하면서 가슴 높이까지 들어서 올린다.

4 양손의 엄지를 나의 몸쪽(가슴 안쪽)으로 돌려서 뒤집는다.

5 오른손 엄지로 아래에 있는 품명배 바닥을 받치고, 나머지 손가락으로 문향배를 누르면서 왼손은 품명배를 감싸쥔다.

6 문향배가 뒤집어진 상태로 품명배를 배탁에 놓은 뒤 쟁반에 가지런히 놓는다.

7 남아 있는 3잔도 같은 방식으로 반복한다. 이때 마지막 잔은 나의 문향을 위하여 나의 왼쪽으로 올려 놓는다. 쟁반 위 3잔은 봉차용이다.

18 봉차 (奉茶)(받들 봉, 차 차) : 선생님에게 우린 차를 올리는 과정

1 오른손을 왼손 위로 포갠 채 양손을 배꼽 높이로 모은 채 일어서 쟁반을 양손으로 들어 봉차를 위해 나간다 (일어날 때 의자 소리가 나지 않게 주의한다).

19 문향 (聞香) (들을, 맡은 문, 향기 향) : 향을 맡고 평가하기

  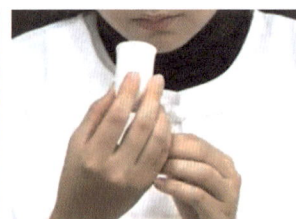 

1 오른손을 왼손 위로 포갠 채로 자리에 앉는다.

2 왼쪽에 놓아둔 문향배를 오른손으로 조심히 들어 준다. (이때 문향배를 한번에 들지 않고 조심히 비틀듯이 들어 준다)

3 문향배를 코 쪽으로 가져가 향을 맡는다.

4 문향배를 양손바닥으로 감싸고 돌리면서 향을 깊고 세심하게 맡는다.

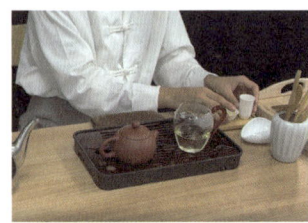

5 문향이 끝나면 문향배를 배탁에 놓는다.

20 품명 (品茗)(품평할 품, 차 싹 명) : 우린 차의 품질을 시음하는 과정

1 오른손으로 품명배를 잡은 뒤 손목을 나의 입 안쪽으로 돌려서 맛을 시음한다.

2 입안에서 찻물을 굴리면서 향미를 시음한다.

3 품명배를 배탁에 내려놓는다.

4 양손을 가지런히 모으고 앉아서 차의 향미에 대하여 설명한다.

21 수구 (收具)(정리할 수, 다구 구)

1 쟁반을 수평으로 허리 높이까지 든 뒤 "선생님, 다구를 수거해도 되겠습니까"라고 문의한다.

2 허락이 나면 심사 평가를 위해 사용된 테이블 위에 쟁반을 놓은 뒤 품명배를 배탁과 함께 쟁반에 올려놓고 양손으로 든 채 한 걸음 물러나 인사를 가볍게 올리고 퇴장한다.

3 테이블에 쟁반을 놓고 차하, 품명배와 문향배를 담는다. 그리고 물기가 묻은 공도배와 자사호를 차건에 각각 놓았다가 쟁반에 담는다.

4 차건으로 차반 윗면을 청결하게 닦은 뒤 그 차건과 차통을 쟁반에 담는다.

5 차첨으로 뽑은 차 표지도 쟁반에 담는다.

22 치사이장 (致謝離場)(내줄 치, 사례 사, 떠날 이, 장소 장) : 마지막 인사말과 선생님에게 감사의 뜻 전하는 과정

1 양손을 허리춤에 공손히 모으고 몸을 곧게 세운 뒤 가볍게 고개를 숙여 인사를 올린다.

2 자신의 신분을 다시 밝힌다.

● 예시) "선생님, 안녕하십니까?" "○○○○(수험번호) 응시생 ○○○(이름)입니다."

3 마지막 인사말을 올린다.

● 예시) "철관음의 충포를 완료하였습니다. 자리를 떠나도 되겠습니까?"

4 양손을 공손히 허리춤에 붙인 채로 허리를 굽혀 인사를 올린다.

5 양손으로 쟁반을 허리 높이로 수평으로 든 뒤 몸을 세워 선다.

6 퇴장한다.

칠완다가(七碗茶歌)

당대 중기의 시인 노동(盧同, ?795-835)은 당시 시대를 혼란시켰던 붕당의 횡포를 풍자한 장편시 「**월식시**(月蝕詩)」의 작자로서뿐만 아니라 차를 좋아하고 즐겨 마셨던 시인으로서 아래의 「**칠완다가**(七碗茶歌)」를 지은 작자로도 유명하다. 조정 대신과 환관 사이의 당쟁 싸움이었던 '감로지변(甘露之變)'에 연루되어 목숨을 잃었다

작자 : 당대(唐代) **시인, 노동**(盧同, ?795-835)

일완후문윤(一碗侯吻潤)
첫째 잔은 목구멍과 입술을 적셔 주고,

양완파고민(兩碗破孤悶)
둘째 잔은 외로운 시름을 없애 주고,

삼완수고장(三碗搜枯腸) **유유문자오천권**(惟有文字五千卷)
셋째 잔은 차의 향기가 창자에까지 미쳐, 가슴 속엔 오직 오천 권의 문자만이 남게 되네

사완발경한(四碗發輕汗)
넷째 잔은 가벼운 땀이 솟아,

평생불평사(平生不平事), **진향모공산**(盡向毛孔散)
평소의 불만도 땀구멍을 통해 모두 사라져 버리네.

오완기골청(五碗肌骨淸)
다섯째 잔은 살과 뼈가 맑아지며,

육완통선령(六碗通仙靈)
여섯째 잔엔 신선의 경지에 이르니,

칠완끽불득야(七碗喫不得也), **유각양액습습청풍생**(唯覺兩腋習習淸風生)
일곱째 잔은 마시지도 않았는데, 두 겨드랑이에 맑은 바람이 살랑이는 것을 느끼네.

제 11 장

홍차 (紅茶)의 다예표연 (茶藝表演)

중국 홍차의 탄생지, 무이산 풍경구의 아름다운 경관

소종홍차인 정산소종

붉은 찻빛이 맑고 투명한 홍차

* 금권(金圈) : 쇠, 황금 금(金)/고리, 동그라미 권(圈)

* 냉후혼(冷後渾) : 차가울 냉(冷), 뒤 후(後), 탁할 혼(渾)

🫖 중국 홍차 (紅茶)의 이해

1. 중국 홍차의 탄생 역사

중국에서는 명대(明代) 말기에서 청대(靑代) 초기 무렵부터 홍차(紅茶)를 가공하기 시작해 오늘날까지 약 300여 년의 생산 역사를 자랑한다. 일화에 따르면, 홍차는 우연히 탄생하였다고 한다. 복건성 무이산 지역의 한 차농이 차를 수확하고 창고에 저장하였는데, 당시 군인들이 창고를 대여해 줄 것을 요구하자, 급하게 찻잎을 건조하기 위해 가문비나무를 장작으로 태워 그 연기로 훈연하는 과정에서 탄생한 것이다.

이것이 **세계 최초의 홍차로 알려진** '정산소종(正山小種)'(또는 소종홍차)**이다.** 그런데 이것이 서양에 처음으로 소개되면서 발음이 와전되어 '랍상소총 Lapsang Souchong'으로 불리게 된 것이다.

중국 홍차의 산지는 홍차의 탄생지인 복건성을 비롯하여 해남성, 광동성, 광서성, 호남성, 호북성, 안휘성, 절강성, 대만 등 매우 다양하다. 전 세계적으로는 케냐, 인도, 스리랑카, 인도네시아, 터키 등이 주요 생산국이다. 오늘날에는 산화도가 100%인 완전 산화차로서 주요 차 생산 국가에서 가장 많이 생산되고 있으며, **서양에서는 6대 차류 중에서 가장 많이 소비하고 있다.**

2. 중국 홍차의 가공 과정

홍차는 산화도가 100%로서 완전 산화차(完全酸化茶)에 속한다. 따라서 산화 과정에서 찻잎 본래의 유효 성분인 폴리페놀(카테킨 등) 성분이 차황소(茶黃素)인 테아플라빈 Theaflavin, 차갈소(茶褐素)인 테아브라우닌 Theabrownin, 그리고 홍차의 진홍색 색소로 차홍소(茶紅素)인 테아루비긴 Thearubigin 으로 변화되면서 떫은맛이 점차 사라지고 찻빛이 짙은 홍색을 띠게 된다. 또한 초록의 색소인 엽록소는 많이 분해되어 갈색의 색소인 페오피틴 Pheophytin과 같은 화합물로 변환된다. 이러한 과정으로 홍차는 녹차와 완전히 다른 화합물의 조성과 향미를 지닌 차로 탄생하는 것이다. 가공 과정이 적당하여 품질이 높은 것은 '금권(金圈)*', '냉후혼(冷後渾)*'의 특성을 보인다. **금권은 차를 우렸을 때 찻빛이 맑고 찻잔 가장자리에 생기는 황금빛의 테두리를 말하고, 냉후혼은 차가 식었을 때 맑은 찻빛이 뿌옇게 변하는 것을 말한다.** 이는 유효 성분이 풍부하다는 뜻이다. 이러한 중국 홍차는 가공 과정에 따라 크게 **공부**(工夫), **소종홍차**(小種紅茶), **홍쇄차**(紅碎茶)의 세 종류로 나뉜다.

* **채엽**(採葉) : 캘 채(採)/잎 엽(葉)

* **위조**(萎凋) : 시들 위(萎)/시들 조(凋)

* **유념**(揉捻) : 주무를 유(揉)/비틀 념(捻)

* **산화**(酸化) : 맛이 실 산(酸)/변화할 화(化)

* **건조**(乾燥) : 마를 건(乾)/마를 조(燥)

기문공부 홍차의 찻잎과 우린 찻물 　　 홍쇄차의 우린 찻물

1) 채엽 (採葉)*
찻잎은 기본적으로 일아이엽(一芽二葉)이나 일아삼엽(一芽三葉)을 봄에 수확한다.

2) 위조 (萎凋)*
찻잎을 시들게 하는 위조 과정은 통풍이 잘되는 곳에서 건조시키는 '양쇄(晾晒)' 작업을 통해 찻잎의 수분을 일부 없애고, 폴리페놀을 분해하는 '산화효소'의 활성을 촉진하면서 차후 유념 과정에서 성형에 유리하도록 잎의 재질을 유연하게 만든다

복건성의 차밭에서 찻잎이 자라는 모습

3) 유념 (揉捻)*
찻잎을 비비고 문지르는 유념 과정은 차의 성형을 쉽게 하며, **색, 향, 미의 농도를 높이기 위해 찻잎의 세포 조직을 파괴시켜 산화효소에 의한 산화 반응이 잘 일어나도록 돕는다.**

4) 산화 (酸化)*
산화효소로 인한 폴리페놀류의 산화 및 중합 반응을 촉진시키고, 검붉은색의 잎과 진홍색의 찻빛을 띠게 만드는 과정이다. 산화를 통해 형성되는 이러한 특성을 '홍엽홍탕(紅葉紅湯)'이라고 한다.

5) 건조 (乾燥)*
찻잎에서 수분을 증발시켜 부피를 줄이면서 유통을 쉽게 하고, 외형과 향미의 품질을 고정시킨다. 유통 과정에서 잘 변질되지 않도록 사전에 처리하는 과정이다.

찻잎을 천으로 덮어 산화를 촉진하는 모습

3. 대표적인 중국 홍차

중국의 대표적인 홍차로는 '세계 최초의 홍차'로 알려진 **정산소종**(正山小種)(소종홍차)을 비롯하여 '**기문홍차**(祁門紅茶)', '**전홍공부**(滇紅工夫)', '**정화공부**(政和工夫)', '**탄양공부**(坦洋工夫)', '**구곡홍매**(九曲紅梅)' 등이 있다. 모두 최고급 중국 홍차로서 수많은 사람들로부터 사랑을 받고 있다.

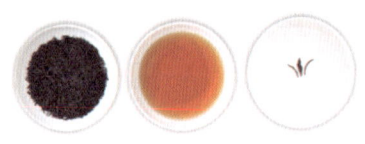

정산소종(正山小種)/랍상소총(Lapsang Souchong)

* 정산소종(正山小種) : 바를 정(正)/산 산(山)/작을 소(小)/씨, 종류 종(種)

1) 정산소종 (正山小種)*/랍상소총(Lapsang Souchong)

세계 최초의 홍차인 랍상소총, 즉 정산소종은 복건성 무이산시 성촌진(星村鎭) 동목관(桐木關) **일대에서 생산된다.** 품질이 높은 것은 건조 찻잎이 크면서 휘말린 정도가 적합하고 무게감이 있다. 색상은 검고 윤기가 있고, 크기는 균일하다. 또 잎자루가 섞여 있지 않으며, 마른 상태에서 향을 맡아 보면 농후하고 온화한 **계원향**(桂圓香)(용안 열매의 향)이 난다. 정산소종을 구입할 때는 잎자루가 적게 포함된 것을 선택하는 것이 좋다.

구곡홍매(九曲紅梅)

* 구곡홍매(九曲紅梅) : 아홉 구(九)/굽을 곡(曲)/붉은 홍(紅)/매화 화(梅)

2) 구곡홍매 (九曲紅梅)*

약 200여 년의 역사를 지닌 중국 홍차인 구곡홍매(九曲紅梅)는 복건성 무이산의 계곡인 구곡계(九曲溪)의 지명에서 유래되었다. **붉은 매화꽃처럼 색이 짙게 붉고 향이 맑다고 해서 '홍매**(紅梅)'**라는 이름을 덧붙였다.** 대표적인 산지로는 항주 서호구(西湖區) 쌍포진(雙浦鎭)의 호부(湖埠), 상보(上堡), 대령(大嶺), 장유(張餘), 풍가(馮家), 영산(靈山), 사정(社井), 인교(仁橋), 상양(上陽) 등이 있다. 이중에서도 호부 지역의 해발고도 약 500m인 대오산(大塢山)에서 생산된 차가 품질이 가장 좋은 것으로 평가된다. **맛이 매우 신선하고 몸을 따뜻하게 데워 준다.**

* 기문홍차(祁門紅茶) : 성할 기(祁)/문 문(門)/붉은 홍(紅)/차, 차나무 차(茶)

3) 기문홍차 (祁門紅茶)*

기문홍차(祁門紅茶)**는 인도의 다르질링**^{Darjeeling}**, 스리랑카의 우바**^{Uva}**와 함께 '세계 3대 홍차'로 손꼽힌다.** 대표적인 산지는 안휘성 기문현(祁門縣)이다. 보통 '**기홍**(祁紅)'이라 한다. **기문홍차는 향이 높고 맑으면서 신선하여 오랫동안 지속되는 것으로 유명하다.**

건조 찻잎은 진한 흑색을 띠는데, 이를 '보광(寶光)'이라고 한다. 찻물은 붉은색으로 밝고 투명하다. **향은 진하고, 회미**(뒷맛)**가 오랫동안 이어진다.** 또 가공 기술에 따라 향미도 꿀 향, 꽃 향, 과일 향 등으로 다양하다. 이를 보통 '기문향(祁門香)'이라고 한다

기문홍차(祁門紅茶)

다예사가 기문홍차를 우리는 모습

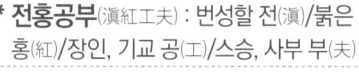
* **전홍공부**(滇紅工夫) : 번성할 전(滇)/붉은 홍(紅)/장인, 기교 공(工)/스승, 사부 부(夫)

4) 전홍공부 (滇紅工夫)*

전홍공부(滇紅工夫)**는 보이차**(普洱茶)**의 산지인 운남성에서 생산되는 최고의 홍차이다.** 전홍(滇紅)에서 '전(滇)'은 운남성의 옛 지명이다. 대표적인 산지는 운남성 전서(滇西), 전남(滇南) 지역의 차구이다. 이 차구에는 임창(臨滄), 보산(保山), 덕굉(德宏), 대리(大理), 보이(普洱), 경홍(景洪), 문산(文山), 홍하(紅河) 등이 있다. 싹과 잎이 살지고 튼실하며, 금빛을 띠는 잔털인 금호(金毫)가 풍부하다. **내질의 품질적인 특성은 탕색**(찻빛)**이 맑고 아름다운 붉은색으로 선명하며, 향이 싱그러우면서 높고 진하여 오래 지속된다.** 자미는 농후하면서 상쾌하고 자극성이 풍부하다. 또 입안의 느낌도 농렬하며, 3~4회 우려도 향이 여전하다. 엽저는 붉은색이 고르면서 약간 밝다. 참고로 전홍쇄차는 외형이 균일하고, 색상이 검고 윤기가 있다. **향은 신선하고 뚜렷하고, 맛은 진하고 강하다.**

전홍공부(滇紅工夫)

전홍공부의 찻잎

4. 중국 홍차를 우리기에 적당한 다구

중국 홍차는 자사(紫沙), 백자(白瓷), 붉은 유약을 바른 홍유자기(紅釉瓷器), 난색자기(暖色瓷器)와 같은 도자기 다구나 유리, 본차이나 등 서양식 다구 세트를 사용하여 우리는 것이 좋다. 특히 고품질의 차를 우릴 때는 찻빛이나 윤기를 잘 감상할 수 있도록 백자 다구를 사용하는 것이 좋다.

5. 중국 홍차를 우리는 온도

홍차를 우릴 때는 보통 95도 이상의 물이 적합하다. 찻잎의 양은 찻잎 1g에 물을 50mL로 한다. 대부분 2~3분 정도 우리는데, 보통 3회 정도 우려내 마실 수 있다.

홍차를 유리잔에 우린 모습

◎ 홍차 (紅茶) 다예표연 (茶藝表演) 실습

> ● **차의 종류 : 운남홍차**(雲南紅茶)
> ● **다기 : 개완**

* 여기서 오른쪽, 왼쪽으로 표현한 방향은 다예사 입장이다.

1 행례 (行禮)/입장 (立場)

: 인사의 예를 행하다

1 수험번호 "○○○○"와 이름 "○○○"을 밝히며 인사한다.
2 "이것은 나의 교육 증명서입니다"라고 말하면서 증명서를 양손으로 공손히 들어 선생님(감독관)에게 정면으로 보이도록 한다.
3 "선생님, 사실 확인을 요청합니다"라고 말하고, 테이블 위에 교육 증명서를 선생님에게 바로 보이도록 놓는다.
4 오른손을 왼손 위로(남자는 왼손을 오른손 위로) 양손을 겹쳐서 모은 뒤 예를 갖추며 뒤로 한 발짝 물러선 뒤 양손을 모은 상태로 허리를 살짝 굽혀 인사한다.

2 추취차양 (抽取茶樣)

: 차의 견본을 제비뽑기로 뽑는다

1 "선생님, 제가 차첨(茶籤)(차 제비뽑기)을 해도 되겠습니까"라고 문의한다.
2 차첨을 진행한 뒤에 차 표지를 두 손으로 집어 그곳에 적힌 차의 이름이 선생님에게 정면으로 보이도록 한다.
3 오른손으로는 해당 차의 건조 찻잎을 담은 차하(茶荷)를, 왼손으로는 차 표지를 든 채로
   "이것은 제가 뽑은 '○○○○'(예, 운남홍차)입니다"라고 말하면서 차의 이름을 밝힌다.
4 "선생님, 차의 평가를 요청합니다"라고 말한 뒤, 오른손으로는 해당 차의 건조 찻잎을 담은 차하(茶荷)를,
   왼손으로는 차 표지를 든 채로 앞으로 다가와서, 선생님들이 잘 보이도록 왼쪽에서 오른쪽으로 이동하며 건조 찻잎을 보인다.
5 건조 찻잎을 보이고 나면 뒤쪽의 오른쪽 한 곁으로 물러선 뒤 "선생님, 제가 이같이 진행하는 것을 허락해 주시겠습니까"
   라고 잠시 여쭙는다.
6 허락이 나면 허리를 살짝 굽혀 인사를 올리고 다예표연을 위한 다구를 가지러 간다.

3 비구 (備具)

: 다구 준비

1 다구의 준비에 앞서 테이블에는 다예표연을 위한 차의 표지를 오른쪽에, 건조 찻잎이 담긴 차하는
   차반(茶盤)의 왼쪽에 배치해 둔다. 물을 끓이기 위한 전기포트는 테이블 오른쪽에 배치한다.
2 다구가 담긴 쟁반을 조심스레 들고나와 테이블 왼쪽에 놓은 뒤 각 다구들을 다음의 순서대로 배치한다.
   ❶ 쟁반에 놓인 개완(蓋碗)을 양손으로 들어 차반(茶盤) 위의 오른쪽에 놓는다.
   ❷ 차협(茶夾)으로 쟁반에 놓인 품명배(品茗杯)를 집어 나의 오른쪽에서부터 왼쪽으로 하나씩 적당한 간격으로 테이블에 배치한다.
   ❸ 쟁반에 놓인 차도육용(茶道六用)이 담긴 차통(茶筒)을 테이블에서 품명배 왼쪽에 놓는다.
   ❹ 쟁반에 놓인 공도배(公道杯)를 개완 왼쪽의 차반에 놓는다.
   ❺ 쟁반에 놓인 차건(茶巾)을 몸쪽 가까운 곳에 차반 밑에 놓는다.
   ❻ 쟁반에 있는 품명배의 잔 쟁반에 놓인 품명배의 잔 받침인 배탁(杯托)을 차하 뒤쪽에 놓는다.

4 입점조정세절 (入店調整細節)(들 입, 가게 점, 고를 조, 정돈 정, 세부 세, 절차 절)
: 다구 배치 확인하기

1 구용(九容)(28쪽 참조)에 맞게 의자에 앉는다. 이때 상체는 곧게 펴고 머리도 세운다.

2 다구가 잘 배치되었는지 확인한 뒤 오른손을 왼손 위로 겹쳐 모으고 허리 쪽으로 붙인 뒤 의자 곁으로 일어서서 허리를 굽혀 인사를 올린다. 이때 시선은 약간 아래쪽으로 향한다.

3 인사를 마치면 양손을 공손히 모은 채로 일어나 반드시 다음의 절차를 진행해야 한다.
  ❶ "선생님, 안녕하십니까"라고 공손히 인사말을 한다.
  ❷ "저는 수험번호 '○○○○'인 응시생 '○○○'입니다"라고 자신을 소개한다.
  ❸ "다구의 준비가 완료되었습니다"라고 말을 올린다.
  ❹ "현재 '○○○○'(예 운남홍차) 충포(沖泡)의 허락을 요청합니다"

4 허락이 나면 의자에 다소곳이 앉은 뒤 양손을 겹쳐서 테이블 위에 놓는다.

5 다구의 소개

1 테이블 위에 놓인 다예표연에 사용할 다구에 대하여 구두로 소개해야 한다. 여기서는 하나의 예시로서 개완에 대해 소개하였지만, 다른 다구를 사용할 경우에는 그 다기의 특성에 대하여 소개해야 한다.

● 예시 : 개완

'○○○○'(우릴 차: 운남홍차)에 적합한 다기인 자기 재질의 개완(우리는 다기)입니다. 자기 재질의 개완은 질감이 섬세하고 매끄러우면서 밝고 깨끗하여 차탕의 아름다움을 충분히 살릴 수 있습니다. 개완은 흔히 '삼재배(三才杯)'라고도 합니다. 뚜껑(蓋)은 하늘(天), 탁(托)(잔 받침)은 땅(地), 완(碗)은 사람(人)으로 비유하기 때문입니다. 이는 하늘과 땅을 사이 두고 사람을 길러 내는 것이 천지인(天地人)이 화합하는 통일적인 도리임을 가리킵니다.

6 온배결구 (溫杯洁具)(따뜻할 온, 잔 배, 깨끗할 결, 다구 구)
: 뜨거운 물로 개완을 데우면서 깨끗이 세척하기

1 뚜껑을 약간 비켜서 뒤집힌 상태로 준비된 개완에 주전자의 뜨거운 물을 위로 붓고 개완을 예열한다.

2 왼손으로 차침을 잡고 오른손으로 옮긴 후, 오른손에 든 차침(茶針)으로 뚜껑을 살짝 한쪽을 내리누르고 왼손으로 뚜껑을 받쳐서 뒤집는다. 이때 뜨거운 열기가 나갈 수 있도록 뚜껑을 약간 비스듬히 놓는다.

3 오른손에 있던 차침을 왼손으로 옮긴 후 차통에 넣는다. 참고로 차통에 넣어 두는 차도육용은 매번 사용한 뒤 차통에 넣는다.

4 개완이 어느 정도 데워지면, 오른손의 검지로 뚜껑의 꼭지를 누르고 나머지 손가락은 완(碗)을 감싸듯이 쥐고 팽이 돌리듯이 반시계 방향으로 돌린다.

5 개완 내부의 물을 유리 공도배에 붓는다. 이때 팔꿈치가 들리지 않도록 주의한다.

6 다 붓고 나면 개완 받침에 올려놓는다.

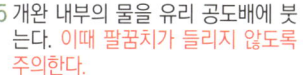

7 분온배수 (分溫杯水) (나눌 분, 따뜻할 온, 잔 배, 물 수)

: 품명배를 골고루 예열하는 과정

1 왼손으로 공도배를 쥔 뒤 차건에 잠시 놓는다.

2 공도배의 뜨거운 물을 오른쪽에서 왼쪽 순서로 품명배에 고르게 분배해 붓는다.

3 공도배의 남은 물은 차반에 쏟는다.

4 공도배는 차반의 본래 위치에 놓는다.

5 차협을 오른손에 쥐고 왼쪽부터 품명배를 집은 뒤 반시계 방향으로 2~3회 돌린 뒤 차반에 붓고 제자리에 놓는다.

6 나머지 품명배도 앞서와 동일한 과정을 진행한 뒤 제자리에 놓는다.

7 오른손의 차협을 왼손으로 옮긴 후 차통에 다시 넣는다.

8 상차 (賞茶) (감상할 상, 차 차)

: 차의 소개 및 평가 신청하기

1 개완의 뚜껑을 쥐고 바깥으로 휘감듯이 우아하게 개완의 뚜껑을 연다.

2 왼쪽에 놓인 찻잎이 담긴 차하를 들어 차건 위에 잠시 놓는다.

3 양손으로 차하를 수평으로 쥐고 가슴팍 높이로 올린 뒤 "제가 우려야 할 찻잎은 운남홍차입니다. 선생님, 상차를 요청합니다"라고 요청한다.

4 양손에 쥔 차하를 약간 비스듬히 앞쪽으로 눕혀 왼쪽에서 오른쪽으로 움직이면서 보여 준다.

5 차하를 오른쪽으로 이동시키면서 선생님들에게 건조 찻잎의 색상, 형태가 잘 보이도록 한다.

6 양손으로 차하를 수평으로 가슴 높이든 채로 자신이 우릴 차의 특성에 대하여 구두로 설명해야 한다.

● 예시 : **운남홍차**(雲南紅茶)
운남홍차의 대표적인 산지는 임창(臨滄), 보산(保山), 덕굉(德宏) 등입니다. 운남대엽종(雲南大葉種)의 찻잎으로 만들어 새싹과 잎이 매우 살지고 튼실하며, 금호(金毫)가 풍부합니다.

7 차하를 차건 위로 내려놓는다.

9 투차 (投茶)(던질 투, 차 차)

: 차하에 담긴 찻잎을 개완에 넣기

1 왼손으로 차통에서 차시(茶匙)를 꺼내 오른손에 쥔다

2 왼손에 든 차하에서 건조 찻잎을 차시로 조심스레 2~3회에 걸쳐 쓸어내리듯이 하여 개완에 넣는다.

3 오른손에 있던 차시를 왼손으로 옮긴 후 차통에 넣는다.

4 빈 차하를 테이블 왼쪽 제자리에 놓는다.

10 윤차 (潤茶)(물에 불릴 윤, 차 차)

: 찻잎이 잘 우러나도록 하고, 이물질을 제거하는 작업

1 양손으로 주전자를 들어 뜨거운 물을 개완에 붓는다.

2 오른손 검지로 뚜껑을 누르고 중지, 약지, 소지로 개완을 감싸 쥐고 든다.

3 개완을 기울여서 윤차한 물을 차반에 쏟아 버린다. 이때 팔꿈치가 들리지 않도록 주의한다.

4 물을 다 쏟은 개완은 개완 받침 위의 제자리에 놓는다.

11 충포 (沖泡)(부딪칠 충, 물에 담글 포)

: 뜨거운 물(95℃ 이상)로 찻잎 우리기

1 오른손으로 개완 뚜껑을 바깥으로 휘감듯이 우아하게 돌리면서 개완 받침에 걸쳐 놓는다.

2 양손으로 주전자를 높이 들어서 붓기와 낮게 붓기를 3회 반복하는 봉황삼점두 방식으로 따른다.

3 개완의 뚜껑을 우아하게 안쪽으로 돌리면서 덮고, 차가 우러나기를 (1분 정도) 기다린다.

4 개완의 찻물을 공도배에 남김 없이 전부 쏟아 붓는다. 이때 팔꿈치가 들리지 않도록 주의한다.

5 개완을 쥐고 차반의 제자리에 놓는다.

12 상탕 (賞汤)(감상할 상, 뜨거운 물 탕)

: 찻물의 평가

1 공도배의 손잡이를 왼손으로 쥔 뒤 잠시 탁자에 놓았다가 다시 왼손으로는 손잡이를 쥐고, 오른손으로는 검지, 중지, 약지를 붙인 뒤 아래쪽을 살짝 받쳐 눈높이까지 올려 수평으로 든다. 그리고 찻물의 탕색에 대해 설명한다.

● 예시) 운남홍차의 탕색은 밝고 붉은 색의 홍염명량(紅艶明亮)입니다.

2 공도배의 손잡이를 잡고 가슴까지 내렸다가 멈춘 뒤 왼손으로 쥐고 분탕을 곧바로 진행한다.

13 분탕 (分湯)(나눌 분, 뜨거운 물 탕)

: 찻물을 품명배에 골고루 나눠 붓기

1 왼손에 든 공도배의 찻물을 나의 오른쪽에서부터 왼쪽 순서로 품명배에 각각 3분의 2의 높이로 고르게 따른다.

2 찻물을 다 따르고 난 뒤 공도배를 다시 차반의 제자리에 놓는다.

14 경차 (敬茶)(공경할 공, 차 차)

: 우린 차로 선생님에게 공경의 뜻을 표하는 과정

1 양손으로 찻물이 든 제일 왼쪽 품명배를 든다.

2 품명배를 잠시 차건 위에 놓는다(물기 제거)

3 차반 왼쪽 테이블에 놓인 배탁(杯托)에 품명배를 놓는다.

4 품명배가 놓인 배탁을 눈높이까지 수평으로 들어 올린다.

5 상체를 굽혀서 인사를 1회 올린 뒤 쟁반 위에 가지런히 놓는다.

6 인사를 세 번째 품명배까지 1~5까지의 과정을 반복한다.

7 마지막 품명배는 내가 마셔야 할 품명을 위해 배탁 위에 올려둔다. 이때 양손으로 받쳐 들고 올리는 인사는 생략한다.

15 봉차 (奉茶)(바칠 봉, 차 차) : 선생님에게 우린 차를 올리는 과정

1 오른손을 왼손 위로 포갠 채 양손을 배꼽 높이로 모은 채 일어서 쟁반을 양손으로 들고 봉차를 위해 나간다
(3잔은 선생님들에게 드린다).

16 품명 (品茗)(품평할 품, 차 싹 명) : 우린 차의 품질을 시음하는 과정

1 봉차가 끝나면 오른손을 왼손 위로 포갠 채 공손히 모아서 자리에 앉는다.

2 왼쪽 앞에 놓인 품명배를 오른손으로 쥐고 들어 올려 먼저 향을 맡는다.

3 품명배가 나의 입과 만날 수 있도록 손목을 돌려서 찻물을 두 모금 정도 입에 머금는다.

4 입안에서 찻물을 굴리면서 맛과 향을 시음한다.

5 품명배를 배탁에 내려놓는다.

6 양손을 가지런히 모으고 앉아서 차의 향미에 대하여 설명한다.

● 예시 : **운남홍차**(雲南紅茶)
운남홍차는 향이 매우 높고 진하며, 자미는 매우 농후(濃厚)합니다.

17 수구 (收具)(정리할 수, 다구 구) : 다구 정리하기

1 쟁반을 수평으로 허리 높이까지 든 뒤 선생님에게 "선생님, 다구를 수거해도 되겠습니까"라고 문의한다.

2 허락이 나면 심사 평가를 위해 사용된 테이블 위에서 품명배를 배탁과 함께 나무 쟁반에 올려놓고 양손으로 든 채 한 걸음 물러나 인사를 가볍게 올리고 퇴장한다.

3 테이블에 나무 쟁반을 놓고 나머지 품명배와 차통, 차하를 담는다. 그리고 공도배와 개완도 한 번씩 탁자에 놓았다고 쟁반에 담는다.

4 차건으로 차반 윗면을 청결하게 닦는다.

5 차첨으로 뽑은 차 표지도 쟁반에 담는다.

18 치사이장 (致謝離場)(내줄 치, 사례 사, 떠날 이, 장소 장) : 마지막 인사말과 선생님에게 감사의 뜻 전하는 과정

1 양손을 허리춤에 공손히 모으고 몸을 곧게 세운 뒤 가볍게 고개를 숙여 인사를 올린다.

2 자신의 신분을 다시 밝힌다.

● 예시) "선생님, 안녕하십니까?" "○○○○(수험번호) 응시생 ○○○(이름)입니다."

3 마지막 인사말을 올린다.

● 예시) "운남홍차의 충포를 완료하였습니다. 자리를 떠나도 되겠습니까?"

4 양손을 공손히 허리춤에 붙인 채로 허리를 굽혀 인사를 올린다.

5 양손으로 쟁반을 허리 높이로 수평으로 든 뒤 몸을 세워 선다.

6 퇴장한다.

제 12 장

흑차 (黑茶)/ 보이차(普洱茶)의 다예표연 (茶藝表演)

🫖 중국 흑차 (黑茶)/보이차 (普洱茶)의 이해

1. 흑차의 유형과 보이차의 역사

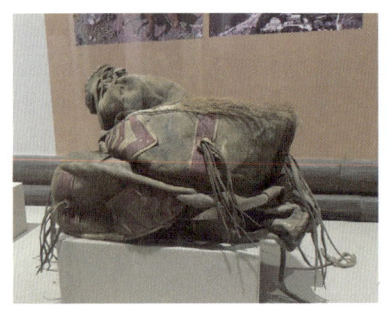

보이차의 찻잎을 차칙(茶則)으로 떠서 차하(茶荷)에 담는 모습

말의 등 양쪽으로 매어 차마고도를 통해 차엽을 운송하였던 주머니

흑차인 복전차(茯磚茶)

중국 차의 6대 분류인 흑차(黑茶)에는 '산장(散裝)*'과 '압제(壓制)*'의 두 형태가 있다. **산장(散裝)은 잎차 형태이고, 압제(壓制)는 떡이나 덩어리 모양으로 압축한 형태이다.** 흑차에서 대표적인 차로는 '보이차(普洱茶)*'가 있다. 이 보이차는 오늘날 각종 건강 효능으로 사람들로부터 큰 인기를 얻고 있을 뿐만 아니라, 고부가가치의 재테크 수단으로 수집되고 있는 차이기도 하다.

보이차의 원산지인 운남성 보이(普洱) 지역의 일대는 중국 차나무의 원산지인 서남(西南) 차구에 해당하는 만큼 그 역사도 매우 깊다. 기록에 따르면, 적어도 기원전 2세기경 전인 서한(西漢) 시대로까지 거슬러 올라가며, 차의 융성기인 당대(唐代)부터 청대(淸代) 시대 말기까지 운남성, 사천성 등의 지역에서 생산되어 청장차마고도(靑藏茶馬古道), 전장차마고도(滇藏茶馬古道), 천장차마고도(川藏茶馬古道) 등을 통하여 서로는 티베트, 중앙아시아, 유럽으로, 동으로는 북경(北京)으로까지 말에 실어 운송되었다. **오늘날처럼 찻잎을 압축하여 '병차'로 만들어 운송하면서 '공차(貢茶)'로 지정된 것은 비교적 근래인 청대(淸代) 건륭제(乾隆帝) 시대부터였다.** 오늘날 보이차는 고전적인 보이차인 보이생차(普洱生茶), 악퇴(渥堆) 가공으로 속성 발효시킨 현대 보이차인 '보이숙차(普洱熟茶)'로 분류되고 있다. 또한 그 모양도 원형, 방형, 정방형, 버섯형, 분말형 등 매우 다양한 모습과 이름으로 판매되고 있다. 여기서는 중국 흑차에서도 주를 이루는 보이차를 중심으로 소개한다.

고대 차마무역의 운송로, 차마고도(茶馬古道)　고대 차마무역을 통해 운송되었던 보이원차(普洱圓茶)

2. 중국 보이차의 정의

보이차(普洱茶)는 '지리적 표시 보호 범위 산지' 내의 '운남대엽종쇄청차(雲南大葉種晒靑茶)'를 원료로 하고, 지리적 표시 보호 범위 내에서 특정 가공 기술로 제조된 특정 품질의 찻잎, 그 가공으로 품질이 특정한 보이차로서, '보이차/생차(生茶)'와 '보이차/숙차(熟茶)'의 두 유형이 있다. 여기서 지리적 표시 보호 범위의 산지는 국가 표준 「GB/T22111-2008: 지리표준산품, 보이차」에서 보이차의 산지에 대하여 명확히 규정하고 있다.

이 규정에 따른 보이차 산지는 운남성 '보이시(普洱市)', '서쌍판납(西雙版納)', '임창시(臨滄市)', '곤명시(昆明市)', '대리주(大理州)', '보산시(保山市)', '덕굉주(德宏州)', '초웅주(楚雄州)', '옥계시(玉溪市)', '문산주(文山州)' 등 11개주(시), 75개현(시, 구), 639개 '향(鄕)' 또는 '진(鎭)'의 오늘날 행정 분할 구역이다.

3. 보이차의 가공 과정

보이차는 중국의 다른 차류와는 전혀 다르게 미생물 후발효(後醱酵) 과정을 통해 생산된다. 따라서 그 맛과 향이 다른 차들과는 전혀 다른 양상을 보이고, 또한 그 유효 성분에서도 완전히 차별을 보인다. 더욱이 생차의 경우 자연 숙성인 후발효를 통해, 숙차의 경우 인공적인 속성 후발효인 악퇴(渥堆) 과정을 통해서 새로운 유효 성분들이 생성되기도 한다. 여기서는 중국 보이차의 일반적인 가공 과정에 대하여 간략히 소개한다.

4. 모차(毛茶)의 가공 과정

보이차는 보이생차든지, 보이숙차든지 간에 원료인 모차(毛茶)로부터 생산된다. 이 모차는 보통 햇볕에 말리는 쇄청을 통하여 만들기 때문에 '쇄청모차(晒靑毛茶)*'라고도 한다.

1) 선엽 (鮮葉)* 채집
선엽 채집은 운남대엽종 차나무에서 신선한 찻잎, 즉 선엽(鮮葉)을 따는 작업이다. '채엽(採葉)' 또는 '채적(采摘)'이라고 한다. 가공하려는 최종 산품인 차의 종류에 따라 차엽을 따는 부위와 기준도 다르다. 보이차는

보이차의 주요 산지인 서쌍판납(西雙版納) 포랑산(布朗山)의 전경

* **산장**(散裝) : 흩어질 산(散)/포장할 장(裝)

* **압제**(壓制) : 누를 압(壓)/지을 제(制)

* **보이차**(普洱茶) : 넓을 보(普洱)/호수 이름 이(洱)/차, 차나무 차(茶)

* **쇄청모차**(晒靑毛茶) : 볕에 쬘 쇄(晒)/푸를 청(靑)/털 모(毛)/차, 차나무 차(茶)

* **선엽**(鮮葉) : 신선할 선(鮮)/잎 엽(葉)

보이차의 원료 차인 운남대엽종쇄청차(雲南大葉種晒靑茶)

* **탄량**(攤涼) : 펼칠 탄(攤)/서늘할 량(涼)

* **위조**(萎凋) : 시들 위(萎)/시들 조(凋)

* **살청**(殺靑) : 죽일 살(殺)/푸를 청(靑)

* **유념**(揉捻) : 주무를 유(揉)/비틀 념(捻)

* **해괴**(解塊) : 풀어헤칠 해(解)/덩어리 괴(塊)

원통형 실린더에서 열처리하는 곤통살청
(滾筒殺靑)

'일아이엽(一芽二葉)'을 위주로 채엽하고, 품종에 따라서 '일아삼엽(一芽三葉)'을 위주로 채엽하는 경우도 있다. **보통 일아이엽의 선엽이 성숙도, 함유 성분의 측면에서 보이차를 만들기에 가장 좋은 상태이다.** 다른 분류의 차들과 마찬가지로 보이차의 품질에 큰 영향을 준다.

2) 탄량 (攤涼)*/위조 (萎凋)*

탄량(攤涼)**은 수확한 선엽을 건조대에 늘어놓아 수분을 일부 줄여서 시들게 만든 뒤 연화시켜 그 다음 과정을 보다 쉽게 진행할 수 있도록 만드는 것이다.** 이 과정에서 산화(酸化)도 일부 일어나 최종 상품의 맛과 향에 영향을 주기도 한다. 보통 다른 차의 가공에서는 '위조(萎凋)'라고 한다. 선엽을 15~20cm 정도의 두께로 펼쳐 놓고 건조시킨다. **벽록색**(碧綠色)**의 차엽에서 흑록색**(墨綠色)**으로 변색이 관찰되고, 차엽이 부드러워지면서 무게가 약 20~25% 정도 줄어들면 탄량 과정이 적당히 진행된 것이다.**

3) 살청 (殺靑)*

살청은 차엽의 세포벽을 파괴하여 방향성 성분과 산화 효소가 배어 나오도록 한 뒤 열을 가해 변성시켜 산화 반응이 일어나지 않도록 하는 작업이다. 모차를 가공하는 과정인 살청에는 솥(팬)에서 비비고 덖는 '과초살청(鍋炒殺靑)'과 원통형 실린더에 넣어서 덖는 **곤통살청**(滾筒殺靑)**'이 있다.**

4) 유념 (揉捻)*

살청 작업을 거친 차엽을 손으로 주무르면서 휘말고 굴려서 비틀린 모양으로 성형하는 과정이다. 보이차의 유념 방식에는 크게 두 가지가 있다. 첫째는 손으로 주무르면서 비비고 휘마는 '수공 유념(手工揉捻)'이고 둘째는 기계로 강제로 진행하는 '기계 유념(機械揉捻)'이다.

5) 해괴 (解塊)*

유념 과정을 거쳐 뭉쳐진 찻잎 덩어리를 '단괴(團塊)'라고 하는데, 이 단괴의 차엽을 헤쳐서 풀어 주거나 분리하는 과정을 '해괴(解塊)'라고 한다. 이 해괴 작업에서 차엽을 흔들어 주거나 모아 주는 등의 작업을 진행하여 유념 과정에서 휘말리거나 비틀어진 모양, 즉 '조색(條索)'과 '긴도(緊度)'(조밀함)를 조절한다.

6) 일광건조 (日光乾燥)*/쇄청 (晒青)*

차엽에서 수분을 최대한 증발시켜 차엽의 특성을 고정시키는 작업이다. **보이차의 가공 과정에서 건조는 주로 햇볕에 말리기 때문에** '일광건조(日光乾燥)' **또는** '쇄청(晒青)'**이라고도 한다.** 이 과정을 거친 차엽의 수분 함유량은 10% 내외이다. 이러한 **쇄청을 통해서 모차를 비교적 오랫동안 보존할 수 있고, 최종 산품의 품질을 향상시킬 수 있다.**

5. 보이생차(普洱生茶)의 가공 과정

보이병차 생차

보이병차 생차를 틀에 넣어 긴압하는 모습

1) 모차의 병배 (拼配)* 준비

모차(毛茶)가 차창(茶倉)으로 운송되면 그 모차를 표준군과 대조하여 검수한 뒤 재평가한다. **이때 검수 등급에 따라 창고에 입고시켜서 한군데 모아 둔다.**

2) 차엽의 사분 (篩分)*/선별

사분(篩分)은 차엽을 선별 및 분리하고 불순물을 제거하는 과정이다. 차엽에 바람을 불어 보내 크기가 작고 가벼운 어린 차엽들과 크고 거칠며 성숙한 차엽들을 분리한다. **전자는 보이긴압차 겉면을 이루는 '쇄면차(洒面茶)'로, 후자는 보이긴압차의 내부를 이루는 '이차(里茶)'로 사용한다.**

3) 반제품의 병배

보이생차의 압력 가공은 '쇄면차(洒面茶)'와 '이차(里茶)'로 나눠 진행한다. 앞 과정인 사분(篩分) 작업을 거친 뒤의 반제품인 '사호차(篩號茶)'는 각 보이생차별로 가공 표준군과 대조하여 심사 평가한다. 그 뒤 보이차 겉면에 쓰일 차엽인 '쇄면차'와 내부에 쓰일 차엽인 '이차'를 일정 비율로 함께 배합한다. 쇄면차와 이차를 각 사호차에 일정 배합비로 넣고

---

* **일광건조**(日光乾燥) : 날 일(日)/햇빛 광(光)/마를 건(乾)/마를 조(燥)

* **쇄청**(晒青) : 햇볕에 쬘 쇄(晒)/푸를 청(青)

* **병배**(拼配) : 곁들일 병(拼)/배합할 배(配)

* **사분**(篩分) : 체, 체질할 체(篩)/나눌 분(分)

* **이차**(里茶) : 속, 내부 이(里)/차, 차나무 차(茶)

차엽을 등급별로 배합하는 병배(拼配) 작업

헝겊을 벗기는 거대(去袋) 작업

함께 뭉쳐서 충분히 병배(혼합)한 뒤에 부드럽게 하기 위해 물을 뿌리고 증압(蒸壓)* 과정을 준비한다. 이는 보이차의 맛과 향에 깊이를 더해 주고, 품질을 향상시키기 위한 것이다.

4) 긴압 (緊壓)* 과정

증압(蒸壓) **및 성형**(成形)**은 '긴압**(緊壓)**'이라고도 하는데, 일반적으로 덩어리를 이룬 차엽, 즉 차괴**(茶塊)**의 무게를 잰 뒤 증기로 찌고 압력을 가한다.** 그 뒤 증압의 틀을 제거하거나 차괴에서 헝겊 자루를 벗기는 등의 다음 과정을 거친다.

(1) 차엽 무게 재기와 증모(蒸模) 틀에 넣기

(2) **증차**(蒸茶) : 찻잎을 찌는 작업이다. 찻잎을 '증모(찜 틀)'에 넣어 100도 내외의 수증기로 찌는 목적은 찻잎 덩어리, 즉 '차괴(茶塊)'를 부드럽게 하여 압력을 가하였을 때 성형이 쉽게 일어나도록 함과 동시에, 증모가 일종의 '증기로(蒸氣爐)' 역할을 하여 소독과 멸균 작업을 진행할 수 있기 때문이다

(3) **가압 및 성형** : 긴압 과정이다. 가압 성형에서 중요한 기술은 압력을 적당히 조절하여 '차괴'의 두께가 일정하도록 해야 한다. 특히 압력을 가할 시에 '이차(里茶)'가 틀 밖으로 삐져나오는 것을 방지하고, 차괴의 '송긴(松緊)'(긴장도, 탄력도, 신축성의 뜻)도 적당히 유지해야 한다.

(4) **퇴모**(退模)* **또는 거대**(去袋)* : 퇴모(退模)는 증압 틀인 증모(蒸模)를 제거하는 작업, 거대(去袋)는 헝겊 주머니를 벗겨서 제거하는 작업이다. 압력을 가한 뒤에는 증모 내에 있는 차엽을 식혀서 형상을 고정시켜야 한다. 차엽의 형상이 고정되는 것은 식히는 시간이 결정한다. 만약 증모가 비교적 '정형(定型)'이 좋으면, 압력을 가한 뒤에 약간 방치해 두었다가 틀을 제거하고 차괴에서 헝겊 자루를 벗긴다.

5) 건조 (乾燥)*

전통적인 건조 방식에는 실내에서 바람을 불어 날려서 말리는 '실내풍량건(室內風晾乾)**', 햇볕에 말리는 '일광쇄건**(日光晒乾)**'의 두 방식이 있다.** 실내풍량건의 방식은 실내 건조대 위에 보이생차를 놓은 뒤에 자연스럽게 수분이 빠져나가도록 건조시키면서 최종 완성품의 표준 수분 함량에 이르도록 하는 것이다. 그런데 **오늘날에는 보일러의 증기 잔열을 이용하는 '홍방건조**(烘房乾燥)**'가 가장 보편적으로 사용되고 있다.**

6) 검사 및 포장

보이차를 건조시키면 비로소 완성차가 만들어진다. 이물질 여부 등을 검사한 뒤 차의 내력이 담긴 내비(內飛)를 차병 중앙에 놓고 내리 누른 뒤 포장한다. **내비는 간단히 말하면 보이차가 생산된 차창이나 특성에 관하여 간략히 표기한 종이이다.** 그 뒤 창고에 입고시켜 저장한다.

차병에 내비를 넣고 포장하는 모습

* **진화**(陳化) : 묵을 진(陳)/변화할 화(化)

* **모차**(毛茶) : 조잡할, 거칠 모(毛)/차, 차나무(茶)

* **조수**(潮水) : 축축할 조(潮)/물 수(水)

7) 창고 저장 및 '진화 (陳化)'*

보이생차를 적어도 10년~30년 정도 일정 기간 숙성하는 작업이다. 숙성 시간이 충분히 지나면 전체적인 맛인 자미(滋味)가 입맛에 맞게 변화하면서 순정하고 진한 맛, 즉 순후(醇厚)한 맛이 난다. 맛은 쓴맛과 떫은맛이 약해지고, 목 넘김이 매끄러워진다. 향기 속에서는 풋내가 사라지고, '진향(陳香)'(묵은 향)이 발전하기 시작한다. 보이생차는 저장을 통해 미생물 후발효를 일으키는 '진화(陳化)' 과정이 가장 중요하다.

6. 보이숙차 (普洱熟茶) 가공 과정

보이병차 숙차

보이숙차의 후발효 과정인 악퇴(渥堆)

1) 모차 (毛茶)* 준비

모차를 먼저 쇄면차와 이차로 체로 분리한다. 그 다음에 체로 이물질을 차엽에서 걸러 내는 '간체(揀剔)' 작업을 거친 뒤 건조 작업을 거쳐 수분 함량을 적어도 10% 이하로 낮춘다.

2) 조수(潮水)*

조수(潮水)는 보이차의 원료인 모차에 물을 뿌려 축축하게 만드는 과정이다. 이때 조수(潮水)의 '조(潮)'는 '습기', '눅눅하게 하다', '축축하게 하다'는 뜻이다. 조수는 한마디로 일정량의 깨끗한 물을 모차에 뿌리고 골고루 혼합하는 과정이다. 이 과정을 거친 뒤에야 비로소 후발효 작업이 진행된다.

후발효 중인 차엽을 골고루 섞어 주는 번퇴
(翻堆) 작업

3) 후발효 (後醱酵)*

보이숙차의 속성(速成) 후발효 과정은 '미생물고태발효(微生物固態醱酵)' 또는 '악퇴(渥堆)'라고 한다. **이 과정은 현대 보이차인 보이숙차의 가공 과정 중에서도 가장 중요하다.** 그 이유는 보이숙차의 독특한 향미와 품질에 결정적인 역할을 하기 때문이다. 이 후발효 과정에 영향을 주는 요인들은 매우 많다. **차엽의 온도, 차엽의 수분 함량, 실내 공기 등이다. 특히 물의 매개 작용은 매우 중요하다.** 보이숙차의 후발효 과정에 들어가기에 앞서 일정량의 물을 가하면, **후발효 과정에서 온도가 적당히 유지되고, 발효가 완료되는 시간도 오래 걸리지 않는다.** 만약 물을 뿌려 주지 않으면 차엽은 향이 낮아지고, 차탕의 맛은 약하여 밋밋해진다. 탕색(찻빛)도 어둡고 짙은 홍색을 띠게 된다.

4) 번퇴 (翻堆)*

번퇴 과정은 보이숙차의 속성 후발효 과정 중에서 쌓아 놓은 찻잎, 즉 **악퇴 과정에 있는 차엽을 뒤섞어 주는 기술이다.** 이 과정은 보이차의 품질과 제다 효율에 큰 영향을 주는 핵심적인 요소이다. 후발효 과정이 좋게 일어나도록 하려면, 발효의 정도, 발효 퇴온(堆溫)(쌓아 놓은 차엽내의 발효 온도), 실내 온도 등 발효의 환경적인 변화를 조절해야 하는데, **이를 위해서 적절한 시기에 진행하는 작업이 바로 '번퇴(翻堆)' 작업이다.** 몇 차례의 번퇴를 거친 뒤 차엽이 홍갈색을 띨 때 비로소 서늘한 곳에 늘어서 말리는 '탄량(攤涼)'과 '건조(乾燥)'의 작업을 진행할 수 있다.

5) 풍건조 (風乾燥)*

보이숙차 가공 과정에서 후발효 과정이 어느 정도 종결되면, 후발효가 과도하게 일어나는 것을 방지하기 위하여 반드시 건조 작업을 진행해야 한다. 이때 건조 과정은 **보이생차의 경우 일광건조나 실내 건조를 하는 것과는 달리, 반드시 바람을 불어 보내 말리는 '풍건조(風乾燥)' 방식으로 진행해야 한다.**

6) '사분 (篩分)*'/체로 분리

사분(篩分) 작업은 보이숙차의 중간 과정 형태인 산차(散茶) 가공 중에서 차엽을 크고 거친 것과 작고 세밀한 것으로, 또는 길이가 긴 것과 짧은 것으로 체를 통해 분리하는 중요한 작업이다.

7) 간체 (揀剔)*

차엽에서 차과(茶果)*, 차화(茶花)*, 차경(茶梗)*(줄기), 이물질 등을 제거하고 솎아내는 작업이다.

8) 병배균퇴 (拼配匀堆)*

다양한 차엽을 쭉 늘어놓고 각각 **일정 비율로 배합하는 작업이다.** 이 작업은 우수한 차엽을 적당히 섞어서 열등한 차엽의 나쁜 점을 숨겨 품질을 전반적으로 고르게 조정하면서 보이차의 맛과 향의 최종 품질을 향상시키는 작업이다.

9) 긴압 (緊壓)*(기계식 기준)

보이생차의 긴압 과정과 마찬가지로 악퇴 과정을 거친 차엽을 저울에 놓고 무게를 잰 뒤 일정량으로 표준화한다. 그 뒤 무게가 일정한 차엽들을 바닥에 구멍이 많이 뚫린 양동이에 넣고 아래쪽에서 증기가 올라오는 선반 위에 **약 10초간 올려놓는다.** 구멍을 통해 들어가는 뜨거운 증기로 찻잎들은 훨씬 더 연하고 부드러워진다. **이 상태의 차엽을 헝겊 주머니에 옮겨 놓고 증모(틀)에 넣은 뒤 압축기로 긴압하여 차병을 만든다.** 그리고 차병들은 추가 가공을 위해 선반에 올려놓고 보관한다.

10) 건조 (乾燥)*

선반에 놓인 차병들로부터 헝겊 주머니를 벗긴 뒤 건조실의 선반에 차곡차곡 쌓아 놓고 건조시킨다.

11) 포장 (包裝)*

완전히 건조된 차병에 내비를 놓고 내리누른 뒤에 포장 작업에 나선다. **이때 전통적인 방법은 대나무 껍질로 포장한 뒤 대나무 피로 묶어서 포장한다.**

12) 창고 저장 및 진화

보이숙차도 창고에 저장하여 진화의 과정을 거친다. **보이숙차는 보이생차보다 훨씬 짧은 3~4년 정도의 시간만 지나면 진화의 효과를 어느 정도 볼 수 있다.**

* **병배균퇴**(拼配匀堆) : 곁들일 병(拼)/배합할 배(配)/균등할 균(匀)/쌓을 퇴(堆)

* **긴압**(緊壓) : 팽팽할 긴(緊)/누를 압(壓)

* **건조**(乾燥) : 마를 건(乾)/마를 조(燥)

* **포장**(包裝) : 감쌀 포(包)/넣을, 꾸릴 장(裝)

기계로 긴압하는 모습

건조대에 쌓아 놓은 차병들

보이칠자병차 (普洱七子餅茶)

보이칠자병차 (普洱七子餅茶) – 생차 (生茶)

* 보이칠자병차(普洱七子餅茶) : 넓을 보(普)/
호수 이름 이(洱)/일곱 칠(七)/사람 자(子)/차,
차나무 차(茶)

보이차 7편을 1묶음 단위로 대나무 껍질
로 포장한 1통

* 생차(生茶) : 날 생(生)/차, 차나무 차(茶)

보이칠자병차 (普洱七子餅茶)-숙차 (熟茶)

* 숙차(熟茶) : 익을 숙(熟)/차, 차나무(茶)

육보차 (六堡茶)

7. 대표적인 흑차

중국 6대 차류에서 대표적인 흑차로는 앞서 소개한 보이차의 지리적 표시제로 보호를 받은 지역에서 생산된 **'보이칠자병차**(普洱七子餅茶)'**의 생차, 숙차**가 있다. 그리고 **광서장족자치구**(廣西壯族自治區)**의 '육보차**(六堡茶)', 호남성 안화현(安化縣)의 '**호남흑차**(湖南黑茶)'도 있다. 특히 보이차에 대해서는 그 종류가 너무도 많은 관계로 여기서는 대표적인 보이칠자병차(생차, 숙차)의 일반적인 특성을 소개한다.

1) 보이칠자병차 (普洱七子餅茶)* – 생차 (生茶)*

운남보이차 중 하나인 보이칠자병차(普洱七子餅茶)의 생차(生茶)는 매우 오랜 역사를 지닌 차이다. 긴압차의 일종으로, '교소원차(僑銷圓茶)' 또는 '교소칠자병차(僑銷七子餅茶)'라고도 한다. **전통적으로는 운남성 맹해차창**(勐海茶廠)**에서 생산되었으며, 1편**(片)**의 무게가 357g이고, 7편을 묶어서 1통**(筒)**을 만드는데, 1통의 총무게는 약 2500g이다.**

칠자병차는 둥근 모양이 보름달 같고, 칠자(七子)는 자손이 번성하고 부귀하다는 뜻이 있어, 운남성 소수민족들은 보이차를 예물이나 선물로 사용한다. 특히 **생차는 오랫동안 미생물 후발효 과정을 거치면 맛과 향의 품질이 개선되면서 일반인들에게는 건강차로서, 수집가들에게 재테크의 대상이 되고 있다. 독특한 묵은 향인 진향이 풍부하고, 자미는 부드럽고 달콤하다. 차의 성질은 온화하면서 약리 효과가 높다.**

2) 보이칠자병차 (普洱七子餅茶) – 숙차 (熟茶)*

운남성의 보이칠자병차 숙차는 생차와 형태는 같지만 자연 후발효가 아닌 속성 후발효인 악퇴를 통하여 생산된 현대 보이차이다. 오늘날에는 중국의 수많은 차업에서 대량으로 생산하고 있다. **3~4년의 진화 과정을 거치면 진차**(陣茶)(숙성 차)**의 맛이 난다.** 그러나 보이칠자병차의 대중화를 위하여 속성으로 생산된 만큼 자연 숙성된 보이생차보다는 비교적 품질이 떨어진다.

그 밖에도 운남성에서는 사발 모양의 보이타차(普洱沱茶)**가 많이 생산되고 있다.** 운남성의 보이타차는 품질 면에서 외형이 긴결하면서 정돈되어 사발 모양을 이루고, 색택이 검고 윤택이 난다. 겉에서는 잔털을 뚜렷이 볼 수 있다.

3) 육보차 (六堡茶)*

육보차는 광서장족자치구의 창오현(蒼梧縣) 육보진(六堡鎭)과 하주(賀州), 공성(恭城) 등에서 생산되는 흑차로서 보이차 계열과는 다르다. 육보차의 특징은 숙성 보관 과정에서 찻잎에 황금색의 '금화(金花)'가 핀다. 일종의 노란곰팡이류로 고품질을 뜻한다. 고급 육보차는 오래 묵을수록 좋은데, 그 차를 우리면 빈랑나무의 맛과 향이 난다.

4) 호남흑차 (湖南黑茶)*

호남흑차의 대표적인 원산지는 호남성의 안화현(安化縣)이다. 오늘날에는 생산지가 도강현(桃江縣), 완강(浣江) 지구, 한수현(漢壽縣), 영향현(寧鄕縣), 익양시(益陽市), 임상시(臨湘市) 등으로 확대되었다. 이 호남흑차는 중국 세계 차박람회에서 '10대 명차'에 선정된 유일한 흑차이다.

8. 흑차를 우리는 적당한 다기

흑차는 재질이 두꺼운 200~350mL의 자사호나 투명한 유리 공도배, 안쪽에 백색 유약을 바른 내괘백유(內挂白釉) 자사잔, 또는 녹갈색 계열의 자기잔을 사용하는 것이 좋다. 이는 흑차의 맑고 윤기가 도는 중후한 분위기를 잘 살려 주기 때문이다. 특히 보이차는 자사호나 도토로 만든 차호인 도호(陶壺)로 우리는 것이 좋다. 이때 자사호는 배가 볼록한 것이 좋다. 보이차는 농도가 높기 때문에 배가 볼록한 자사호에 우려야 차가 지나치게 우러나는 것을 막을 수 있다.

9. 흑차를 우리는 적당한 온도

흑차는 일반적으로 매우 성숙한 찻잎인 이엽(二葉)이나 삼엽(三葉)을 채엽하여 가공하고, 특히 보이 긴압차의 경우에는 고압으로 압축하였기 때문에 맛과 향을 내고 몸에 좋은 유효 성분을 잘 침출시키기 위해서는 100도의 끓는 물로 우려야 한다. 즉 고온에서 우려야 찻잎이 제대로 풀어지면서 방향성 성분이나 유효 성분이 침출되는 것이다.

육보차의 포장 상품
* **육보차**(六堡茶) : 여섯 육(六)/둑 보(堡)/ 차나무 차(茶)

호남흑차(湖南黑茶)
* **호남흑차**(湖南黑茶) : 호수 호(湖)/남쪽 남(南)/검을 흑(黑)/차, 차나무 차(茶)

내부에 백색 유약을 바른 내괘백유(內挂白釉) 자사잔

◎ 보이차 (普洱茶) 다예표연 (茶藝表演) 실습

● **차의 종류 :** 보이숙차 (普洱熟茶)
● **다기 :** 자사호 (紫砂壺)

* 여기서 오른쪽, 왼쪽으로 표현한 방향은 다예사 입장이다.

1 **행례** (行禮)(들어갈 행, 예절 예)/**입장** (立場)(들어갈 입, 장소 장)

: 인사의 예를 행하다

1 수험번호 "○○○○"와 이름 "○○○"을 밝히며 인사한다.
2 "이것은 나의 교육 증명서입니다"라고 말하면서 증명서를 양손으로 공손히 들어 선생님(감독관)에게 정면으로 보이도록 한다.
3 "선생님, 사실 확인을 요청합니다"라고 말하고, 테이블 위에 교육 증명서를 선생님에게 바로 보이도록 놓는다.
4 오른손을 왼손 위로(남자는 왼손을 오른손 위로) 양손을 겹쳐서 모은 뒤 예를 갖추며 뒤로 한 발짝 물러선 뒤 양손을 모은 상태로 허리를 살짝 굽혀 인사한다.

2 **추취차양** (抽取茶樣) (뽑을 추, 취할 취, 차 차, 견본 양)

: 차의 견본을 제비뽑기로 뽑는다

1 "선생님, 제가 차첨(茶籤)(차 제비뽑기)을 해도 되겠습니까"라고 문의한다.
2 차첨을 진행한 뒤에 차 표지(예: 보이숙차/普洱熟茶)를 두 손으로 집어 그곳에 적힌 차의 이름이 선생님에게 정면으로 보이도록 한다.
2 옆 테이블로 이동하여 왼손에 차하(茶荷)를 들고, 오른손에 차칙(茶則)을 들고 보이숙차를 들어서 차하에 담는다.

3 **감차** (鑑茶)(감별할, 심사할 감, 차 차)

: 차를 감별하다

1 오른손으로는 해당 차의 건조 찻잎을 담은 차하(茶荷)를, 왼손으로는 차 표지를 든 채로 "이것은 제가 뽑은 '○○○○' (예, 보이숙차)입니다"라고 말하면서 차의 이름을 밝힌다.
2 "선생님, 차의 감별을 요청합니다"라고 말한 뒤, 오른손으로는 해당 차의 건조 찻잎을 담은 차하(茶荷)를, 왼손으로는 차 표지를 든 채로 앞으로 다가와서, 선생님들이 잘 보이도록 왼쪽에서 오른쪽으로 이동하며 건조 찻잎을 보인다.
3 건조 찻잎을 보이고 나면 뒤쪽의 오른쪽 한 곁으로 물러선다.
4 "선생님, 제가 이와 같이 진행하는 것을 허락해 주시겠습니까"라고 잠시 여쭙는다.
5 허락이 나면 허리를 살짝 굽혀 인사를 올리고 다예표연을 위한 다구를 가지러 간다.

4 비구 (備具)(갖출 비, 도구 구)
: 다구 준비

1 다구의 준비에 앞서 테이블에는 다예표연을 위한 차의 표지를 오른쪽에, 건조 찻잎이 담긴 차하는 차반(茶盤)의 왼쪽에 배치해 둔다. 물을 끓이기 위한 전기포트는 테이블 오른쪽에 배치한다.

2 다구가 담긴 쟁반을 조심스레 들고나와 테이블 왼쪽에 놓은 뒤 각 다구를 다음의 순서대로 배치한다.
   ❶ 쟁반의 차도육용(茶道六用)이 담긴 차통(茶筒)을 테이블에서 차반(茶盤) 왼쪽에 놓는다.
   ❷ 공도배(公道杯)를 양손으로 들어 차반(茶盤) 위의 왼쪽 놓는다.
   ❸ 오른손으로 자사호(紫砂壺)의 손잡이를 쥐고 들어 차반 위의 오른쪽에 놓는다. 이때 손잡이가 오른쪽을 향하도록 한다.
   ❹ 차건(茶巾)을 몸쪽 가까운 곳에 차반 밑에 놓는다.
   ❺ 품명배의 잔 받침인 배탁(杯托)을 차하(杯托) 뒤쪽에 놓는다.
   ❻ 차협(茶夾)으로 품명배(品茗杯)(4개)를 집어 하나씩 오른쪽에서부터 왼쪽으로 적당한 간격으로 배치한다.
      이때 품명배는 선생님들이 보았을 때 차반 뒤쪽으로 이동시켜 차반 앞쪽에 가지런히 놓는다.
   ❼ 차협은 차통에 다시 넣는다.

5 입점조정세절 (入店調整細節)(들 입, 가게 점, 고를 조, 정돈 정, 세부 세, 절차 절)
: 다구 배치 확인하기

1 구용(九容)(28쪽 참조)에 맞게 의자에 앉는다. 이때 상체는 곧게 펴고 머리도 세운다.

2 다구가 잘 배치되었는지 확인한 뒤 오른손을 왼손 위로 겹쳐 모으고 허리 쪽으로 붙인 뒤 의자 곁으로 일어서서 허리를 굽혀 인사를 올린다. 이때 시선은 약간 아래쪽으로 향한다.

3 인사를 마치면 양손을 공손히 모은 채로 서서 반드시 다음의 절차를 진행해야 한다.
   ❶ "선생님, 안녕하십니까"라고 공손히 인사말을 한다.
   ❷ "저는 수험번호 'OOOO'인 응시생 'OOO'입니다."라고 자신을 소개한다.
   ❸ "다구의 준비가 완료되었습니다"라고 말을 올린다.
   ❹ "현재 'OOOO'(예 보이숙차) 충포(沖泡)의 허락을 요청합니다."

4 허락이 나면 의자에 다소곳이 앉은 뒤 양손을 겹쳐서 테이블 위에 놓는다.

6 다구의 소개

1 테이블 위에 놓인 다예표연에 사용할 다구에 대하여 구두로 소개해야 한다. 여기서는 하나의 예시로서 자사호(紫砂壺)에 대해 소개하였지만, 다른 다구를 사용할 경우에는 그 다기의 특성에 대하여 소개해야 한다.

● 예시 : 자사호(紫砂壺)
   'OOOO'(우릴 차 : 보이숙차)를 우릴 때 적합한 다기는 자사호(우리는 다기)입니다. 자사호는 공기가 잘 통하는 '투기성(透氣性)', 맛을 흡수하는 '흡미성(吸味性)', 온도를 유지하는 '보온성(保溫性)'이 있습니다. 이 세 가지의 성질은 차탕을 자육(滋育)하는 데 도움을 줍니다.

   * 자육(滋育) : 기르다.

7 온배결구 (溫杯洁具)(따뜻할 온, 잔 배, 깨끗할 결, 다구 구) : 뜨거운 물(95℃ 이상)로 자사호를 데우면서 깨끗이 세척하기

1 자사호의 뚜껑(호뉴)을 오른손으로 집어서 차반에 내려놓는다.

2 양손으로 주전자를 들고 자사호에 뜨거운 물을 붓는다.

3 자사호의 뚜껑을 덮고 주전자를 들어서 자사호 개면 위로 돌려 가면서 뜨거운 물을 붓고 호뉴에 난 구멍인 기공(氣孔)에도 뜨거운 물을 붓는다.

4 자사호를 오른손으로 들어 테이블 위의 차건 위에 살짝 놓았다가(물기 제거), 다시 들어 공도배에 물을 쏟아 버린다. 이때 자사호 안에 물이 남지 않도록 손목을 수직으로 꺾어서 모두 버린다. 이때 팔꿈치가 들리지 않도록 주의한다.

5 자사호를 차건에 잠시 놓았다가(물기 제거), 다시 차반의 제자리에 내려놓는다.

8 분온배수 (分溫杯水)(나눌 분, 따뜻할 온, 잔 배, 물 수) : 품명배를 골고루 예열하는 과정

1 왼손으로 공도배를 쥔 뒤 차건에 잠시 놓았다가(물기 제거), 들어서 오른쪽 품명배부터 예열한다.

2 나의 오른쪽 품명배에서 왼쪽 순서대로 물의 양이 고르게 분배해 붓는다.

3 공도배의 남은 물은 차반에 쏟는다. 이때 팔꿈치가 들리지 않도록 주의한다.

4 공도배는 차반의 본래 위치에 놓는다.

9 상차 (賞茶) : 차의 소개 및 평가 신청하기

1 오른손으로 자사호의 호뉴를 쥐고 뚜껑을 열어 차반에 놓는다.

2 왼쪽에 놓인 찻잎이 담긴 차하를 들어 차건 위에 잠시 놓는다.

3 양손으로 차하를 수평으로 쥐고 가슴 높이로 올린 뒤 "제가 우려야 할 찻잎은 흑차 보이숙차입니다. 선생님, 상차를 요청합니다"라고 요청한다.

4 양손에 쥔 차하를 약간 비스듬히 앞쪽으로 눕혀 나의 왼쪽에서 오른쪽으로 움직이면서 보여 준다.

5 차하를 오른쪽으로 이동시키면서 선생님들에게 건조 찻잎의 색상, 형태가 잘 보이도록 한다.

6 양손으로 차하를 수평으로 가슴 높이 든 채로 자신이 우릴 차(보이숙차)의 특성에 대하여 구두로 설명해야 한다.

● 예시 : 보이숙차(普洱熟茶)
보이숙차 산지는 운남성 보이시(普洱市), 맹해현(勐海県) 등입니다. 잎이 가늘고 팽팽하게 말려 있고, 크기와 모양이 균정(匀整)합니다.
* 균정(匀整) : 균일하고 가지런함

7 차하를 차건 위로 내려놓는다.

10 투차 (投茶)(던질 투, 차 차) : 차하에 담긴 찻잎을 자사호에 넣기

1 왼손으로 차통에서 차루를 집어 오른손으로 옮긴 후 자사호 개구에 놓고, 왼손으로 차하를 집어 든다.

2 왼손으로 차통에서 차시를 집어 오른손으로 옮긴 후 차하에서 건조 찻잎을 차시로 조심스레 2~3회에 걸쳐 쓸어내리듯이 하여 자사호에 넣는다.

3 차하를 차건 위에 놓고 오른손에 있던 차시를 왼손으로 옮긴 후 차통에 넣는다.

4 오른손으로 차루를 집어 왼손에 옮긴 후 차통의 제자리에 걸어 놓는다.

5 차하를 테이블 왼쪽의 제자리로 옮긴다.

---

11 괄말윤차 (刮沫潤茶)(긁을 괄, 거품 말, 물에 불릴 윤, 차 차) : 찻잎이 잘 우러나도록 하고, 이물질을 제거하는 작업

1 양손으로 주전자를 들어 뜨거운 물을 자사호에 가득 차게 붓는다.

2 왼손으로 호뉴를 쥐고 쓰다듬듯이 거품을 걸어 낸다(괄말).

3 자사호 뚜껑에도 뜨거운 물을 부어 씻는다.

4 뚜껑을 덮어서 약간 물이 넘치도록 하여 거품을 완전히 없앤다.

5 자사호 뚜껑에서부터 몸체 전체에 걸쳐 뜨거운 물을 부어 예열한다.

6 주전자를 양손으로 쥔 채 테이블의 제자리에 놓는다.

---

12 출윤차수 (出潤茶水) (나갈 출, 물에 불릴 윤, 차 차, 물 수) : 윤차한 물을 버리기

1 오른손 검지로 호뉴를 누르고 나머지 손가락으로는 손잡이를 쥔 채 들어서 잠시 차건 위에 놓는다(물기 제거)

2 자사호를 수직으로 꺾어서 기울여 윤차한 물을 차반에 완전히 쏟는다. 이 때 팔꿈치가 들리지 않도록 주의한다.

3 자사호를 잠시 차건에 놓았다가(물기 제거), 차반의 제자리에 놓는다.

13 충포임호 (沖泡淋壺)(부딪칠 충, 거품 포, 물 뿌릴 임, 병 호)

: 차를 우리고 자사호를 데우기

1 뚜껑을 열어서 자사호 옆의 차반에 놓는다.

2 양손으로 주전자를 높이 들어서 붓기와 낮게 붓기를 3회 반복하는 봉황삼점두 방식으로 따른다.

3 주전자를 테이블의 제자리에 놓는다.

4 뚜껑을 바깥으로 휘감듯이 우아하게 닫는다. 이때 자사호의 물을 넘치게 넣어 준다.

5 양손으로 주전자를 들어 자사호의 뚜껑에서부터 몸체 전부에 뜨거운 물을 부어 준다.

6 주전자를 테이블의 제자리에 내려놓는다.

14 출온배수 (出溫杯水)(나갈 출, 따뜻할 온, 잔 배, 물 수)

: 품명배를 데운 물을 버리기

1 왼손으로 차통에서 차협을 꺼내어 오른손에 옮겨 쥔다.

2 오른손으로 차협을 조금 앞쪽으로 잡은 뒤 나의 가장 왼쪽 품명배부터 쥐고 반시계 방향으로 돌리면서 품명배를 데운 물을 차반에 쏟는다.

3 품명배에서 물을 다 쏟은 뒤 잠시 차건 위에 놓았다가(물기 제거), 나의 왼쪽에서 오른쪽 바깥으로 둘러서 제자리에 놓는다. 나머지 품명배도 반복한다.

4 차협을 잠시 차건에 놓았다가(물기 제거), 차통에 다시 넣는다.

15 출탕 (出湯)(나갈 출, 뜨거운 물 탕)

: 우린 차를 공도배에 붓기

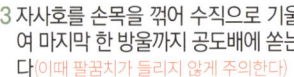

1 오른손 검지로 호뉴를 누르고 나머지 손가락으로 손잡이를 쥔다.

2 자사호를 출탕에 앞서 잠시 차건에 내려놓는다(물기 제거)

3 자사호를 손목을 꺾어 수직으로 기울여 마지막 한 방울까지 공도배에 쏟는다(이때 팔꿈치가 들리지 않게 주의한다)

4 자사호를 잠시 차건에 놓았다가 다시 차반의 제자리에 놓는다.

16 상탕 (賞湯)(감상할 상, 뜨거운 물 탕)

: 찻물의 평가

1 공도배의 손잡이를 왼손으로 쥔 뒤 잠시 차건에 놓았다가 왼손으로는 손잡이를 쥐고, 오른손으로는 검지, 중지, 약지를 붙인 뒤 아래쪽을 살짝 받쳐 눈높이까지 올려 수평으로 든다. 그리고 찻물의 탕색에 대해 설명한다.

● 예시) 보이숙차의 탕색은 밝고 진한 붉은색의 홍농명량(紅濃明亮)입니다.

2 공도배의 손잡이를 왼손으로 쥐고 가슴까지 내렸다가 분탕을 곧바로 진행한다.

---

17 분탕 (分湯)(나눌 분, 뜨거운 물 탕)

: 찻물을 품명배에 골고루 나눠 붓기

1 왼손에 든 공도배의 찻물을 나의 오른쪽에서부터 왼쪽으로 문향배에 3분의 2의 높이로 고르게 따른다(찻물이 넘치지 않게 주의한다)

2 찻물을 4잔의 품명배에 고르게 따르고 난 뒤, 공도배의 물기 제거를 위해 차건에 잠시 올렸다가 제자리에 놓는다.

---

18 경차 (敬茶)(공경할 경, 차 차)

: 우린 차로 선생님에게 공경의 뜻을 표하는 과정

1 양손으로 찻물이 든 제일 왼쪽 품명배를 바깥으로 감싸듯이 집어 든다.

2 품명배를 잠시 차건 위에 놓는다(물기 제거).

3 차반 왼쪽 테이블에 놓인 배탁(杯托)에 품명배를 놓는다.

4 품명배가 놓인 배탁을 인중 높이까지 수평으로 들어 올린다.

5 상체를 굽혀서 인사를 1회 올린 뒤 쟁반 위에 가지런히 놓는다.

6 세 번째 품명배까지 동일한 과정을 반복한다.

7 마지막 품명배는 나의 시음을 위한 품명을 위해 배탁 위에 올려둔다. 이때 양손으로 받쳐 들고 올리는 인사는 생략한다.

19 봉차 (奉茶)(바칠 봉, 차 차) : 선생님에게 우린 차를 올리는 과정

1 오른손을 왼손 위로 포갠 채 양손을
배꼽 높이로 모은 채 일어서 쟁반을
양손으로 들어 봉차를 위해 나간다
(일어날 때 의자 소리가 나지 않게 주의한다)

20 품명 (品茗)(품평할 품, 차 싹 명) : 우린 차의 품질을 시음하는 과정

1 오른손을 왼손 위로 포갠 채 공손히
모아서 자리에 앉는다.

2 왼쪽 앞에 놓인 품명배를 오른손으로
잡은 뒤 나의 입과 만날 수 있도록 손
목을 돌려서 시음한다.

3 품명배에 든 찻물을 두 모금 정도 입
에 머금는다.

4 입안에서 찻물을 굴리면서 맛과 향
을 시음한다.

5 품명배를 배탁에 내려놓는다.

6 양손을 가지런히 모으고 앉아서 차의
향미에 대하여 설명한다.

● 예시 : 보이숙차(普洱熟茶)
보이숙차는 향이 오래 묵은 진향(陣
香)이 있고 자미는 순수하고 농후
(濃厚)하면서 회감이 있습니다.

21 수구 (收具)(정리할 수, 다구 구) : 다구 정리하기

1 쟁반을 수평으로 허리 높이까지 든 뒤 선생님에게 "선생님, 다구를 수거해도 되겠습니까"라고 문의한다.
2 허락이 나면 심사 평가를 위해 사용된 테이블 위에 쟁반을 놓은 뒤 품명배를 배탁과 함께 쟁반에 올려놓고
양손으로 든 채 한 걸음 물러나 인사를 가볍게 올리고 퇴장한다.
3 탁자에 쟁반을 놓고 나머지 품명배와 차통, 차하를 담는다. 그리고 물기가 묻은 자사호와 공도배는 차건 위에
한 번 놓았다고 쟁반에 담는다.
4 차건으로 차반 윗면을 청결하게 닦는다.
5 차첨으로 뽑은 차 표지도 쟁반에 담는다.

22 치사이장 (致謝離場)(내줄 치, 사례 사, 떠날 이, 장소 장) : 마지막 인사말과 선생님에게 감사의 뜻 전하는 과정

1 양손을 허리춤에 공손히 모으고 몸을 곧게 세운 뒤 가볍게 고개를 숙여 인사를 올린다.
2 자신의 신분을 다시 밝힌다.

● 예시) "선생님, 안녕하십니까?" "○○○○(수험번호) 응시생 ○○○(이름)입니다."

3 마지막 인사말을 올린다.

● 예시) "보이숙차의 충포를 완료하였습니다. 자리를 떠나도 되겠습니까?"

4 양손을 공손히 허리춤에 붙인 채로 허리를 굽혀 인사를 올린다.
5 양손으로 쟁반을 허리 높이로 수평으로 든 뒤 몸을 세워 선다.
6 퇴장한다.

보탑시 (寶塔詩)

一字七字詩·茶
일자칠자시·차

원진(元稹, 779-831)은 당대에 하남(河南) 출신의 시인이자 재상까지 오른 인물이었다. 자(字)는 미지(微之)이다. 당대의 최고의 시인으로 뽑히는 백거이(白居易, 772~846])와 더불어 '신악부운동(新樂府運動)'을 일으켜 두 사람은 '원백(元白)'으로 일컬어졌다. 또한 서예도 출중하여 그의 서체는 오늘날 '원화체(元和體)'로 불리고 있다. 아래의 시는 그가 차에 관한 내용의 싯구로 탑을 쌓아 지은 「보탑시(寶塔詩)」이다.

작자 : 당대(唐代) 시인 원진(元稹, 779-831)

茶
香葉, 嫩芽
慕詩客, 愛僧家
碾雕白玉, 羅織紅紗
銚煎黃蕊色, 碗轉曲塵花
夜后邀陪明月, 晨前明對朝霞
洗盡古今人不倦, 將智醉后豈堪誇

차
향엽, 눈아
향긋한 잎, 어린 싹아
모시객, 애승가
시인들이 사모하고, 스님들이 사랑한다.
연조백옥, 나직홍사
백옥으로 만든 차 연자, 붉은 비단 실로 짠 체
조전황예색, 완전곡진화
솥에 끓이면 황색이고, 찻잔 위에서는 거품이 돈다.
야후요배명월, 신전명대조하
밤이 깊어 달이 같이 있고, 새벽에 동이 트는 것을 마주한다.
세진고금인불권, 장지취후기감과
고금의 권태를 씻고, 술 취한 이후에 마시면 그 좋은 것을 알게 된다

제 13 장

화차 (花茶)의 다예표연 (茶藝表演)

중국의 대표적인 화차인 말리화차(茉莉花茶)

꽃이 든 화차를 우린 모습

🫖 중국 화차 (花茶)의 이해

1. 중국 화차(花茶)의 개요

중국의 화차(花茶)는 녹차, 홍차, 우롱차의 베이스 티에 식용의 꽃을 섞어 찻잎에 꽃향기를 배도록 만들어 생산한 재가공(再加工) 차를 가리킨다. 중국에서는 이 화차를 '훈화차(燻花茶)', '음화차(窨花茶)', '훈제차(燻製茶)', '향화차(香花茶)', '향편(香片)'이라고도 한다. 건조 찻잎에서는 진하고 순정한 꽃 향이 나고, 찻잎 가운데에는 약간의 꽃들이 섞여 있는데, 이는 정통적인 음화차이다.

중국 화차의 역사는 약 1000여 년 전인 송나라 시대로까지 거슬러 올라간다. 당시 황제에게 진상되는 **용단봉병에 '용뇌**(龍腦)'라는 향료를 넣은 것이 시초로 알려져 있다. 그 뒤 각종 찻잎에 향기로운 허브나 꽃을 넣어 즐기는 일이 대중화되었다. 계화, 말리화(재스민꽃), 장미, 치자, 매화 등은 송나라 시대부터 사용되었던 꽃들이다.

중국 화차의 대표적인 산지로는 주로 복건성, 광서장족자치구, 절강성, 강소성, 호남성, 사천성 등이 있다.

2. 중국 화차의 가공 과정

꽃이 들어 있는 화차와 꽃이 없는 화차

녹차와 재스민 꽃을 뒤섞어 향을 입히는 말리화차의 음화 과정

중국의 화차는 녹차, 홍차, 우롱차에 생화(生花)를 첨가해 일정 시간 유지하여 꽃향이 완전히 배도록 특수하게 가공한다. 특히 베이스 티로는 녹차가 많이 사용되고 있다. 화차의 가공 과정에서는 향이 강하게 배도록 하기 위하여 찻잎과 꽃을 층층이 교대로 놓고 향이 다 배면 꽃을 다시 교체하는 등의 작업을 반복한다. 이때 베이스 티에 따라 다양한 화차들이 생산되고 있다.

녹차를 베이스 티로 사용하는 것으로는 말리화차(茉莉花茶), **계화화**

차(桂花花茶), **유자화차**(柚子花茶), **계화용정**(桂花龍井), **금은화차**(金銀花茶) 등이 있다. 특히 말리화차로 유명한 것으로는 '벽담표설(碧潭飄雪)'이 있다. 그리고 **홍차를 베이스 티로 사용하는 것으로는 '매괴홍차**(玫瑰紅茶)' 등이 있고, 우롱차를 베이스 티로 사용하는 것으로는 '계화철관음(桂花鐵觀音)', '말리우롱(茉莉烏龍)' 등이 있다. 이 중에서도 가장 큰 비중을 차지하는 말리화차는 찻잎에 향을 배도록 하기 위하여 다음의 과정을 반복적으로 거친다.

1) 음화 (窨花)*
꽃을 찻잎 사이로 겹겹이 쌓아 꽃향기가 찻잎에 배어 들도록 하는 반복적인 작업이다.

2) 기화 (起花)*
한 번 음화가 끝났을 경우에 이미 사용된 꽃잎을 일일이 제거하는 작업이다.

3) 제화 (提花)*
기화 작업이 끝난 말리화차에 마지막으로 신선한 꽃을 사용해 향을 강화하는 작업이다. 전통적인 방식의 고급 말리화차는 7음(窨) 1제(提)로 생산되었지만, 최근에는 9음(窨) 1제(提), 심지어는 12음(窨) 1제(提)로도 생산한다. 이렇게 **꽃향기를 강하게 풍기는 말리화차는 향미를 제대로 즐기려면 반드시** '개완(蓋椀)'을 **사용하여 우려내야 한다.**

3. 대표적인 중국 화차

말리화차를 백자 개완에 우린 모습

대표적인 화차로는 말리화차(茉莉花茶), **주란화차**(珠蘭花茶), **옥란화차**(玉蘭花茶), **매괴화차**(玫瑰花茶) **등이 있다.** 이중 재스민 꽃을 사용하여 '재스

---

* **음화**(窨花) : 향기 더할 음(窨)/꽃 화(花)

* **기화**(起花) : 일어날, 빼낼, 뽑아낼 기(起)/꽃 화(花)

* **제화**(提花) : 끌어올릴 제(提)/꽃 화(花)

최고급 말리화차인 벽담표설의
건조 찻잎과 탕, 그리고 엽저

* **말리화차**(茉莉花茶) : 재스민 말(茉)/
  재스민 리(莉)/꽃 화(花)/차, 차나무 차(茶)

* **벽담표설**(碧潭飄雪) : 푸를 벽(碧)/연못
  담(潭)/흩날릴 표(飄)/눈 설(雪)

* **금은화차**(金銀花茶) : 황금 금(金)/은
  은(銀)/꽃 화(花)/차, 차나무 차(茶)

민 차'라고도 하는 말리화차가 중국 화차 중에서도 가장 많이 생산되고
있다. **대표적인 산지는 복건성의 복주(福州)와 강소성의 소주(苏州)이다.**
그리고 금은화(金銀花)를 음화한 화차인 '금은화차(金銀花茶)'도 있다.

1) 말리화차 (茉莉花茶)*

화차 중에서도 일상에서 가장 많이 접할 수 있는 것이 재스민꽃의 향
이 청아하면서 강하게 풍기는 말리화차다. **말리화(茉莉花)는 중국어로
서 재스민꽃을 가리킨다.** 녹차를 베이스 티로 하는 최고급 말리화차로
는 '벽담표설(碧潭飄雪)*'이 있다.

벽담표설은 사천성 아미산(峨眉山)에서 생산된 녹차를 기반으로 만든
현대적인 말리화차로, 꽃잎이 비취색의 찻물에 뜨는 모습이 호수 위에
뜨는 눈(雪)과 같다 하여 이러한 이름이 붙게 되었다. 다른 말리화차가
재스민꽃을 모두 제거하여 완성하는 것과 달리 벽담표설은 건조된 재
스민꽃을 넣어 만든다.

2) 금은화차 (金銀花茶)*

**금은화차는 최고급 녹차에 인동덩굴에서 갓 피기 시작한 신선한 금은
화(金銀花)를 따서 음화(窨花)한 화차이다.** 외형의 조색은 단단하면서도
매끄럽고 세밀하며, 색택은 회록색에 윤기 돈다. **자미는 감미로우면서
신선하고 순하다. 향은 화향형(花香型) 중에서 청화향(靑花香)에 속하여
향이 매우 청아하면서 순수하다. 탕색은 황록명량하다.** 열을 내리는 해
열 효능이 있어 여름철에 더위를 식히는 효과가 있다.

4. 중국 화차 우리기에 적당한 다구

화차를 우리기에 적당한 백자 개완

중국 화차는 차의 맛도 즐기지만 꽃향기도 매우 중요한 요소이기 때문에 찻물에서 향이 충분히 확산될 수 있도록 가장자리가 넓어지는 찻잔을 사용하는 것이 좋다. 특히 뚜껑이 있는 백자 개완으로 우리면 화차의 맛과 향을 제대로 즐길 수 있다. 차석에서 차를 즐기는 사람들이 많은 경우에는 백자호(白瓷壺)*에 물을 부어 차를 우리고, 백자 찻잔이나 개완(蓋碗)(삼재배)에 찻물을 따라 맛을 음미한다.

* **백자호**(白瓷壺) : 흰 백(白)/자기 자(瓷)/ 병 호(壺)

5. 중국 화차 우리기에 적당한 온도

중국 화차는 베이스 티와 꽃으로 구성된 것도 있고, 꽃을 걷어 내 베이스 티로만 이루어진 것도 있다. 그중 말리화차 경우에는 보통 온도 90도의 물을 사용해 우린다. 적당량의 찻잎을 4~5분 정도 우려내 즐기는데, 보통 2~3회 정도 더 우려낼 수 있다. 물론 우리를 횟수가 많을수록 차의 향은 줄어든다.

백자 개완에 우린 말리화차

◎ 화차 (花茶) 다예표연 (茶藝表演) 실습

> ● **차의 종류 :** 말리화차(茉莉花茶)/재스민 녹차
> ● **다기 :** 개완

* 여기서 오른쪽, 왼쪽으로 표현한 방향은 다예사 입장이다.

1 행례 (行禮)(들어갈 행, 예절 예)/입장 (立場) (들어갈 입, 장소 장) : 인사의 예를 행하다

1 수험번호 "○○○○"와 이름 "○○○"을 밝히며 인사한다.
2 "이것은 나의 교육 증명서입니다"라고 말하면서 증명서를 양손으로 공손히 들어 선생님(감독관)에게 정면으로 보이도록 한다.
3 "선생님, 사실 확인을 요청합니다"라고 말하고, 테이블 위에 교육 증명서를 선생님에게 바로 보이도록 놓는다.
4 오른손을 왼손 위로(남자는 왼손을 오른손 위로) 양손을 겹쳐서 모은 뒤 예를 갖추며 뒤로 한 발짝 물러선 뒤 양손을 모은 상태로 허리를 살짝 굽혀 인사한다.

2 추취차양 (抽取茶樣) (뽑을 추, 취할 취, 차 차, 견본 양) : 차의 견본을 제비뽑기로 뽑는다

1 "선생님, 제가 차첨(茶籤)(차 제비뽑기)을 해도 되겠습니까"라고 문의한다.
2 차첨을 진행한 뒤에 차 표지를 두 손으로 집어 그곳에 적힌 차의 이름이 선생님에게 정면으로 보이도록 한다.
3 오른손으로는 해당 차의 건조 찻잎을 담은 차하(茶荷)를, 왼손으로는 차 표지를 든 채로 "이것은 제가 뽑은 '○○○○'(예, 말리화차)입니다"라고 말하면서 차의 이름을 밝힌다.
4 "선생님, 차의 평가를 요청합니다"라고 말한 뒤, 오른손으로는 해당 차의 건조 찻잎을 담은 차하(茶荷)를, 왼손으로는 차 표지를 든 채로 앞으로 다가와서, 선생님들이 잘 보이도록 왼쪽에서 오른쪽으로 이동하며 건조 찻잎을 보인다.
5 건조 찻잎을 보이고 나면 뒤쪽의 오른쪽 한 곁으로 물러선 뒤 "선생님, 제가 이와 같이 진행하는 것을 허락해 주시겠습니까"라고 잠시 여쭙는다.
6 허락이 나면 허리를 살짝 굽혀 인사를 올리고 다예표연을 위한 다구를 가지러 간다.

3 비구 (備具)(갖출 비, 도구 구) : 다구 준비

1 다구의 준비에 앞서 테이블에는 다예표연을 위한 차의 표지를 오른쪽에, 건조 찻잎이 담긴 차하는 차반(茶盤)의 왼쪽에 배치해 둔다. 물을 끓이기 위한 전기포트는 테이블 오른쪽에 배치한다.
2 다구가 담긴 쟁반을 조심스레 들고나와 테이블 왼쪽에 놓은 뒤 각 다구들을 다음의 순서대로 배치한다.
  ❶ 오른손으로 차도육용(茶道六用)이 담긴 차통(茶筒)을 들어 테이블에 내려놓는다.
  ❷ 양손으로 개완이 올려진 배탁(杯托)을 들고 차반 앞쪽의 오른쪽부터 테이블에 올려놓는다. 두 번째 개완도 마찬가지이다.
  ❸ 세 번째, 네 번째 개완은 배탁 채로 양손으로 들어서 차반에 오른쪽부터 놓는다.

4 입점조정세절 (入店調整細節)(들 입, 가게 점, 고를 조, 정돈 정, 세부 세, 절차 절) : 다구 배치 확인하기

1 구용(九容)(28쪽 참조)에 맞게 의자에 앉는다. 이때 상체는 곧게 펴고 머리도 세운다.
2 다구가 잘 배치되었는지 확인한 뒤 오른손을 왼손 위로 겹쳐 모으고 허리 쪽으로 붙인 뒤 의자 곁으로 일어서서 허리를 굽혀 인사를 올린다. 이때 시선은 약간 아래쪽으로 향한다.
3 허리를 굽혀 인사를 마치면 양손을 공손히 모은 채로 일어서서 반드시 다음의 절차를 진행해야 한다.
  ❶ "선생님, 안녕하십니까"라고 공손히 인사말을 한다.
  ❷ "저는 수험번호 '○○○○'인 응시생 '○○○'입니다"라고 자신을 소개한다.
  ❸ "다구의 준비가 완료되었습니다"라고 말을 올린다.
  ❹ "현재 '○○○○'(예 말리화차) 충포(沖泡)의 허락을 요청합니다"
4 허락이 나면 의자에 다소곳이 앉은 뒤 양손을 겹쳐서 테이블 위에 놓는다.

5 다구의 소개

1 테이블 위에 놓인 다예표연에 사용할 다구에 대하여 구두로 소개해야 한다. 여기서는 하나의 예시로서 개완(蓋碗)에 대해 소개하였지만, 다른 다구를 사용할 경우에는 그 다기의 특성에 대하여 소개해야 한다.

● 예시 : 개완

'○○○○'(예, 말리화차)에 적합한 다기인 자기 재질의 개완(우리는 다기)입니다. 자기 재질의 개완은 질감이 섬세하고 매끄러우면서 밝고 깨끗하여 차탕의 아름다움을 충분히 살릴 수 있습니다. 개완은 흔히 '삼재배(三才杯)'라고도 합니다. 뚜껑(蓋)은 하늘(天), 탁(托)(잔 받침)은 땅(地), 완(碗)은 사람(人)으로 비유하기 때문입니다. 이는 하늘과 땅을 사이 두고 사람을 길러내는 것이 천지인(天地人)이 화합하는 통일적인 도리임을 가리킵니다.

6 온배결구 (溫杯洁具)(따뜻할 온, 잔 배, 깨끗할 결, 다구 구) : 뜨거운 물로 개완을 데우면서 깨끗이 세척한다.

1 뚜껑을 약간 비켜서 뒤집힌 상태로 준비된 개완에 주전자의 뜨거운 물을 위로 붓고 두 개완을 예열한다.

2 왼손으로 차침을 잡고 오른손으로 옮긴 후 차침(茶針)으로 뚜껑을 살짝 한쪽을 내리누르고 왼손으로 뚜껑을 받쳐서 뒤집는다. 이때 뜨거운 열기가 나갈 수 있도록 뚜껑을 약간 비스듬히 놓는다. 오른쪽 개완도 동일하게 진행한다.

3 오른손에 있던 차침을 왼손으로 옮긴 후 차통에 넣는다. 참고로 차통에 넣어 두는 차도육용은 매번 사용한 뒤 차통에 넣는다.

4 개완이 어느 정도 데워지면, 왼쪽 개완부터 오른손 검지로 뚜껑의 꼭지를 누르고 나머지 손가락은 모아서 완(碗)을 받치면서 팽이 돌리듯이 반시계 방향으로 돌린다.

5 개완을 수직으로 기울여 내부의 물을 차반에 붓는다. 이때 팔꿈치가 들리지 않도록 주의한다.

6 다 붓고 나면 차반의 개완 받침에 올려놓는다. 남은 개완도 같은 과정을 반복한다.

7 상차 (賞茶)(감상할 상, 차 차) : 차의 소개 및 평가 신청하기

1 개완의 뚜껑을 쥐고 바깥으로 휘감듯이 우아하게 개완의 뚜껑을 열고 개완 받침에 걸쳐 놓는다.

2 왼쪽의 찻잎이 담긴 차하를 들어 차건 위에 잠시 놓는다.

3 양손으로 차하를 수평으로 쥐고 가슴팍 높이로 올린 뒤 "제가 우려야 할 찻잎은 화차, 말리화차입니다. 선생님, 상차를 요청합니다"라고 요청한다.

4 양손에 쥔 차하를 약간 비스듬히 앞쪽으로 눕혀 왼쪽에서 오른쪽으로 움직이면서 보여 준다.

  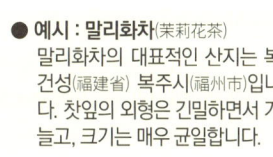 

5 차하를 오른쪽으로 이동시키면서 선생님들에게 건조 찻잎의 색상, 형태가 잘 보이도록 한다.

6 양손으로 차하를 수평으로 가슴 높이 든 채로 자신이 우릴 차(말리화차)의 특성에 대하여 구두로 설명해야 한다.

● 예시 : 말리화차(茉莉花茶)
말리화차의 대표적인 산지는 복건성(福建省) 복주시(福州市)입니다. 찻잎의 외형은 긴밀하면서 가늘고, 크기는 매우 균일합니다.

7 차하를 차건 위로 내려놓는다.

8 투차 (投茶)(던질 투, 차 차) : 차하에 담긴 찻잎을 개완에 넣기

1 왼손으로 차통에서 차시(茶匙)를 꺼내 오른손에 쥔다.

2 왼손에 든 차하에서 건조 찻잎을 차시로 조심스레 2~3회에 걸쳐 쓸어내리듯이 하여 두 개완에 각각 넣는다.

3 차하를 차건에 놓고, 오른속에 있던 차시를 왼손으로 옮긴 후 차통에 넣는다.

4 빈 차하를 테이블 왼쪽 제자리에 놓는다.

9 충포 (沖泡)(부딪칠 충, 물에 담글 포) : 뜨거운 물(80℃ 이상)로 찻잎 우리기

1 양손으로 주전자를 높이 들어서 붓기와 낮게 붓기를 3회 반복하는 봉황삼점두 방식으로 따른다.

2 오른쪽 개완도 봉황삼점두 방식으로 뜨거운 물을 따른다.

3 주전자를 테이블 오른쪽의 제자리에 놓는다.

4 왼쪽 개완부터 개완의 뚜껑을 우아하게 돌리면서 덮고, 차가 우러나기를(1분 정도) 기다린다.

5 오른쪽 개완도 개완의 뚜껑을 우아하게 안쪽으로 돌리면서 덮고, 차가 우러나기를(1분 정도) 기다린다.

10 경차 (敬茶)(공경할 경, 차 차) : 우린 차로 선생님에게 공경의 뜻을 표하는 과정

1 왼쪽 개완을 차건 위에 잠시 놓는다.

2 개완의 잔 받침을 양손으로 공손히 쥐고 눈높이까지 들어올린다.

3 개완을 수평으로 든 채 상체를 굽혀서 인사를 1회 올린다.

4 인사를 마치면 나무 쟁반 한쪽에 개완을 가지런히 놓는다.

5 나머지 하나의 개완은 나의 품명을 위하여 차건에 잠시 놓았다가 테이블 오른쪽에 놓아 둔다.

11 봉차 (奉茶)(바칠 봉, 차 차) : 선생님에게 우린 차를 올리는 과정

1 오른손을 왼손 위로 포갠 채 양손을 배꼽 높이로 모은 채 일어서 쟁반을 양손으로 들어 봉차를 위해 일어서 나간다(1잔은 선생님에게 드린다)

12 품명 (品茗)(품평할 품, 차 싹 명) : 우린 차의 품질을 시음하는 과정

1 오른손을 왼손 위로 포갠 채 공손히 모아서 자리에 앉는다.

2 개완을 들어 차건 위에 잠시 놓는다.

3 개완 받침을 양손으로 쥐고 수평으로 어깨 높이까지 들어올린다.

4 왼손으로 개완을 수평으로 든 채로, 오른손으로 개완 뚜껑을 쥐고 돌려가면서 코끝으로 향을 맡는다.

5 개완 뚜껑으로 찻잎을 밀어낸다.

6 개완 뚜껑을 덮은 채로 개완을 약간 기울여 찻물을 마신다.

7 개완을 테이블 오른쪽의 제자리 내려 놓는다.

8 오른손을 왼손 위로 포갠 채로 단정한 자세로 앉아 차의 향미에 대해 설명한다.

● 예시 : 말리화차(茉莉花茶)
말리화차를 우린 차는 향이 매우 신선하면서 향기롭고, 자미는 순후(醇厚)하면서 상쾌하고 향긋합니다.

13 수구 (收具)(정리할 수, 다구 구) : 다구 정리하기

1 쟁반을 수평으로 허리 높이까지 든 뒤 선생님에게 "선생님, 다구를 수거해도 되겠습니까"라고 문의한다.
2 허락이 나면 심사 평가를 위해 사용된 테이블 위에 쟁반을 놓은 뒤 품명배를 배탁과 함께 쟁반에 올려놓고 양손으로 든 채 한 걸음 물러나 인사를 가볍게 올리고 퇴장한다.
3 탁자에 쟁반을 놓고 개완, 차통, 차하를 담는다.
4 차건으로 차반 윗면을 청결하게 닦은 뒤 그 차건을 쟁반에 담는다.
5 차첨으로 뽑은 차 표지도 쟁반에 담는다.

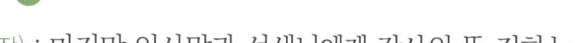

14 치사이장 (致謝離場)(내줄 치, 사례 사, 떠날 이, 장소 장) : 마지막 인사말과 선생님에게 감사의 뜻 전하는 과정

1 양손을 허리춤에 공손히 모으고 몸을 곧게 세운 뒤 가볍게 고개를 숙여 인사를 올린다.
2 양손을 공손히 모은 채로 상체를 펴고 자신의 신분을 다시 밝힌다.

● 예시) "선생님, 안녕하십니까?" "○○○○(수험번호) 응시생 ○○○(이름)입니다."

3 마지막 인사말을 올린다.

● 예시) "말리화차의 충포를 완료하였습니다. 자리를 떠나도 되겠습니까?"

4 양손을 공손히 허리춤에 붙인 채로 허리를 굽혀 인사의 절을 올린다.
5 양손으로 쟁반을 허리 높이로 수평으로 든 뒤 몸을 세워 선다.
6 퇴장한다.

제14장

황차 (黃茶)의 다예표연 (茶藝表演)

대표적인 황차인 군산은침(君山銀針)

* **선엽**(鮮葉) : 신선할 선(鮮)/잎 엽(葉)

* **노눈**(老嫩) : 늙은 노(老)/여릴 눈(嫩)

* **황아차**(黃芽茶) : 누를 황(黃)/새싹
  아(芽)/차, 차나무 차(茶)

* **황소차**(黃小茶) : 누를 황(黃)/작을
  소(小)/차, 차나무 차(茶)

* **황대차**(黃大茶) : 누를 황(黃)/클
  대(大)/차, 차나무 차(茶)

황차만의 독특한 경미발효과정, 민황(悶黃)

🫖 중국 황차 (黃茶)의 이해

중국에서는 당나라 시대에 이미 황차가 생산되었다. 황차에 관한 최초 기록에 따르면, 당나라 대종(代宗) 대력(大曆) 14년(779년)에 당시 회서절도사(淮西節度使)였던 이희열(李希烈, ?~786)이 환관 소광초(邵光超)에게 황명(黃茗)(황차) 200근을 주었다고 한다. 이때 회서절도사에서 '회서(淮西)'는 바로 오늘날의 안휘성을 가리킨다. **주요 산지는 안휘성, 절강성, 호남성, 사천성, 호북성 등의 일부 지역이며, 대표적인 황차로는 '군산은침(君山銀針)', '몽정황아(蒙頂黃芽)', '곽산황아(霍山黃芽)' 등이 있다.**

1. 성숙도에 따른 황차(黃茶)의 3대 분류

황차는 가공에 사용하는 신선한 찻잎, 즉 선엽(鮮葉)*의 여리고 성숙한 정도인 '노눈(老嫩)*'에 따라 크게 '황아차(黃芽茶)', '황소차(黃小茶)', '황대차(黃大茶)'의 세 종류로 나뉜다.

1) 황아차 (黃芽茶)*
황아차는 청명(清明)을 전후로 가늘고 여린 하나의 새싹인 단아(單芽)를 수확해 가공한 것이다.

2) 황소차 (黃小茶)*
황소차는 곡우(穀雨) 3~5일 전에 일아일엽(一芽一葉)에서 일아이엽(一芽二葉)의 중간 정도 찻잎으로 만든 것이다.

3) 황대차 (黃大茶)*
황대차는 곡우(穀雨) 이후의 일아이엽(一芽二葉)에서 일아오엽(一芽五葉)의 비교적 많이 성숙한 찻잎으로 만든 것이다.

2. 황차의 가공 방식

황차의 가공 방식은 녹차를 만드는 과정에서 우연히 발견되었다. **녹차를 만들 때 초청, 유념의 과정을 거친 뒤 찻잎이 충분히 건조되지 않아 수분을 많이 함유하거나, 제대로 건조시키지 않아 찻잎이 노란색으로 변색되면서 새로운 향미의 황차가 탄생한 것이다.** 기본적으로는 녹차의 가공 과정과 비슷하지만, 유념 과정 뒤에 찻잎에 습기를 가한 뒤 인위적으로 경미하게 발효시키는 '민황(悶黃)*' 과정이 있는 것이 특징이다. 이 민황을 통해서 황차에는 찻잎과 찻빛에서 모두 황색을 보이는 '황엽황탕(黃葉黃湯)*'의 특성이 드러난다.

* 민황(悶黃) : 밀폐할 민(悶)/누를 황(黃)

* 황엽황탕(黃葉黃湯) : 누를 황(黃)/잎 엽(葉)/누를 황(黃)/뜨거운 물 탕(湯)

(1) 채엽 (採葉)

황차는 그 종류에 따라 채엽의 시기가 다르다. 즉 **찻잎의 성숙도가 가장 여린 황아차(黃芽茶)에서부터 황소차(黃小茶), 황대차(黃大茶)로 갈수록 채엽의 시기가 늦다.**

(2) 살청 (殺靑)/초청 (炒靑), 유념 (柔捻)

살청(殺靑)의 한 방법인 초청(炒靑) 과정은 **녹차와 마찬가지로 찻잎에 열을 가해 단백질의 산화효소를 비활성화시킨다.** 그리고 유념(柔捻) 과정에서는 찻잎을 넓게 펼쳐 비벼 **찻잎의 세포벽을 파괴해 차로 우릴 경우 찻잎에서 함유 성분이 잘 우러나오도록 한다.**

(3) 민황 (悶黃)

열기와 수분이 남아 있는 상태의 찻잎을 나무 상자나 철제 상자에 넣고 고온다습한 환경에 쌓아 두면서 약하게 발효시키는 과정이다. 이 과정을 거쳐야 비로소 고유한 특성인 황엽황탕과 녹차와는 다른 독특한 향미를 낸다.

(4) 건조 (乾燥)

녹차와 마찬가지로 찻잎에서 수분을 최소화하여 향미를 고정시키고 유통 과정에서 변질을 막기 위한 작업이다.

3. 대표적인 중국 황차

중국 황차는 경미발효차로서 매우 독특한 향미를 지니고 있지만, 오늘날 그 생산량이 많지 않아 매우 희귀한 고급 차로 분류된다. **대표적으로 호남성의 군산은침, 안휘성의 곽산황아 등이 주로 생산의 명맥을 이어가고 있다.** 여기서는 군산은침과 곽산황아에 소개한다.

군산은침(君山銀針)의 건조 찻잎

1) 군산은침 (君山銀針)

분류 : 황아차(黃芽茶)

군산은침은 황차 중에서도 최고의 품질로 평가를 받는다. 또한 당나라

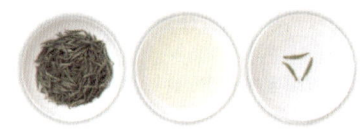
군산은침의 건조 찻잎을 우려낸 모습

군산은침의 산지인 동정호(洞庭湖)의 모습

곽산황아 (霍山黃芽)

군산은침을 유리잔에 우린 모습

문성공주(文成公主, ?~680)가 티베트로 시집을 가면서 혼수품으로 가져갔다는 설도 있다. 원산지는 호남성 악양시(岳陽市) 동정호(洞庭湖)의 군산(君山)이다. **군산은 동정호에 있는 작은 섬으로 토양이 비옥하고, 강우량이 풍부하며, 봄여름에 운무가 자욱해 차나무를 재배하는데 적합하다.**

군산은침은 새싹이 매우 튼실하고, 외형이 균일하다. 모습이 은침과 비슷하여 그러한 이름이 붙었다. **잎 안쪽은 황색을 띠고, 바깥쪽은 백호로 뒤덮여 있어, 금을 상감해 넣은 옥이라는 뜻으로 '금상옥(金鑲玉)'이라고도 한다.** 백호은침과는 다른 모습이다. 보통 청명(淸明)을 기준으로 약 4일 전부터 약 10일 후까지 새싹을 따서 가공한다. **생산량이 적어 가격이 매우 높다. 품질은 향이 매우 청순하고 자미는 상큼하다.** 탕색은 등황색이며, 엽저는 연황색을 띤다.

2) 곽산황아 (霍山黃芽)

분류 : 황소차(黃小茶)

안휘성의 명차인 곽산황아의 원산지는 대별산구의 곽산현(霍山縣)이다. 최초 기록은 서한(西漢) 시대 사마천(司馬遷, B.C. 145?~B.C. 86?)의 『사기(史記)』에서 "수춘(壽春)의 산에는 황아(黃芽)가 있는데, 끓여 마실 수 있고, 오래 음용하면 신선이 될 수 있다."는 구절이다. 수춘은 곽산이 속한 지역의 옛 지명이다. **곽산황아는 당나라에서 청나라 시대까지 '공차(貢茶)'로 지정된 명차이다.** 보통은 곡우 2~3일 전에 일아일엽이나 일아이엽을 따서 생산한다.

4. 중국 황차를 우리기에 적당한 찻잔

황차는 뜨거운 물로 우리면 아래로 가라앉았다가 서서히 올라오는 과정을 반복한다. 특히 **군산은침은 물에서 세 번 떠올랐다가 세 번 가라앉는 '삼기삼락(三起三落)'의 특성이 있다.** 따라서 황차를 즐길 때는 시각적인 아름다움도 중요시되기 때문에 유리잔에 우리는 것이 좋다.

5. 중국 황차를 우리는 적당한 온도

군산은침과 같은 고급 황차는 물의 온도가 약 70도인 것이 좋다. 왜냐하면 여린 새싹만으로 가공하기 때문이다. 온도가 더 높으면 황차에 함유된 유효 성분이 파괴되어 영양성이 줄어들어 결국 황차 고유의 향미도 사라진다.

🫖 개완배 (蓋碗杯) 다예표연

1. 개완 (蓋碗)*

개완(蓋碗)은 차호처럼 여러 명이 함께 한 찻자리에서 사용할 수도 있고, 한 세트의 개완을 사용해 혼자서 차를 음미할 수도 있다. **개완은 다예사 본인의 손에 잘 맞는 것을 고르는 것이 중요하다.** 개완을 처음 사용한다면, 개완의 크기와 모양에 유의하는 것이 좋다. 크기는 너무 크지 않고 손에 잡기 쉬운 것이 좋으며, 날개 부분이 바깥쪽으로 휘어진 각도가 크고 얇을수록 잡기도 쉽고 손이 잘 데지 않는다. **개완은 다양한 소재로 만들어지나, 자기(瓷器) 소재가 가장 많이 사용된다.** 특히 백자로 된 개완은 어떤 다류의 찻잎이던 그 특징을 있는 그대로 잘 보여준다.

백자 개완　　　　　황차를 개완에 우리는 모습

유리 개완

---

* **개완**(蓋碗) : 덮을 개(蓋)/사발 완(碗)

2. 개완배 (蓋碗杯) 다예표연에 필요한 다구

다음은 개완배 다예표연에 사용되는 다구들이다. 각 다구에 관한 내용은 다구의 소개(101쪽)를 참조하길 바란다.

(1) 개완(蓋碗)

(2) 차도육용(茶道六用)

(3) 주전자(隨手泡)

(4) 공도배(公道杯)

(5) 차엽관(茶葉罐)

(6) 수우(水盂)

(7) 차하(茶荷)

(8) 거름망

(9) 차건(茶巾)

(10) 차반(茶盤)

(11) 차배(茶杯)(찻잔)

(12) 배탁(杯托)(잔 받침)

　개완을 사용할 때는 뚜껑과 찻잔, 잔 받침을 각기 다른 재질로 사용하면 예의에도 어긋나고 보기에도 좋지 않아 주의해야 한다. 따라서 개완과 같은 재질의 다구를 준비하는 것이 좋다. **준비한 개완에 그림이나 글이 있는 경우에는 해당 면이 손님이 있는 방향으로 오도록 놓아 손님이 감상할 수 있도록 해야 한다.**

◎ 황차 다예표연 (茶藝表演) 실습

- ● **차의 종류 :** 군산은침(君山銀針)
- ● **다기 :** 유리잔

---

* 여기서 오른쪽, 왼쪽으로 표현한 방향은 다예사 입장이다.

---

1 행례 (行禮)(들어갈 행, 예절 예)/**입장** (立場) (들어갈 입, 장소 장)

: 인사의 예를 행하다

1 수험번호 "○○○○"와 이름 "○○○"을 밝히며 인사한다.
2 "이것은 나의 교육 증명서입니다"라고 말하면서 증명서를 양손으로 공손히 들어 선생님(감독관)에게 정면으로 보이도록 한다.
3 "선생님, 사실 확인을 요청합니다"라고 말하고, 테이블 위에 교육 증명서를 선생님에게 바로 보이도록 놓는다.
4 오른손을 왼손 위로(남자는 왼손을 오른손 위로) 양손을 겹쳐서 모은 뒤 예를 갖추며 뒤로 한 발짝 물러선 뒤 양손을 모은 상태로 허리를 살짝 굽혀 인사한다.

---

2 추취차양 (抽取茶樣) (뽑을 추, 취할 취, 차 차, 견본 양)

: 차의 견본을 제비뽑기로 뽑는다

1 "선생님, 제가 차첨(茶籤)(차 제비뽑기)을 해도 되겠습니까"라고 문의한다.
2 차첨을 진행한 뒤에 차 표지를 두 손으로 집어 그곳에 적힌 차의 이름이 선생님에게 정면으로 보이도록 한다.
3 오른손으로는 해당 차의 건조 찻잎을 담은 차하(茶荷)를, 왼손으로는 차 표지를 든 채로 "이것은 제가 뽑은 '○○○○' (예, 군산은침)입니다"라고 말하면서 차의 이름을 밝힌다.
4 "선생님, 차의 평가를 요청합니다"라고 말한 뒤, 오른손으로는 해당 차의 건조 찻잎을 담은 차하(茶荷)를, 왼손으로는 차 표지를 든 채로 앞으로 다가와서, 선생님들이 잘 보이도록 왼쪽에서 오른쪽으로 이동하며 건조 찻잎을 보인다.
5 건조 찻잎을 보이고 나면 뒤쪽의 오른쪽 한 곁으로 물러선 뒤 "선생님, 제가 이와 같이 진행하는 것을 허락해 주시겠습니까"라고 잠시 여쭙는다.
6 허락이 나면 허리를 살짝 굽혀 인사를 올리고 다예표연을 위한 다구를 가지러 간다.

---

3 비구 (備具)(갖출 비, 도구 구)

: 다구 준비

1 다구의 준비에 앞서 테이블에는 다예표연을 위한 차의 표지를 오른쪽에, 건조 찻잎이 담긴 차하는 차반(茶盤)의 왼쪽에 배치해 둔다. 물을 끓이기 위한 전기포트는 테이블 오른쪽에 배치한다.
2 다구가 담긴 쟁반을 조심스레 들고나와 테이블 왼쪽에 놓은 뒤 각 다구들을 다음의 순서대로 배치한다.
  ❶ 유리잔을 한 손으로 쥐고 들어 차반(茶盤) 위의 오른쪽에 놓는다. 나머지 유리잔도 마찬가지이다.
  ❷ 차도육용(茶道六用)이 담긴 차통(茶筒)을 테이블에서 차반 왼쪽 놓는다.
  ❸ 차건(茶巾)을 몸에 가까운 테이블 쪽에 놓는다.
3 다구가 잘 배치되었으면, 오른속을 왼손에 겹쳐 양손을 모은 채로 허리를 숙여 인사를 한다.

---

4 입점조정세절 (入店調整細節)(들 입, 가게 점, 고를 조, 정돈 정, 세부 세, 절차 절)

1 구용(九容)(28쪽 참조)에 맞게 의자에 앉는다. 이때 상체는 곧게 펴고 머리도 세운다.

2 다구가 잘 배치되었는지 확인한 뒤 오른손을 왼손 위로 겹쳐 모으고 허리춤에 붙인 뒤 의자 곁으로 일어서서 허리를 굽혀 인사를 올린다. 이때 시선은 약간 아래쪽으로 향한다.

3 인사를 마치면 양손을 공손히 모은 채로 서서 반드시 다음의 절차를 진행해야 한다.

❶ "선생님, 안녕하십니까"라고 공손히 인사말을 한다.

❷ "저는 수험번호 'ㅇㅇㅇㅇ'인 응시생 'ㅇㅇㅇ'입니다"라고 자신을 소개한다.

❸ "다구의 준비가 완료되었습니다"라고 말을 올린다.

❹ "지금 'ㅇㅇㅇㅇ'(우릴 차: 군산은침) 충포(沖泡)의 허락을 요청합니다"

4 허락이 나면 의자에 다소곳이 앉은 뒤 양손을 겹쳐서 테이블 위에 놓는다.

5 다구의 소개

1 테이블 위에 놓인 다예표연에 사용할 다구에 대하여 구두로 소개해야 한다. 여기서는 하나의 예시로서 유리잔에 대해 소개하였지만, 다른 다구를 사용할 경우에는 그 다기의 특성에 대하여 소개해야 한다.

● 예시 : 유리잔

'ㅇㅇㅇㅇ'(예 : 군산은침)에 적합한 다기인 유리잔(우리는 다기)입니다. 유리잔은 재료가 밀도와 경도가 모두 높고, 투명성이 있는 다기입니다. 따라서 관상성(觀賞性)도 좋아 유리잔 속의 찻잎과 차탕의 변화를 관찰할 수 있습니다.

6 온배결구 (溫杯洁具)(따뜻할 온, 잔 배, 깨끗할 결, 다구 구)

: 뜨거운 물로 유리잔을 데우면서 깨끗이 세척하기

1 다구에 대한 설명이 모두 끝나면 다예표연을 위한 다음의 순서대로 절차에 들어간다.

2 오른손으로 전기포트를 들고 뜨거운 물을 왼쪽, 오른쪽의 두 유리잔에 약 6분의 1 높이로 부은 뒤 전기포트를 제자리에 내려놓는다.

3 양손으로 왼쪽 유리잔을 왼쪽으로 비스듬히 기울여 돌려 가면서 예열한 뒤 내부를 씻은 물을 차반에 쏟아 버린다. 그리고 테이블에 한 번 놓았다고 차반 위의 본래 자리에 놓는다. 오른쪽 유리잔도 절차는 동일하다.

7 상차 (賞茶)(감상할 상, 차 차)

: 차의 소개 및 평가 신청하기

1 차하를 양손으로 쥐고 수평으로 들어서 코로 가져가 향을 맡고 건조 찻잎의 색상 등 품질을 눈으로 확인한다. 이때 머리는 약간 숙이지만, 상체는 곧게 유지한다.

2 건조 찻잎을 확인한 뒤에는 양손으로 차하를 든 상태로 "제가 우려야 할 찻잎은 황차, 군산은침입니다. 선생님, 상차를 요청합니다"라고 말을 올린다.

3 선생님들이 건조 찻잎을 잘 평가할 수 있도록 양손에 쥔 차하를 약간 비스듬히 앞쪽으로 눕혀 왼쪽에서 오른쪽으로 수평으로 움직이면서 보여 준다.

4 양손으로 차하를 수평으로 가슴 높이 든 채로 자신이 우릴 차의 특성에 대하여 구두로 설명해야 한다.

● 예시 : 군산은침(君山銀針)

군산은침의 산지는 호남성(湖南省) 악양시(岳陽市) 군산(君山)입니다. 외형의 조색(條索)은 찻잎마다 곧게 뻗어나 있고, 색택(色澤)은 황금빛을 띕니다.

* 조색(條索) : 차의 가공 과정 중 유념(揉捻) 단계에서 형성되는 차의 전체적인 외형이다.

* 색택(色澤) : 찻잎의 색상과 윤기를 뜻한다.

8 투차 (投茶)(던질 투, 차 차)

: 차하에 담긴 찻잎을 유리잔에 넣기

1 왼손으로 차통에서 차시(茶匙)를 꺼내 오른손으로 옮겨 쥔다. 왼손에 든 차하에서 건조 찻잎을 차시로 조심스레 2~3회에 걸쳐 쓸어내리듯이 하여 유리잔에 넣는다. 오른쪽 유리잔도 동일하게 진행한다(* 주의 : 양쪽 유리잔에 찻잎을 고르게 넣는다)

2 빈 차하는 제자리에 놓고, 오른손에 있던 차시를 왼손으로 옮긴 후 차통에 넣는다.

9 윤차 (潤茶) (물에 불릴 윤, 차 차)

: 찻잎이 잘 우러나도록 하고, 이물질을 제거하는 작업

1 오른손으로 전기포트를 들고 왼쪽부터 유리잔에 뜨거운 물을 찻잎이 잠길 정도로만 붓는다.

2 전기포트를 제자리에 내려놓는다.

3 왼쪽 유리잔부터 위아래로 쥔 뒤 약간 비스듬히 기울여 반시계 방향으로 돌리면서 물이 찻물에 잘 묻어나도록 한 뒤 차반에 내려놓는다. 오른쪽 유리잔도 절차는 동일하다.

10 주수 (注水)

: 뜨거운 물을 유리잔에 붓는다.

1 양손으로 전기포트를 든 채로 왼쪽 유리잔에 전기포트를 높이 들었다가 내렸다하는 봉황삼점두 방식을 2회 반복하면서 물을 붓고, 3회째에서는 낮게 든 상태로 물을 붓는다. 물의 양은 유리잔의 3분의 2 정도 높이이다. 이때 찻잎이 물속에서 활발하게 움직이면서 일부는 수면으로 뜨고 일부는 아래로 가라앉는다. 오른쪽 유리잔도 마찬가지이다.

11 상탕 (賞湯)(감상할 상, 뜨거운 물 탕)

: 찻물의 평가

1 오른손으로 왼쪽 유리잔을 자신의 앞 차건에 놓았다가, 오른손으로 유리잔의 상단부를, 왼손으로 유리잔의 바닥을 받쳐 든다. 이때 손가락은 가지런히 모은다.

2 유리잔을 수평으로 가슴 중앙부에 바로 세운 뒤 정면으로 바라보면서 "선생님, 상탕을 요청합니다"라고 말한다.

3 우린 찻물에 대한 자신의 품평을 설명한다.

● 예시) "군산은침의 탕색은 밝은 청록색으로 청록명량(靑綠明亮)입니다."

12 경차 (敬茶)(공경할 경, 차 차) : 우린 차로 선생님에게 공경의 뜻을 표하는 과정

1 오른손으로 유리잔의 상단부를, 왼손으로 유리잔의 바닥을 손가락을 붙인 채로 받치면서 얼굴 높이까지 양손으로 들어 올린 뒤 인사를 하고 쟁반에 올려놓는다.
2 오른쪽 유리잔은 나의 시음을 위한 품명을 위하여 테이블의 왼쪽에 올려놓는다.
3 양손을 허리춤에 모은 채로 일어선 뒤 쟁반을 들고 선생님께 올린다.

13 품명 (品茗)(품평할 품, 차 싹 명) : 우린 차의 품질을 시음하는 과정

1 왼쪽에 있는 유리잔을 오른손으로 쥐고 자신의 앞에 내려놓는다.
2 오른손으로 유리잔의 상단부를, 왼손으로 유리잔의 바닥을 받쳐 든 채로 가슴 부위로 수평으로 올린 뒤 눈으로 찻잎을 살펴보고 유리잔을 들어 올려 코로 향을 맡는다.
3 유리잔을 돌려서 찻물을 한 모금 정도 머금 뒤 맛을 보고 유리잔을 탁자 왼쪽의 제자리에 놓고 두 손은 가지런히 탁자 위에 모은다.
4 찻물의 향과 자미에 대하여 선생님께 설명한다.

● 예시 : 군산은침(君山銀針)
군산은침은 향기가 청선(淸鮮)합니다. 그리고 자미는 '첨상(甜爽)'합니다.
* 청선(淸鮮) : 맑고 깨끗하다.
* 첨상(甜爽) : 달콤하면서도 상쾌하다.

14 수구 (收具)(정리할 수, 다구 구) : 다구 정리하기

1 쟁반을 수평으로 허리 높이까지 든 뒤 선생님에게 "선생님, 다구를 수거해도 되겠습니까"라고 문의한다.
2 허락이 나면 심사 평가를 위해 사용된 테이블 위에서 찻물이 든 유리잔들과 차하, 차통의 순서로 쟁반에 올려놓는다.
3 차건으로 차반 윗면을 청결하게 닦는다.
4 차첨으로 뽑은 차 표지도 쟁반에 담는다.

15 치사이장 (致謝離場)(내줄 치, 사례 사, 떠날 이, 장소 장) : 마지막 인사말과 선생님에게 감사의 뜻 전하는 과정

1 양손을 허리춤에 공손히 모으고 몸을 곧게 세운 뒤 가볍게 고개를 숙여 인사를 올린다.
2 자신의 신분을 다시 밝힌다.

● 예시) "선생님, 안녕하십니까?" "○○○○(수험번호) 응시생 ○○○(이름)입니다."

3 마지막 인사말을 올린다.

● 예시) "군산은침의 충포를 완료하였습니다. 자리를 떠나도 되겠습니까?"

4 양손을 공손히 허리춤에 붙인 채로 허리를 굽혀 인사를 올린다.
5 양손으로 쟁반을 허리 높이로 수평으로 든 뒤 몸을 세워 선다.
6 퇴장한다.

참조 문헌 및 사이트

• 『기초부터 배우는 중국차』/『기초부터 배우는 보이차』/『기초부터 배우는 백차』/『중국차 바이블』/『티소믈리에 이해 3_심화 산지별 Ⅱ』//『寻茶记』/『国家职业技能标准 职业编码 茶艺师』(中华人民共和国人力资源和社会保障部制定)/

• https://baike.baidu.com/item/%E8%8C%B6%E8%89%BA%E5%B8%88/5474531

• https://wenku.baidu.com/view/e9458c22a000a6c30c22590102020740be1ecd3d.html?_wkts_=1758001417963&needWelcomeRecommand=1

• http://www.rsdown.cn/down/50999.html

• http://m.cgzdl.com/shuku/187/7487.html

• https://zh.wikipedia.org/zh-cn/%E4%B8%AD%E5%9B%BD%E5%90%8D%E6%B3%89

• https://baike.baidu.com/item/%E5%AE%8B%E4%BB%A3%E7%82%B9%E8%8C%B6/1499535?fromModule=lemma_inlink

• https://baike.baidu.com/item/%E7%B4%AB%E7%A0%82%E5%A3%B6%E6%94%B6%E8%97%8F%E9%80%89%E8%B4%AD%E6%8C%87%E5%8D%97/56546179?fromModule=search-result_lemma
등

Photo 크레디트

- 표지 : 이주현
- 8~23 한국티소믈리에연구원
- 24 정승호, 한국티소믈리에연구원
- 25~28 한국티소믈리에연구원
- 29 이주현
- 30~44 한국티소믈리에연구원
- 48 한국티소믈리에연구원, 中國茶文化協會
- 49~78 한국티소믈리에연구원
- 82~83 한국티소믈리에연구원
- 84 中國茶文化協會, 한국티소믈리에연구원
- 85~89 한국티소믈리에연구원
- 91 한국티소믈리에연구원, 이주현
- 92 https://baike.baidu.com/
  item/%E7%8E%8B%E8%A4%92/15813
- 95~96 한국티소믈리에연구원
- 97 한국티소믈리에연구원, 이주현
- 100 한국티소믈리에연구원
- 101 한국티소믈리에연구원, 이주현
- 102 한국티소믈리에연구원, 이주현
- 103 이주현
- 104 한국티소믈리에연구원
- 105 이주현
- 106~109 한국티소믈리에연구원
- 113 中國茶文化協會
- 114~119 한국티소믈리에연구원
- 120~121 中國茶文化協會
- 122~124 한국티소믈리에연구원
- 125 中國茶文化協會
- 128~131 한국티소믈리에연구원
- 132 中國茶文化協會
- 132 中國茶文化協會, 한국티소믈리에연구원
- 134~136 한국티소믈리에연구원
- 137 한국티소믈리에연구원, 中國茶文化協會
- 140 한국티소믈리에연구원
- 141 이주현
- 142 한국티소믈리에연구원
- 143 한국티소믈리에연구원, 이주현
- 144~150 한국티소믈리에연구원
- 151 한국티소믈리에연구원, 이주현
- 152 한국티소믈리에연구원, 이주현
- 153 한국티소믈리에연구원
- 154 中國茶文化協會
- 155 中國茶文化協會, 한국티소믈리에연구원
- 156~159 한국티소믈리에연구원
- 160 한국티소믈리에연구원, 中國茶文化協會
- 164 한국티소믈리에연구원
- 165 이주현, 한국티소믈리에연구원
- 166~167 한국티소믈리에연구원
- 168 中國茶文化協會
- 169 中國茶文化協會, 한국티소믈리에연구원
- 170~172 한국티소믈리에연구원
- 173 한국티소믈리에연구원, 中國茶文化協會
- 176 한국티소믈리에연구원, 中國茶文化協會
- 177 中國茶文化協會
- 178 한국티소믈리에연구원
- 179 安寧海灣茶業有限責任公司, 中國茶文化協會
- 180 中國茶文化協會
- 181 安寧海灣茶業有限責任公司, 中國茶文化協會
- 182~183 中國茶文化協會
- 184~185 한국티소믈리에연구원
- 186 中國茶文化協會
- 187 中國茶文化協會, 한국티소믈리에연구원
- 188~191 한국티소믈리에연구원
- 192 한국티소믈리에연구원, 中國茶文化協會
- 196 한국티소믈리에연구원,
  https://chayu.com/article/199634
- 197 이주현
- 198~199 한국티소믈리에연구원
- 200 中國茶文化協會
- 201 中國茶文化協會, 한국티소믈리에연구원
- 202 한국티소믈리에연구원
- 203 한국티소믈리에연구원, 中國茶文化協會
- 206~209 한국티소믈리에연구원
- 210~213 中國茶文化協會

KOREA
TEA SOMMELIER
INSTITUTE

한국 티소믈리에 연구원